朝鮮半島六百年史

政爭、外患與地緣政治

朝鮮半島の歴史：政争と外患の六百年

新城道彥

黃琳雅——譯

推薦序

知韓文化協會執行長　朱立熙

一位留學臺灣又留學北大的韓國大學中文系教授，十多年前曾經在臺北告訴我，「朝鮮王朝成也儒家，敗也儒家」，當時我正準備在政治大學新開「韓國近代史」的課程，他的話聽得我深思了許久。朝鮮學者對朱子的「性理學」著迷到近乎瘋狂，於是我開始深入研究「朝鮮時代思想文化史」。

朝鮮的儒學者在中宗之前，因為對性理學的解釋不同分裂成「士林派」與「勳舊派」，後來在明宗時分成「東人」與「西人」，東人再分為「北人」（繼續分為「大北」與「小北」）與「南人」；西人則在肅宗時分為「老論」與「少論」，老論派在正祖時分裂為「僻派」與「時派」，時派後來延伸為「勢道政治」，「安東金氏」與「豐壤趙氏」先後掌權，直到朝鮮王朝最後的大韓帝國滅亡。

從一五〇〇年到一九一〇年儒教先是李成桂建國時揭示「尊儒抑佛」的基本理念，鄭道傳依此制定了「經國大典」。儒學者後來因學術立場不同而分裂，再因地域與派系而成為「黨爭」

的起源。二〇〇三年我寫完《韓國史》的書稿後，朋友們問我：對韓國歷史印象最深刻的是什麼？我回答說：「黨爭」與「叛變（或政變）」。由此可以看出朝鮮民族是一個「誰也不服誰」的性格。

後來又讀了岡本隆司教授寫的《朝鮮的困境》（我把這本書指定為必讀的書，學生必須寫讀後感），讓我從思想文化了解黨爭之外，再從朝鮮王朝與周邊國家的國際關係，朝鮮現代史的圖像就非常清晰了。於是我為朝鮮半島的歷史定位，做了如下的解說：「錯誤的地理」造成「悲劇的歷史」，而形成人民「恨的民族性」。

為什麼是錯誤的地理呢？上帝給它的地理位置實在太壞了，因為朝鮮半島長在錯誤的地方，周邊三國都比它強大，在近代史中它成為周邊國家輪番欺負的地方：中國攻打日本的橋梁、日本侵略中國的跳板，二戰後美國又從海外而來，被國際上的四大「超級強權」蹂躪，造成了無數的歷史悲劇不斷重複與循環，歷史悲劇幾乎成了朝鮮民族揮之不去的宿命。於是就形成了全民皆恨的民族性，國仇與家恨、個人的恨與集體的恨，世世代代一路傳承下來。

韓國人並不把「恨」英譯為「hate」，而是直接用恨的韓語發音將英文寫成「han」，但是西方人無論如何也無法理解什麼是「han 的情愫」。也許韓國人用 han 來掩飾歷史悲劇所造成的恥辱心態。

新城教授這本書《朝鮮半島六百年史：政爭、外患與地緣政治》，提供了一個新的「分裂」的概念，來檢視六百年間的各式各樣分裂的樣貌。直到二〇二四年十二月三日尹錫悅總統宣布戒嚴的暴衝，不僅震撼了國際，也讓南韓再度陷入左右派對立與分裂的漩渦裡。

其實，從新羅統一三國在朝鮮半島成立單一國家之後，不同民族性的三國人民就紛爭不斷。南北韓分裂之後，南韓仍處在著「南南葛藤」（慶尚道的「嶺南」與全羅道的「湖南」，亦即新羅與百濟）的衝突中。我經常開玩笑地告訴韓國朋友，你們既然相處不來，何不重新分裂回到六世紀的「三國時代」呢？他們也只能在無奈中苦笑。

新城道彥算是日本新生代的韓國史專家，本書寫得深入淺出，可以讓初學者讀得興味盎然。知名的慶應大學小此木政夫教授、京都府立大學岡本隆司教授都替這本書掛名推薦，證明他們都對他寄予厚望。看到日本的韓國學界江山代有才人出，實在讓人羨慕又振奮！

目錄

第二章 華夷秩序的崩壞與朝鮮的危機 073

第四章 身處清朝、日本及俄國的夾縫中 183

第五章　朝鮮半島的分裂　249

前言

一九四八年，以北緯三十八度線為界，朝鮮半島南部誕生了大韓民國（南韓），北部則誕生了朝鮮民主主義人民共和國（北韓）。* 兩年後韓戰爆發，一九五三年簽訂停戰協定，自此兩國之間劃下一條偏離北緯三十八度線的傾斜軍事分界線。

本書目的在於敘述朝鮮半島步向分裂（南北分治）的歷史。然而，本書並不是要重新驗證盟軍（美蘇）託管朝鮮時期、南／北韓的成立到韓戰等，冷戰下短而緊湊的朝鮮半島現代史，而是要從更長期的角度，將時間回溯到十四世紀朝鮮王朝的建國，一邊關注國內的政治鬥爭與周邊

* 編注：原文使用日本國內的慣稱「韓国／北朝鮮」。在中文世界，近年傾向以兩國官方名稱「韓國／朝鮮」分別稱呼，但交錯使用時為求敘事流暢、不與其他詞彙相互混淆，本書使用臺灣常見的慣稱「南韓／北韓」。另外，後文時而穿插帶地域別的用詞，諸如「北朝鮮」、「南朝鮮」，此為歷史名詞或日語直譯，並非歧視或表示當代政治立場，特此說明。

國家的權力平衡，一邊審視朝鮮半島步向二十世紀南北分治這段漫長的歷史。

造成朝鮮半島南北分治的直接因素，是太平洋戰爭後美國與蘇聯以北緯三十八度線為界，分割並占領了朝鮮半島。在美蘇的軍政統治下，許多獨立運動人士合縱連橫，想一躍為新國家建設的主角：南部是李承晚，北部則由金日成登上政治頂端，各自宣布建國。這裡所說的獨立運動，指的是脫離日本殖民統治並獨立。換句話說，過去日本曾統治朝鮮半島，但敗給了同盟國的美國與蘇聯，才會有之後的盟軍託管時期及獨立運動人士推動國家建設。

那麼，為什麼過去朝鮮半島會被日本統治呢？有幾點原因：一是地緣政治，朝鮮半島位於日本、清朝及俄國勢力範圍的緩衝地帶；另一則是國內政治腐敗，朝鮮王朝早已衰弱到無法自保。當時朝鮮王室的外戚恣意專擅政權，勢道政治＊橫行，十九世紀時朝鮮王朝已幾近風中殘燭。然而，朝鮮王朝並非是從十九世紀才開始衰弱。早在十六世紀末及十七世紀初，它就已經先後遭到日本及清朝侵犯，造成國土荒廢，這點也成了阻礙發展的絆腳石。

像這樣，一旦要追溯箇中因果關係，就會沒完沒了，因此筆者決定從這個建國於前近代、作為通往近代橋樑的朝鮮王朝開始說起。在朝鮮半島漫長的歷史當中，有幾個重要的轉捩點。當時為什麼會選擇走那條路？筆者想以「政爭」與「外患」為關鍵字，找出各時代產生的政治力學因果關係，來解析歷史。

然而，一旦將焦點放在「政爭」及「外患」上，就會無可避免、看見讓人不忍直視的歷史。朝鮮王朝在建國之初時為了爭奪王位，王族之間爭鬥不斷，之後由勝出者即位為國王，奠定統治基礎並建立專制王權。然而此等情景並不長久，這次換成官僚們各成黨派，熱衷於權利鬥爭。政爭阻礙國政發展，到了十七世紀時國家被清朝占領，淪為大清的屬國。十八世紀時雖然採用高壓手段抑制黨爭，到了十九世紀卻放任外戚專橫，造成政治腐敗、民亂屢起，此後朝鮮王朝就如同摔下坡道般，國勢每況愈下。各黨派以周邊國家為後盾，展開血腥的政治鬥爭，社會愈來愈亂；好不容易才脫離清朝獨立的大韓帝國，卻在一進入二十世紀時就被日本吞併。二次大戰後，朝鮮半島受美蘇託管，即便在此情況下，各方勢力仍舊為了新國家建設的主導權，展開激烈政爭。

筆者之所以關注「政爭」與「外患」，探究負面現象，絕不是想貶低朝鮮半島的歷史，而是認為唯有正視這二點，才會萌生出新的問題，作為歷史學來發展探討。

舉例來說，倘若朝鮮王朝果真如同韓劇中所刻劃的那般、是個燦爛富饒的國家，那麼日本基於經濟掠奪目的加以合併，某種意義上就顯得理所當然，那麼就不該問日本「為什麼」要合

---

* 譯注：指朝鮮王朝末期外戚干政的政治型態。

併韓國，而是問日本是「如何」合併韓國的。事實上，過往研究也幾乎都關注在合併程序的合法／不合法上，論述日本是「如何」合併韓國的。然而，若是考量到末期的朝鮮王朝早已岌岌可危，日本「為什麼」會把這個可能成為自國負擔的國家併入版圖，就成了一大論點。

至於戰後朝鮮半島的局勢也是一樣。單就南／北韓的建國來看，自然會強調分裂這點；不過如果注意到該地區長久以來歷經清朝、日本及美蘇的控制，難有機會獨立，就會發現，當南／北韓各自建國（分治）時，也代表該地區同時獲得了過去一直沒能到手的獨立。換句話說，南北分治的歷史與朝鮮半島獨立的歷史，是互為表裡的；我們在問兩韓「為什麼」會分治的同時，或許也必須問朝鮮半島「為什麼」會獨立。

只要以地緣政治學的視角去探究這些「為什麼」，一段夾在中國、日本、俄國及美國中間，被這些國家的企圖牽著鼻子走的朝鮮半島史面貌，就逐漸清晰起來。我們在這段歷史中看到的不僅僅是悲哀；看著各方權力平衡形成奇妙的穩定，遠東的歷史也將成為世界的縮影，備受世人注目吧。

・史料的引用等考慮到方便讀者閱讀，會適當補上標點符號、注音假名及濁音符號，並將片假名改為平假名、舊漢字改成現行漢字。〔 〕為筆者的補充說明。

・有些引用史料當中有不適當的措辭，但作為歷史上的史料，還是保持原文。

・年齡基本上以虛歲記載。

・有廟號或諡號者，基本上以廟號或諡號稱呼。廟號及諡號為君主死後追贈的稱號，方便起見，君主在世時亦以此稱呼。

朝鮮半島六百年史

政爭、外患與地緣政治

第一章　朝鮮王朝的建立

1. 從王氏到李氏的易姓革命

從屬元朝的高麗

西元九一八年到一三九二年，朝鮮半島上出現一個名為高麗的王朝。進入十三世紀後，高麗的國際情勢突然變得險惡，開始受到外力壓迫。這是因為在蒙古高原的成吉思汗統一諸部族，開始以驚人的氣勢擴張勢力所致。蒙古帝國對高麗發動軍事侵略，一二五八年奪取了鐵嶺（現在的江原道淮陽郡及高山郡之間的山脊）以北之地，在和州設立行政機構雙城摠管府。高麗喪失了大片領土後，終於著手進行和談交涉。一二五九年，遣王太子入朝為質子；翌年，高麗歸順蒙古帝國。

鐵嶺以北之地（斜線部分）

一二七一年，蒙古帝國的忽必烈遷都大都（現在的北京），建立元朝。從這時開始，歷代高麗王均迎娶元朝公主為王妃，成了皇帝的駙馬，儼然成為元朝國內的分權勢力之一。而在元朝二度侵略日本，亦即所謂的「元寇」（文永弘安之役）之際，高麗軍也跟隨元軍參戰。

在高麗國內，以元朝影響力為後盾的親元派豪族獨占財富，社會及政治逐漸變得腐敗。一三五一年，恭愍王即位為高麗第三十一代國王，他為了糾正此一腐敗狀態，於是趁元朝因紅巾之亂國勢漸衰之際，採行脫離元朝政策。

首先，恭愍王於一三五六年五月處決了以元朝外戚身分作威作福的奇轍，並停用作為從屬證明的元朝年號；接著在七月時，他下令柳仁雨及李仁任等人攻破元朝的雙城摠管府，並收復了睽違近一世紀的高麗失土。此時，和州出身、任職於雙城摠管府的李子春（蒙古名為吾魯思不花）暗中與高麗串通，立下戰功，獲賜京城開京（開城）府第一座。而李子春的次子，就是日後推翻高麗、建立朝鮮王朝的李成桂。

支持李成桂的兩位鄭氏

在高麗，除了官軍之外，武將們各自擁有無視公權力的私人軍隊（私兵）。經常為外患所擾的中央政府，便將統帥權委以這些私兵軍團，賴以國防。繼承李子春之業的李成桂也率領私兵，屢屢擊退侵略高麗的紅巾軍與倭寇。不久，李成桂憑藉輝煌戰績遠近馳名，有志改革高麗政治的同志開始聚集在其麾下，形成派閥。其中最受注目的，就是鄭夢周與鄭道傳。

鄭夢周乃是鄭云瓘之子，一三三七年出生。由於其母在懷孕期間夢到蘭草花盆掉落地上的夢，因此幼名夢蘭。二十四歲時文科科舉及第，三代皆任官職，維持其名門地位。一三六七年，最高學府成均館再興，鄭夢周在總負責人李穡的麾下致力培育後進。

另一方面，鄭道傳則非名門出身，混有賤民血統。此一血統問題終生困擾著他。鄭夢周與鄭道傳的共通點，在於學習十四世紀後傳入高麗的儒家新學問——朱子學（性理學），科舉合格。這些所謂的新興儒臣，以勢不可擋的氣勢飛黃騰達，接近軍人李成桂，形成了對抗豪族保守勢力的革新黨派。

可是，鄭夢周與鄭道傳在政治理念上水火不容。隨著備受他們期待的李成桂出人頭地，兩人也愈來愈南轅北轍，最後演變成對立。那麼，二人水火不容的政治理念究竟是什麼呢？

鄭夢周重視的是效忠高麗，維持王朝現況，並改革腐敗的政治與社會。因此他期待新興的李成桂能夠推翻掌握既得權益的豪族，翻轉政局。另一方面，鄭道傳則有發動易姓革命的野心。所謂易姓，如字面上所述，是指「改朝換姓」。換句話說，鄭道傳不僅夢想著排除高麗國內掌權的豪族，也夢想著擊潰王建（王氏）所建立的高麗，推舉李成桂（李氏）為國王，建立新的王朝。對自身血統感到自卑的鄭道傳訴求顛覆一切的「革命」，可說是再自然不過的舉動。鄭夢周與鄭道傳為了改變日益衰弱的高麗，在李成桂麾下努力奮鬥，最終卻在對王朝的〈維持〉與〈破壞〉無法兩全的理念衝突下，迎來不幸的結局。

曖昧的親明路線

在中國，朱元璋（洪武帝）於紅巾軍中嶄露頭角，將元朝趕到北方的蒙古高原，一三六八年建立明朝。

推動脫元政策的高麗恭愍王於一三七〇年向明朝洪武帝朝貢，加入冊封體制，轉為親明路線。所謂冊封，原本是指中國的皇帝分封自國臣子爵位及領地。中國歷代王朝在不久後，便將冊封體制擴大到周邊國家，分封諸國君主「王」等爵位，締結君臣關係。也就是說，中國的皇帝為君，周邊國家的國王為臣，中國與周邊國家便形成了宗主國與藩屬國的關係（宗藩關係）。

形成這種關係的根基，源自華夷秩序（中國中心主義，又稱大中華思想）。中國視自己為中華（文明），蔑視化外的異族為夷狄（野蠻）。可是，即使是夷狄，凡是仰慕中國皇帝的德望，盡到禮節，就能成為中華的一員。只不過，為此異族就必須履行朝貢義務，並使用中國正朔及年號，亦即「對時間的控制」。

一三七二年冬至，加入明朝冊封體制的恭愍王在宮中與文武百官一同對明遙拜。所謂對明遙拜，就是向象徵明朝皇帝的闕牌三唱萬歲的儀式。像這樣，高麗的親明路線以肉眼可見的形式展現出來，然而這樣的舉動並沒有持續太久。這是因為一三七四年，恭愍王就遭到宦官暗殺。

權臣李仁任擁立年僅十歲的王禑為新王（禑王），掌握高麗實權，對元朝及明朝展開兩面外交。之所以轉換成兩面外交，與錯綜複雜的國際情勢有關。首先，當時高麗發生了武官金義殺害明使後逃亡元朝的事件，導致對明關係惡化。不僅如此，元朝於一三七二年擊敗明軍，國勢回穩。因此李仁任判斷，若像恭愍王時代那樣採行明朝一面倒的外交政策會相當危險，於是才轉換成元朝及明朝雙管齊下的平衡外交。可是，重視對明外交的新興儒臣鄭夢周與鄭道傳等人卻大為不滿。

李成桂

圍繞著遼東征伐的對立

恭愍王遭到暗殺後，禑王在一片混亂中即位。他幾乎沒有自己可動用的軍隊，權力基礎相當脆弱，於是他仰賴武將崔瑩，動手排除在自己背後作威作福的的李仁任。一三八八年一月，崔瑩與李成桂聯手誅殺李仁任的親信，並以此為契機，將李仁任流放到其故鄉京山府（慶尚北道）。這場政變後，崔瑩被任命為門下侍中（首相），李成桂則被任命為位同副相的守門下侍中。

政變後，高麗面臨攸關國家存亡的外交問題。那就是明朝打算在以前元朝的雙城摠管府所管轄的鐵嶺以北之地新設置鐵嶺衛，將該地納為直轄地。儘管高麗想藉由明朝的興起，趁元朝衰弱之際收復失土，然而這次卻遭遇該地將被明朝奪取的危機。

面對此一意想不到的國難，門下侍中崔瑩召集政府高官，討論應該先發制人攻打明朝的前哨基地遼東半島，還是應該屈服明朝，締結和議。據說這時內部意見傾向和談。然而，禑王與崔瑩壓制了高官的意見，決定採取暗地裡先發制人的方針。這或許是政治根基薄弱的禑王為了維持王權，只能對外展現寸土不讓的強硬態度吧。

然而，禑王決定遠征的原因不僅如此。當時禑王相當信賴崔瑩，希望他能成為自己的勢力，甚至還將崔瑩之女納為寧妃，締結關係。而在另一方面，禑王相當討厭親明派所支持的李成桂。這是因為親明派認為，禑王身上並沒有流著恭愍王的血統，而是僧侶辛旽與侍婢般若所生，認定他並非正統的王位繼承人。基於這樣的背景，禑王與崔瑩才會做出攻打強大明朝這種魯莽的遠征計畫決定，而且還下令李成桂執行。換句話說，儘管這是場毫無勝算的遠征，禑王也能藉由執行計畫扮演強勢的領導人，同時削弱親明派勢力。可以說，禑王為了維護自身立場，忽視了國家利益。

威化島回軍

遼東遠征就形同白白上戰場赴死。因此，李成桂提出「四不可」之說，勸諫禑王取消遠征：

一　小國高麗忤逆大國明朝並不正確。（小逆大）
二　夏季動員軍隊並不恰當。（夏月發兵）
三　若舉國攻擊遼東，倭寇就會趁隙攻打過來。（倭乘其虛）
四　炎暑長雨會使弓膠融化，士兵會因傳染病而病倒。（大軍疾疫）

可是，禑王與崔瑩不顧李成桂的反對，仍著手準備遠征。一三八八年四月十八日，分別擔任左軍及右軍指揮官的曺敏修及李成桂率兵出征，五月七日於鴨綠江下游的河中島威化島布陣，左右兩軍共計約三萬九千人。擔任總司令官的崔瑩與禑王留在離遼東有段距離的平壤，遠距指揮最前線的李成桂等人。

由於高麗軍無法渡過因大雨不斷而氾濫的鴨綠江主流，不得不駐留在江中島嶼威化島，徒耗軍糧，士兵也因飢餓與疲勞紛紛脫逃。李成桂向禑王上奏訴請撤軍，禑王不聽。

然而，將李成桂逼入絕境，成了禑王的致命傷。進退兩難的李成桂決定與曺敏修＊一同回軍，攻打高麗都城開京。史稱「威化島回軍」。

禑王接獲回軍的緊急通報後，僅帶著五十多騎隨從從平壤返京，與崔瑩一同準備反擊。可是，幾乎沒有人要跟隨禑王，與身經百戰的李成桂為敵。

李成桂在回軍後，於六月一日包圍開京，並遣使向禑王請求處罰崔瑩。這大概是為了避免直接譴責禑王，僅歸罪於崔瑩，使事情圓滿落幕。沒想到，禑王並沒有出賣崔瑩換取自己得救。李成桂見禑王不聽勸告，於是在二天後的六月三日從崇仁門闖入城內，逮捕了禑王、寧妃及崔瑩。翌日，李成桂恢復使用遠征開始時停用的明朝年號「洪武」，衣冠也恢復明制，不再穿胡服。

手握兵權的李成桂與曺敏修將禑王及寧妃遷至江華島，將崔瑩流放到合浦（慶尚南道），自此掌控大權。不過，李曺二人卻為了推舉下任國王人選而意見不合。李成桂認為禑王乃辛旽之子，考慮從其他旁系擁立國王；而曺敏修則與名儒李穡密議，擁立禑王之子王昌。最後，以恭愍王遺孀定妃的名義下旨，由年僅九歲的王昌即位，給李成桂派下一記馬威。然而，李成桂派自威化島回軍後不久便推動內政改革，發動攻勢，一個個踢掉政敵。

李成桂派掌握政權

內政改革的中心為田制改革。高麗末期，部分特權階層豪族獨占私田，壓迫國家財政。因此，李成桂派嘗試制定科田法，即暫時收回豪族擁有的私田支配權，再將收租權（徵收稅金的權利）重新分配給官僚。此乃破壞高麗統治秩序的大規模改革。成功擁立昌王的曺敏修，則因妨礙改革而失勢。李成桂派的趙浚官拜大司憲（糾察官吏、取締違法行為的司憲府長官），他彈劾曺敏修，將他流放到地方。

一三八九年四月，由最高合議機構都評議使司重新討論田制改革。激進改革派的李成桂、趙浚、鄭道傳、尹紹宗四人均贊成，穩健改革派的李穡、李琳（昌王的外祖父）、禹玄寶、邊安烈、權近、柳伯濡六人則反對；至於支持李成桂，亦與李穡、禹玄寶等人關係親近的鄭夢周，則未置可否。

儘管都評議使司上層意見勢均力敵，但反對派仍占多數，李成桂派居於劣勢。然而，之後

* 編註：曺同曹，本書沿用原文寫法。

諮詢五十三名官僚有關改革的意見，則有八到九成表示贊同，僅豪族子弟反對。可以說，李成桂派以特權階層獨占財富作為議題，順利引發官僚的不滿，獲得官僚支持。就這樣，李成桂派顛覆了都評議使司的結果，壓制反對派，斷然實施田制改革。

在這之後，反對派逐一失勢。首先是反對派之首李穡，他於前年擔任高麗賀正使，但赴明慶祝元旦之際副使舉動有失，因而遭到攻擊。副使遭彈劾時，李穡深感有責，便於十月辭職，隱居長湍。接著在十一月十三日，「金佇事件」曝光，亦即崔瑩的外甥金佇受禑王委託，計畫暗殺李成桂。遭到逮捕的金佇「招供」出與邊安烈、李琳、禹玄寶等人共謀，使得他們也被流放。這起事件被視為是李成桂派為排除反對派所策劃的一樁政治事件。

在這場政變中，李成桂派雞蛋裡挑骨頭，硬說禑王及昌王父子身上流的並非王氏、而是辛氏的血統，便將昌王流放江華島，改由第二十代國王神宗的七世孫王瑤（恭讓王）繼任王位。順帶一提，李成桂的七子李芳蕃與恭讓王的姪女結婚，從這個擁立恭讓王的背景中可以看出，李成桂派想透過與王室聯姻來強化自身權力基礎。恭讓王遣使向明朝報告即位的消息，並在國內舉行對明遙拜儀式，展現對洪武帝的忠誠。

一三九〇年十一月，李成桂暗殺計畫再度曝光，不僅牽涉其中的武將全都遭到逮捕，全國各地擔任地方軍指揮官的元帥也被罷免。該事件也極有可能是李成桂派為了掌握軍權所引發的政治事件。會這樣說的原因在於，事件後不久就變更軍事編制，創立了最高軍令機構三軍都總制府，由李成桂擔任三軍都總制使，且李成桂派的裵克廉、趙浚及鄭道傳等人也獨占了軍中要職。

明朝選定「朝鮮」為國號

就這樣，李成桂派排除了反對勢力，掌握大權。可是，鄭道傳等人的目標，亦即實現易姓革命，仍舊困難重重。這是因為，朝中還有一位努力守護已是風中殘燭的高麗命運的忠臣，鄭夢周。

過去曾與李成桂攜手合作的鄭夢周奮力抵抗，將李成桂派官僚逼得逐一失勢。他先是將李成桂的智囊鄭道傳左遷到平壤，再放逐到其故鄉奉化。由於鄭道傳混有賤民血統，於是鄭夢周便以此為由進行人身攻擊，批判他「血統不良」，將他調離要職。一三九二年四月，李成桂派核心人物趙浚及尹紹宗遭人以企圖引發騷亂為由流放他地，鄭道傳也在奉化遭逮捕，囚於甫州。這時，鄭夢周對部下下了令，擬定了包括趙浚及鄭道傳，甚至連李成桂也要除之而後快的計畫。

可是，先迎來死亡的是鄭夢周。原因是李成桂的五子李芳遠派人刺死鄭夢周。只要鄭夢周不在了，高麗的命運就形同走到盡頭，孤立的恭讓王於七月十二日退位；十七日，李成桂（太祖）被百官擁立為王。

太祖即位後，仍繼續沿用「高麗」這個國號。即便遣使前往明朝請求承認國王更迭及延續外交關係時，也是以「權知高麗國事」（代理高麗國之事）的頭銜自稱，表明自身為代理高麗王的立場。對此，明朝的洪武帝責令迅速更改國號。於是，太祖想出二種方案：一是在紀元前曾統治過朝鮮半島的箕子受封的古國名「朝鮮」，另一則是太祖出生地和州的古名「和寧」，並將國號最終決定權交由洪武帝決定，採取極端親明的事大主義外交政策。所謂事大，意指「以小事大」，用來表示小國應服從大國的行動與思考。

洪武帝選了「朝鮮」二字。這是因為中國的古文獻曾記載周武王冊封殷商後裔箕子為「朝鮮」國諸侯的傳說。明朝想把繼承高麗的新王朝納入統治，選擇曾是周朝諸侯國的「朝鮮」為國號，再合適也不過了。這對擁立太祖的新興儒臣而言也是一樣，因為他們以朱子學作為國家的基本理念，採取對明事大外交。比方說，鄭道傳在彙整新王朝經治方針的著作《朝鮮經國典》當中，就曾將洪武帝與太祖的關係比擬成周武王與箕子般的理想關係。

肅清王氏與遷都

不過，儘管朝鮮王朝對明朝如此順從，洪武帝仍不信任太祖，因為他認為太祖接連弒殺了四位高麗國王，簒奪政權。此外對洪武帝而言，隨著元朝勢力的肅清，朝鮮半島在地緣政治學上的重要性也降低了不少，沒必要敏感應對王朝更迭。因此，洪武帝並沒有冊封太祖為「朝鮮國王」，而是一直維持「權知高麗國事」的頭銜。明朝皇帝對朝鮮君主授以誥命（朝廷頒賜爵位的詔令）、賜予金印、冊封為「朝鮮國王」，已是第三代太宗即位後的事了。

朝鮮乃是基於易姓革命的理念而建國，這也代表了整肅高麗的統治者王氏一族是無可避免的。早在一三九二年七月二十日，大司憲閔開等人就已提出應將王氏一族遷出。太祖接納意見，將大批高麗王族流放到江華島及巨濟島；至於恭讓王則降格為恭讓君，流放到杆城郡（江原道）。太祖原本表示對王氏一族採取寬大處置，但最終不敵群臣請求而下令誅殺。一三九四年四月，江華島及巨濟島上的王氏一族在渡口被人推落海中，恭讓君與他的二個兒子則被絞死。之後，朝鮮內部徹底搜查王氏後裔。現在韓國「王」姓稀少的原因，據傳是因為高麗王氏為了保命，將「王」字增加筆畫，改成了「玉」、「全」、「田」等姓氏之故。

太祖即位後不久，便主張「自古易姓受命之主，必遷都邑」，計畫遷都；一三九四年，將都城從開京遷到漢陽，改名漢城（現在的首爾）。之後在漢城以北興建正宮景福宮，同時在景福宮的左方（東）設置祭祖的宗廟，右方（西）則設置祭祀土地神與五穀神的社稷壇。此乃按照中國的都城建築布局，稱作左祖右社。宮名「景福」則是鄭道傳根據《詩經》所命名。

2. 整頓統治基礎

朝鮮的身分制度

朝鮮是身分制度嚴密分明的社會，在良賤制的規範下，人民的身分均為世襲。屬於良身分者，稱作良人（良民），位在良人頂點的就是自稱「士族」（士大夫）的這群人，亦即族中官僚輩出、以朱子學為背景、支配地域社會的統治階層。士族除了以地主身分坐享經濟上的優越地位之外，同時也享有得免除良身分須服軍役等的特權。

良民身分可參加官僚錄用考試，也就是科舉資格。朝鮮的官僚組織是由東班與西班構成，合稱為兩班。不過兩班並非朝鮮時代發明的名詞，而是高麗初期從宋朝傳入的外來用語，原本是指官員上朝議政時，在王宮正殿齊聚一堂，拜見君王時的席次。相對於正殿上坐北朝南的君王，眾官員分成文臣站東邊、武臣站西邊，按官位高低順序朝北排列，因此將文臣這列稱作東班，武臣這列則稱作西班，整體則統稱兩班。不過到了高麗時代，兩班一詞偏離原意，變成文武官員的總稱，朝鮮時代也繼承此一用法。

然而，即便為良民，實際上能參加科舉考試的，也僅限學習環境良好的富裕士族及現任官員子弟。此外，高官子弟當中甚至有人得因祖先功績庇蔭，無需參加科舉就能直接任官。因此，原本在朝鮮意味著文武官員總稱的兩班，不久就變成了對士族的第三人稱或尊稱，蘊含著貴族特權身分之意。

另外，朝鮮是採行文治主義的文官優越體制，文官與武官之間有明顯差距。舉例來說，儘管兩班官員從正一品到從九品設有十八個等級，但武官官階最高只到正三品。因此，若武官晉升到正三品以上的官階時，就只會頒賜文官官位。不僅政治，連軍事也是由文人治軍。即便在軍事機構，也是由文官來擔任長官級司令官，武官的主要職務僅現場指揮官程度而已。此外，朱子學對嫡庶之別相當嚴格，在士族子弟當中，庶出者較嫡出受歧視。庶出者無法擔任文官，只能擔任通譯、天文、醫學、音樂、繪畫、法律等專門技術的中級官員。這群通過科舉雜科考試擔任中級官員者大多住在漢城中央，稱作中人。

良身分者當中的絕大多數，被稱作常漢（常民），以務農為主。他們不僅得服軍役等良役及負擔重稅，還得履行納貢等義務。

至於奴婢，則屬於賤身分。男為奴，女為婢。他們沒有服良役的義務，但被禁止參加科舉考試任官。奴婢必須為主人提供勞力，還會被當成如同財產物品般，可供買賣、轉讓與繼承。居住在漢城的兩班即便只是小官，也可擁有上百名奴婢，官位愈高，奴婢人數更可多上好幾倍。主人任職中央官府等公家機關的奴婢，稱作公賤（公奴婢、官奴婢），若為士族等私人所有，則稱作私賤（私奴婢）。在十七世紀中葉，朝鮮全人口當中約四成（視地區而異，甚至有七成）為奴婢。

對選定世子的不滿

朝鮮王朝建立後，開國功臣的地位急遽提昇，特別是擔任要職的鄭道傳，他掌握了施政主導權。鄭道傳理想的統治體制，是以宰相*為中心的政治制度，並由科舉選拔出的官員來支持此一體制。至於國王，則加以控制權力，僅僅指名優秀宰相即可。想當然爾，這種想法勢必會與王室及宗親產生摩擦。尤其是過去以來一直支持太祖的王子李芳遠，對鄭道傳的不滿非比尋常。這是因為，雖然他在威化島回軍之際建議父親討伐崔瑩，並殺掉鄭夢周拯救李成桂派於危機，卻被迫遠離政治中樞的緣故。

李芳遠對鄭道傳的不滿，在商討太祖的世子（繼承人）一事時更加高漲。韓氏（節妃）是太祖的元配，她在朝鮮開國前一年便逝世，之後冊立的繼妃康氏（顯妃）成為實際上的王妃。太祖與兩位妃子育有眾多子嗣，有資格成為世子的男子人選如下：與韓氏育有李芳雨、李芳果、李芳毅、李芳幹、李芳遠及李芳衍等六人，與康氏則育有李芳蕃及李芳碩二人。

備受太祖寵愛的顯妃康氏，也與鄭道傳等開國功臣們密切往來，企圖策劃讓自己的兒子成為世子。一開始，她本想讓七子李芳蕃成為世子，但在裵克廉、趙浚及鄭道傳等人反對下沒能實現。一般認為，李芳蕃個性「狂暴」，加上他娶了高麗恭讓王的姪女（王氏）為妃，或多或少也有影響。本來理應從年長的節妃韓氏之子當中選出世子，而若考慮到建國功績，李芳遠是最有力的人選。可是，在體諒顯妃康氏心情的太祖面前，沒有一個臣子敢如此主張；一三九二年八月二十日，裵克廉提出妥協方案，推舉了八子李芳碩為世子。輔導世子的任務由鄭道傳擔任，成為李芳碩的後盾。

為了選定世子一事，李芳遠對鄭道傳的憎恨可說是到達臨界點了。話雖如此，李芳遠並沒有輕舉妄動。這是因為他明白太祖為何會疏遠他。據說當年李芳遠殺害鄭夢周時，太祖大為震怒。不僅如此，在開國後行論功行賞時，李芳遠也被排除在開國功臣名單外。而另一方面，太祖對鄭道傳寄予信賴，甚至將建立新國家及輔導世子的重責大任交給他。換句話說，假使李芳遠採用與除掉鄭夢周時同樣的暗殺手段排除鄭道傳，他也不可能因此掌握政治權力，反倒可能被太祖斥責為不肖子，當成「叛徒」遭到抹殺。為了打破現狀，李芳遠必須爭取太祖親信的支持，支持他排除鄭道傳。

＊編註：高麗王朝為門下侍中，朝鮮王朝為統領議政府的領議政。

第一次王子之亂

這一刻來得意外的快。起因是朝鮮與明朝突然發生的外交問題。一三九五年，太祖派使者前往明朝進呈表箋（進呈給中國皇帝及皇后的陳情表或賀摺），懇請洪武帝頒發冊封誥命及金印。沒想到，洪武帝收到表箋後，以內容用詞不遜為由，扣留了朝鮮使者。一般認為，此乃對自己出身自卑的洪武帝對文官心生猜疑，對他們寫的文章用字遣詞挑三揀四，加以處罰，亦即所謂「文字獄」的一環。翌年朝鮮派遣賀正使時，洪武帝也挑剔表箋的內容「輕薄戲侮」，還要求當時起草表箋的負責人鄭道傳前來明朝謝罪。可是，鄭道傳不僅沒有回應洪武帝三番二次的召喚，反倒對抗明朝，與南誾、沈孝生（李芳碩的岳父）等人共同擬定遼東攻擊計畫，企圖增強兵力。趙浚等人反對此一強硬對策，開國功臣之間於是出現了摩擦。

可以說，鄭道傳為了維持在朝鮮國內的立場，自然不能輕易答應洪武帝不講理的要求，展現出懦弱的態度。不過，鄭道傳並非只是為了守住自身地位才感情用事，計畫攻打遼東，毋寧說他是為了鞏固新國家朝鮮的基礎，才會利用這場國難。朝鮮在建

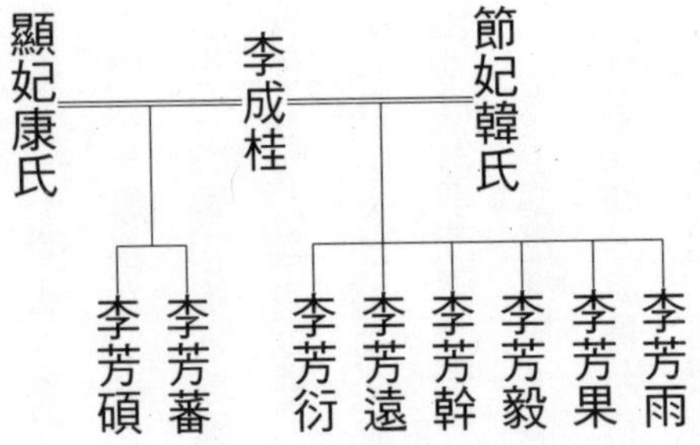

李成桂（太祖）的世子候選人

國之初，王子及眾武將均擁有私兵，所以至今仍無法實現軍事上的中央集權。因此，鄭道傳才會擬定攻打遼東的計畫，以不得不增強朝鮮對抗明朝的力量為由，褫奪王子及武將的私兵統帥權，為官軍所吸收，以確立宰相能名符其實，成為最高負責人。

然而，鄭道傳與禑王及崔瑩一樣，都是將政敵逼到走投無路，然後自取滅亡。對於被中央疏遠的李芳遠而言，私兵是他的最後籌碼，若失去私兵，就無法東山再起。因此，李芳遠趁鄭道傳的對明強硬態度使朝廷內部產生裂痕的大好機會，與李芳毅及李芳幹兩位王兄一起發起行動。重用鄭道傳的太祖於一三九八年七月底臥病在床，而顯妃康氏早已逝世，成了舉事的契機。就這樣，「第一次王子之亂」爆發了。

八月，李芳遠接獲消息，加入世子李芳碩陣營的鄭道傳、南誾及沈孝生等人擬定計畫，欲將節妃韓氏所生諸子傳喚到宮中加以殺害。因此他發動私兵，在鄭道傳等人密談處的南誾的小妾家放火，逮捕並殺害逃出的鄭道傳。這時，李芳遠說服趙浚等高官向太祖報告，表示鄭道傳等人早就密謀暗殺，因此才會先發制人將他們處刑。鄭道傳等人真的是企圖暗殺王子嗎？還是其實是李芳遠捏造情報呢？真相不得而知。但是，至少因趙浚等人的報告，使得李芳遠等人的行動得以正當化。這場政變除了南誾及沈孝生外，連顯妃康氏的兩個兒子李芳蕃及李芳碩也都被殺。

第二次王子之亂

政變結束後，趙浚等人率領文武百官，請求太祖改立世子。在這個時間點，眾人一致認為應立李芳遠為王位繼承人。可是，李芳遠卻主張應立較長者為世子而堅決辭退。因此，次子李芳果被冊立為世子（嫡長子李芳雨因宿疾早逝）。

一三九八年九月五日，太祖將象徵王位證明的寶璽交給李芳果，內禪王位。即位新國王的李芳果（定宗）尊奉太祖為「上王」，並獎賞在第一次王子之亂立下功勞的二十九人為定社功臣。定社意指安定社稷（國家），可以看出定宗欲將李芳遠所發起的一連串行動正當化。

定宗膝下無嫡子。因此，節妃韓氏所生的王子間再度爆發王位繼承之爭。煽動這場紛爭的是開國功臣朴苞。儘管他在第一次王子之亂時支援李芳遠，但論功行賞時卻僅被封為二等功臣，因此心生不滿。於是，他暗中接近盯上王位的四子李芳幹，唆使他討伐李芳遠。就這樣，一四〇〇年一月爆發了「第二次王子之亂」。這場兄弟倆在大白天的開城正中央展開的城鎮戰，最後以李芳遠勝利作收。敗退的李芳幹遭流放，朴苞則被誅殺。

在第二次王子之亂排除反對勢力的李芳遠，於二月一日被定宗冊立為世子，掌握軍事與國政實權。李芳遠隨即及早著手廢除私兵，這是因為他比任何人都還要清楚私兵乃是叛亂的根芽，會動搖體制。不僅定宗所擁有的強大私兵，就連支持自己的私兵勢力也全數解散。眾武將對此一強硬的政策當然群起反抗，李芳遠則透過貶官等手段，徹底壓制。

李芳遠即位與「朝鮮國王」

在廢除私兵的同時，李芳遠也開始大刀闊斧從事行政改革，將國家最高政務機構的都評議使司改組為議政府。都評議使司原本是合議機構，由統轄各項政務的門下府、掌管財務會計的三司，以及掌管軍事業務及出納王命的中樞院，三大中央官府的高官所組成。李芳遠首先廢除中樞院，將軍務移交到新設立的義興三軍府。義興三軍府的高官按規定不得參加合議，因此都評議使司必須進行改組。先前推動的廢除私兵，意味著軍權集中於國王身上，而都評議使司改組為議政府則是順應這點，將軍部從政府分離出來。另外，中樞院另一項重要業務，即出納王命，則由新設立的承政院（國王的祕書室）負責（《朝鮮史 1—先史—朝鮮王朝—》）。

李芳遠雖為世子，卻接連不斷地改變國家的型態。而且他為人冷酷，只要是政敵，即便是親兄弟也會下毒手。因此，對定宗這個有名無實的國王來說，這個王位可說是如坐針氈。最後，定宗在王妃的勸說下，遂於一四〇〇年十一月傳位給弟弟李芳遠。這是為了保全性命而做的最佳選擇。之後，定宗成為上王，他不介入政治，過著以擊毬（馬球）、狩獵、泡溫泉、宴會等興趣為樂，悠閒自適的餘生。定宗在一四一九年去世後長年無廟號（國王死後在宗廟供奉牌位時所追贈的稱號），在他死後經過二百六十二年後的一六八一年，才總算被追贈了「定宗」的廟號。一般認為，這是因為第三代國王李芳遠（太宗）為了誇耀自己才是王朝創始人太祖實質上的世子，故將自己的廟號取為一般授予給第二代國王的「太宗」，才導致的結果。

如前所述，太祖建立朝鮮後，明朝並沒有冊封他為「朝鮮國王」。不過，對朝鮮態度向來冷淡的洪武帝於一三九八年駕崩後，情勢突然一轉。一四〇〇年，定宗遣使前往明朝，請求授予承認「朝鮮國王」的誥命及金印，明朝第二代皇帝建文帝予以承認。不過，由於十一月時定宗讓位，建文帝便暫時取消冊封。剛即位的太宗急著想讓朝鮮與明朝的關係正常化，終於在翌年一四〇一年六月被冊封為「朝鮮國王」。然而，這時明朝發生內亂，帝位從建文帝移交給永樂帝。因此，一四〇三年四月改以永樂帝名義，頒賜誥命及金印。自此以後，朝鮮的歷代國王一直到一六二三年即位的第十六代仁祖為止，都會接受明朝皇帝賜印誥及冊封。

從朝鮮的角度來看，冊封體制屬於事大主義，因此也必須在禮儀形式上向明朝表示稱臣。比方說，朝鮮的臣民會避免使用對皇帝的敬稱「陛下」來敬稱自國國王，而是使用低一等的「殿下」作為敬稱。

此外，朝鮮有定期向明朝朝貢的義務，而明朝也會贈與相當的回禮，實質上可說是伴隨著外交儀禮所進行的以物易物貿易。此外，明朝也會以歲貢的名義下令朝鮮進獻馬匹、金銀、納入明朝後宮的秀女及宦官，往往讓朝鮮大傷腦筋。

父親最後的抵抗

在兩次王子之亂中，太宗殺害了太祖的世子李芳碩及親信鄭道傳等人。因此，太宗的即位，就形同父親所創建的王朝被兒子篡奪；可以說，太祖與太宗之間的親子關係已經無法修復了。

不久，太祖便皈依佛門。他不僅像是在指桑罵槐般，舉辦了告慰顯妃康氏與王子們在天之靈的法事，甚至還走訪他在高麗末年時的據點東北面（即咸興。朝鮮建國後施行道制，東北面改為永吉道，後來先後改稱為咸吉道、永安道及咸鏡道），讓太宗相當緊張。這是因為該地區至今仍留存著太祖的勢力，而且為了能有效應付北方的女真族等威脅，准許部分地方勢力保有私兵的緣故。一四〇二年，太宗的不安以叛亂的形式化為現實。

十一月時，太祖不顧太宗反對，硬是以參拜祖先陵墓的名義前往咸興。於是乎顯妃康氏的親族、安邊府使趙思義等人就像是響應太祖般，聲稱要為康氏報仇而舉事。過去太祖曾統領的咸興私兵也支持趙思義，因此這場趙思義之亂被認為是太祖在幕後主導。太祖冒著生命的危險，大概是想放手一搏吧。

太宗派出使者，催促出奔咸興的太祖盡快回京，另一方面則投入李天祐、金英烈等精銳部隊鎮壓叛亂。沒想到，李天祐率領的一百餘騎騎兵竟遭叛軍逮捕，在古孟州（平安南道）敗陣。太宗接獲消息後本想親征，但後來接獲趙思義軍陸續潰逃的報告，才折返開城。之後趙思義軍在安州遭殲，前往古孟州的幕後主使者太祖認為大勢已去，便宣布返回開城。趙思義被逮捕，與其子一同遭到處決。

太祖於一四〇五年移居漢城，一四〇八年五月二十四日薨逝。

權力集中於太宗

第三代國王太宗推動中央集權及強化王權，奠定了朝鮮王朝長達五百年的統治基礎。一四一四年，實施六曹直啟制，大幅更改行政制度。所謂六曹，是指相當於行政官府的吏曹、戶曹、禮曹、兵曹、刑曹及工曹的統稱。在這之前，六曹只是受議政府指揮處理國事的部門。然而，太宗首先將議政府的人事、財政及軍事業務分擔給六曹，藉此大幅削弱議政府，還將六曹長官的地位從三品提升到二品，強化六曹權限。在此基礎上，行政制度便轉移到六曹，不需透過議政府即可直接向國王報告重要案件，而國王也能直接對六曹下指示。換句話說，國王變成行政的中心，有權管轄所有職務。

在朝鮮半島，自高麗末年以來，宰相（門下侍中）擁有極大的發言權，國王無法運用權限，只能事後追認宰相的決定，這樣的情況並不稀奇。而朝鮮在推翻高麗建國之初也是一樣，鄭道傳等開國功臣推動國家建設加強宰相權限，企圖鞏固國王不干涉行政的體制。可是太宗卻逆向操作，奠定了擴大王權的行政架構。

只是，太宗並非突然就推動這項行政改革。而是如前面所述，先將都評議使司改組為議政府，並在此基礎上透過將三司與戶曹、義興三軍府與兵曹合併等手段，逐漸將宰相握有的廣大業務與權限分散給六曹。不難想像，權力遭到削減的眾宰相會有多麼不滿。他們都是在高麗改朝換代為朝鮮的動盪期間存活下來的老江湖，即使是國王，也沒那麼容易能控制其抵抗。因此，太宗才會在世子時代先掌握軍權，確保政治權力，並一直扮演著毫不留情處罰抵抗者的殘酷領導人。

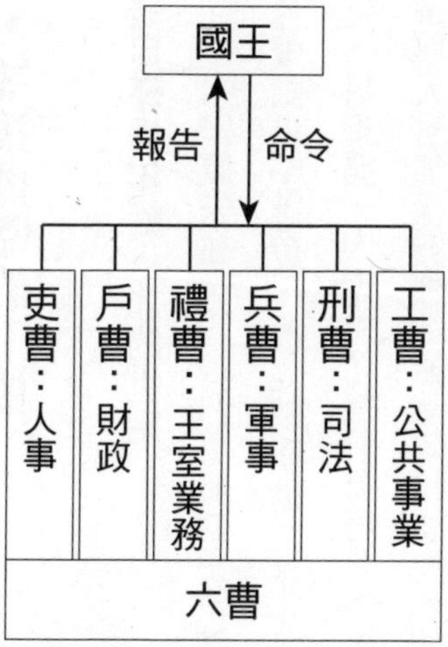

六曹直啟制

3. 搖搖欲墜的王權

錄用優秀年輕人才的世宗

太宗原先在一四〇四年冊立長子讓寧大君為世子，但他個性奔放不羈，遂於一四一八年六月廢黜世子之位，改立聰明的三子忠寧大君為世子。然後在二個月後，太宗便乾脆地讓出王位。只不過，太宗為了能夠好好鞏固繼任體制，成為上王後唯獨軍權不願放手。這是因為，像讓寧大君那樣突然被撤離政權寶座者的怨恨將會成為一大威脅，這點太宗自己再清楚不過了。換句話說，太宗是為了讓忠寧大君（世宗，後人尊稱為世宗大王）能安定施政，故扮演牽制敵對勢力的角色。

一四二二年五月太宗薨逝後，世宗才開始親政。世宗以重視文化、採行儒家的王道政治而廣為人知。他勤學用功，作為領導者努力親為政治。他不僅自身精通儒學，也致力整頓集賢殿的官制，以確保優秀人才。集賢殿乃是高麗時代就有的機構，不過在朝鮮建國時早已有名無實。世宗於一四二〇年於景福宮設置集賢殿，強化機能，錄用年輕優秀的人才為學士，讓他們能專注做學術研究。

集賢殿的學士不會被轉到其他職務，能專注用功，還能榮陞到六曹或承政院等官廳。換句話說，當上學士就等於仕途平步青雲。世宗藉由整頓集賢殿，成功培育出鄭麟趾、申叔舟、成三問等嶄露頭角的文臣，確保自身擁有足以牽制太宗時代留下的高官老臣的朝中勢力。

在國內政治較為穩定的世宗時代，不僅有餘裕專注於國防及擴張領土，也時常發動武力侵略。首先，在太宗作為上王仍在世的一四一九年，世宗攻打倭寇的根據地對馬。不僅燒毀了一千九百三十九戶對馬的民宅，還砍下一百一十四名倭寇首級，活捉二十一人，救出遭倭寇逮捕的明朝及朝鮮民眾後便返回巨濟島。遭到侵略的日本稱此次戰事為「應永外寇」，而出兵侵略的韓國則以帶有征伐之意，稱為「對馬島遠征」或「乙亥東征」。

此外，世宗也竭盡全力排除入侵朝鮮半島的女真族。朝鮮在建國之初並沒有明確控制整個半島全域，尤其是與女真族屢次產生摩擦的北部地區，國界相當模糊。因此，世宗在一四三〇年代下令金宗瑞出兵襲擊半島北部的女真族，開墾圖們江流域並設置六鎮（要塞）。為了將這塊地納入朝鮮領土，世宗逼迫一萬多戶居民從都城近鄰及半島南部遷居至此，這般的徙民政策也招致民怨。據說當地生活相當嚴苛，許多被迫遷居者紛紛逃亡。

改行議政府署事制，削弱王權

世宗容易給人超人君主的印象，但令人意外的是，他從即位起就一直疾病纏身，身體常出狀況。據說他貪吃卻討厭運動，身體肥胖，患有糖尿病。大概是併發症的緣故，年僅三十多歲就患有眼疾，到了晚年幾乎失明。因此，他在一四三六年讓當時二十三歲的世子擔任攝政，並對外表示想退出政治第一線。可是，當時眾臣均強烈反對，因此世子就任攝政一事並沒有實現。話雖如此，病情日益惡化的世宗已經沒辦法以國王身分處理繁務。尤其在當時，上一代的太宗採行為強化王權而整頓的六曹直啟制，國王必須親自過目六曹所上呈的各種案件並批准才行。一旦國王休息，就意味著國家運作停滯。

於是，世宗暫時放棄讓世子就任攝政，並將六曹直啟制改為議政府署事制。所謂議政府署事制，並非國王直接與六曹溝通，而是一種由議政府居間擔任仲介的制度。也就是說，六曹所上呈的案件先經過議政府的長官領議政（領相）、左議政（左相）及右議政（右相）等人審議後得出結論，國王僅需最終裁決。這種制度的確大幅減少了國王的業務量，但實質上擔任處理國事的中心變成了議政府，因此王權不得不縮小。

其後由於病情惡化，世宗連下旨裁決都變得困難。於是，在導入議政府署事制六年後的一四四二年，世宗宣布將裁決的權限交給世子。儘管這時眾臣仍以國王尚在世、不可由世子裁決政務而反對，但世宗並沒有改變心意，遂由世子李珦擔任國王代理。

被塑造的「聖君」形象

說世宗是現在韓國最有人氣的國王，一點也不為過。不僅一萬韓元紙鈔上繪有世宗的想像圖，連城市也用他來命名，二〇一二年成立了「世宗特別自治市」。世宗之所以會如此受歡迎，是因為他發明了民族的特有文字，於一四四三年命名為「訓民正音」，創制出韓語文字。所謂訓民正音，意思是教導人民正確的字音。當時，世宗認為人所發出的聲音不只是單純的音聲，而是蘊含了宇宙萬物的真理。因此，為了能夠正確發音，學習朱子學漢籍，他獎勵音韻研究，創制出連不會讀漢字的平民也看得懂的表音文字。

今日，我們一般稱呼韓語文字為「韓字（한글，偉大的文字，又稱諺文）」。不過，韓字的稱呼固定化是在二十世紀以降民族意識高漲後的事。朝鮮時代華夷意識強烈，認為擁有漢字以外的文字乃是蠻夷之舉，因此訓民正音反被視為下流的文字而遭人忌避。換句話說，反對使用訓民正音的聲浪大，並沒有扎根於一般大眾。儘管如此，世宗仍排除反對聲浪，率先致力普及訓民正音，並留下不少使用訓民正音的書籍著作。

促使自然科學領域大幅進展研究這點，也是世宗備受歡迎的原因。值得大書特書的是，這個時代出版了眾多農學書及醫學書，還開發了渾天儀、雨量計、日晷及水鐘等科學儀器。世宗投注心力在自然科學，不單單只是為了幫助農業。當時存在著儒學自然觀，認為天象異常是對

1 萬韓元紙鈔上所描繪的世宗

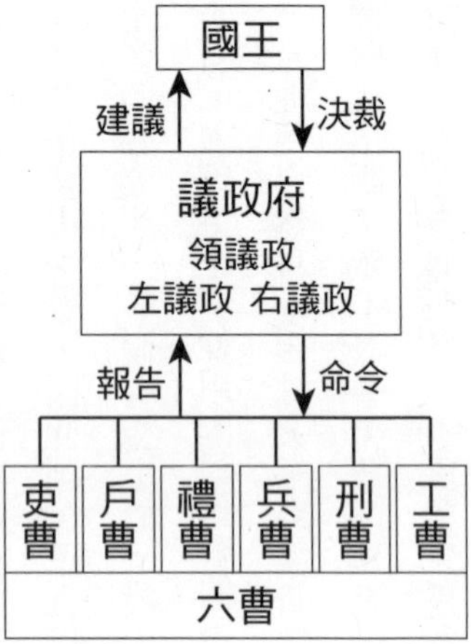

議政府署事制

國王品德及失政的忠告，為了維持王權，闡明天文與氣象是必要的。另外在開發儀器方面，從官奴提拔起的蔣英實貢獻良多。其中最有名的是自擊漏，這是一種水鐘，其構造乃是利用水位上升的力量自動鳴鐘來報時。

如前所述，世宗一方面發展科學，但另一方面也制定了「從母為賤法」，規定良民男性與奴婢所生之子為奴婢。他將身為賤民的婢女視為淫亂的禽獸，因此不承認繼承其血統者為良人，亦即正常人。這項法令雖然使奴婢增加，卻符合奴婢的主人兩班貴族的利益。除此之外，世宗也採納刑曹的建議，妓生所生的孩子，女為妓生，男為官奴，並下令在邊境地帶設置妓生，以撫慰保衛國界的軍人。所謂妓生，是指提供歌舞表演及性服務的官婢（《세종은 과연성군인가》）。

在現代韓國，訓民正音的制定與民族主義結合，世宗也被吹捧成為萬民著想的聖君。像這種被塑造的形象與真實的樣貌，可說是相去甚遠。

癸酉靖難

世宗的兒子李珦體弱多病，而且在攝政時期疲勞過度，導致身體狀況惡化，被認為即使即位為國王也很難維持政局長期穩定。因此世宗在一四四八年冊立李珦的獨生子、八歲的李弘暐為世孫，並暗中找來成三問、申叔舟、朴彭年及柳誠源等人，將世孫的未來託付給他們。這樣做絕不過分。因為世宗的次子，即李珦之弟首陽大君，正虎視眈眈盯著王位。

一四五〇年，五十四歲的世宗薨逝，李珦（文宗）即位為第五代國王。可是，文宗卻因身患原因不明的疾病，在位僅二年多就英年早逝，由年僅十二歲的李弘暐（端宗）繼承王位。他在成三問及柳誠源等人的教育下，據說相當聰明。

然而，由於端宗即位時過於年幼，無法主導政治，實權便掌握在遵照文宗臨終前遺命、被託付後事的領議政皇甫仁及左議政金宗瑞的手上，國王變成僅在形式上做裁決。特別是金宗瑞，他在世宗時代因抵制女真族而嶄露頭角，不僅擁有智謀與學識，同時也具備武人氣魄，別號大虎。在議政府署事制之下，他的政治權力壓倒眾人。

首陽大君對於王權這般弱化與權臣的強化充滿危機感，便開始以輔佐年幼端宗的名義接近國王，展露奪權的野心。對此，皇甫仁及金宗瑞則推舉首陽大君的弟弟安平大君，予以牽制。不久，宮中分成首陽大君派及安平大君派，發展成世宗兩位兒子（端宗的叔叔）的政爭。

首陽大君以策士韓明澮為心腹，接著又招攬對金宗瑞等人的專斷政治感到不滿的鄭麟趾及申叔舟等人。儘管如此，擁有議政府的皇甫仁及金宗瑞的安平大君派仍占優勢。因此，首陽大君便與韓明澮一起策劃，以武力方式強硬剷除安平大君派。他前去拜訪最棘手的政敵金宗瑞，在金宗瑞自宅將他擊殺，再將皇甫仁等議政府的高官喚入宮中一舉殺害。首陽大君派虐殺宰相及高官的行動，說是造反也不為過，然而缺乏統率力的端宗無力將他們定罪。這一連串事件發生在癸酉年（一四五三年），於是被後人稱作「癸酉靖難」，其中蘊含了首陽大君等人平定國難的意涵，金宗瑞等人反倒被定位為造反者。與金宗瑞聯手的安平大君則被流放到江華島，後來遷至喬桐島，後遭賜死。所謂賜死，是指以國王所賜與的名譽自裁，通常都是服下賜藥（毒藥）後在痛苦中喪命。

排除政敵後的首陽大君除了就任領議政，兼任掌管文武官員的吏曹與兵曹判書，此外還擔任統率中央與地方軍隊的中外兵馬都統使。換句話說，首陽大君獨占要職，掌握了行政權、人事權與軍事權。另外，他還立刻解除了以咸吉道都節制使身分負責北方防備的李澄玉職務。

世宗
- 李珦（文宗）—李弘暐（端宗）
- 首陽大君（世祖）
- 安平大君
- 錦城大君

世宗系譜

原因是，李澄玉乃是世宗時代在圖們江流域興建六鎮之際時曾協助金宗瑞與女真族交戰的勇猛武將，深得金宗瑞信賴。被首陽大君敵視的李澄玉得到女真族的後援後，計畫發動叛亂。可是，他在渡過圖們江去找女真族之前，卻被其他節制使襲擊，與兒子們一起命喪黃泉。像這樣，抵抗首陽大君的勢力徹底遭到肅清。另一方面，韓明澮、鄭麟趾及申叔舟等癸酉靖難的功臣則占據重要職位，強化了政治影響力。

接二連三政變未遂

在癸酉靖難二年後，一四五五年六月，端宗將王位讓給叔父首陽大君，年僅十五歲便成了上王，讓人聯想到傀儡定宗讓位給強勢的弟弟（太宗）時的國王更迭劇碼。只不過，端宗往後的人生過得並不像定宗那般平穩。原因是，在定宗始料未及的地方掀起了復辟運動，使得他被首陽大君盯上，才不得善終。

首陽大君接受侄子讓位，即位為第七代國王（世祖）。形式上雖為讓位，實質上既是篡位，也是造反。像這樣有悖大義名分的行為，造成重禮義的儒士們反感。當中站在最前線的，就是受世宗託付世孫（端宗）未來、集賢殿出身的成三問與朴彭年。然而，他們缺乏與手握大權的世祖正面交鋒的力量。因此，他們只能仿照過去與安平大君派閥之爭中居於劣勢的世祖成功發動癸酉靖難般，仰賴血腥的暗殺手段了。換句話說，就是將世祖及其親信韓明澮等敵對勢力集中一處，再一塊送上黃泉。

成三問等人以一四五六年六月一日為行動之日。這天，世祖及其親信將在昌德宮接待來訪漢城的明朝使者。在舉行這類儀禮活動時，通常會由擔任名叫別雲劍的臨時武官來護衛國王，而正好在這天，是由成三問的父親擔任別雲劍。因此，成三問等人便讓自己人攜帶武器進入會場，打算利用這千載難逢的機會執行暗殺計畫。

然而，事情的進展並不如意。世祖的心腹韓明澮以會場狹小為由，在開場前便向世祖建議中止別雲劍的護衛。因此，暗殺計畫只好擇日進行，但沒想到竟有成員反叛，洩漏情報。主導計畫的成三問、朴彭年等人遭到逮捕刑問（火刑），最後被凌遲處斬，柳誠源則自盡。除此之外，尚有七十多人遭到連坐處罰。所謂凌遲處斬，是一種讓受刑人極度痛苦至死，然後斬首、斷其手足後示眾的極刑。

政變計畫欲推舉的上王端宗被降封為魯山君，流放到江原道。被流放後不久的一四五七年，錦城大君又主導了端宗復位計畫，但事蹟敗漏，至此端宗的命運終於走到了盡頭。錦城大君是世祖的弟弟，他公然反抗從侄子手上篡位的兄長，最後被流放到慶尚北道的順興。錦城大君以順興為根據地進攻都城，企圖讓端宗復位。可是，掌握情報的韓明澮率領五百多名士兵突襲順興，因此復位計畫很快就以失敗作收。世祖認為只要端宗還活著，這樣的事件就會一再發生，因而將端宗貶為平民，再賜藥致死。

建立君主專制體制

世祖認為，為了王朝的安定，就必須要有強大的君主，因此在排除敵對勢力的同時，也強化王權。一四五五年，他廢除議政府署事制，恢復了祖父太宗實施的六曹直啟制。此外，他一方面削弱司憲府（負責監察百官與彈劾）及司諫院（負責進諫及反駁國王）等抑制專制政治機構的權限，另一方面則強化了傳達王命與上奏臣下報告的承政院權限。另外，世祖不僅將既是精英官僚輩出的機構，亦與端宗復位計畫有密切關係的集賢殿關閉，也廢止了國王與重臣學者議論政治的場所，經筵。經筵不但能透過議論來實現儒家的理想政治，亦發揮抑制王權濫用的功能。

世祖也策動中央集權，推行各項政策。舉例來說，他為了完成作為統治基盤、萬世一系的法典，便著手編纂《經國大典》，奠定以國王為頂點的中央集權官僚統治體制。此外，他還復活了太宗時代實施過的號牌制度，規定年滿十六歲的男子有義務隨身攜帶明記姓名、身分及居住地等資訊的木牌。此即類似現代的住民登錄證，目的是為了掌握戶口、防止逃避徭役與流民、奠定身分秩序等。除此之外，世祖也改革了國防的樞要，亦即軍政，改派中央的文官出任相當於地方司令官的兵馬節度使（後來改稱節制使），而非任用當地人，以便讓國王能夠直接掌握地方軍事。

上述這些強力的政策，自然會惹毛那群既得權益者。尤其是因中央集權而遭到壓迫的地方相當憤怒，一四六七年便爆發了大規模叛變，即所謂的「李施愛之亂」。李施愛一族為扎根東北部咸吉道（後稱咸鏡道）的豪族，率領眾多民眾，坐擁土地及財產。然而，中央集權卻可能讓他們失去這一切。這塊地區原本就有許多因世宗在位時實施的徙民政策被迫強制遷居的民眾，早就對中央政府有所不滿。於是李施愛便煽動民眾，砍殺中央派來的咸吉道兵馬節度使之後，便以「義舉」為名舉兵起義。

世祖任命龜城君李浚為總司令官，以康純、南怡等人為首編制鎮壓軍，派往咸吉道。起初，鎮壓軍在李施愛軍的頑強抵抗下陷入苦戰，後來因壓倒

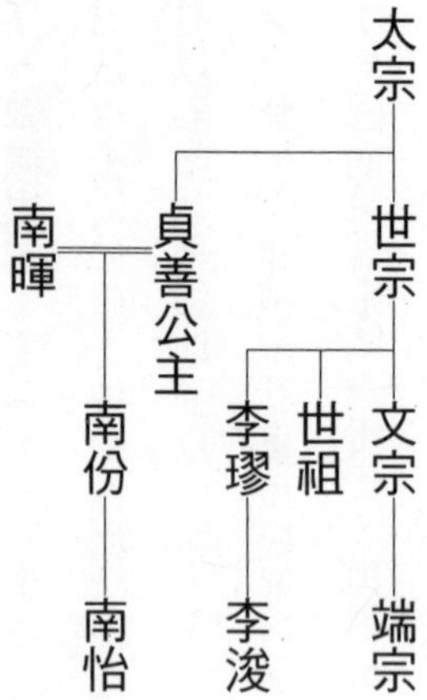

世祖系譜

性的戰力差距，逐漸將對方逼入絕境。最後，李施愛因部下背叛而遭逮捕，結束了這場叛變。

支持世祖的親信

由於世祖強化王權，在這個時代，王族與宗親均有顯著的擴展。其中的代表人物是以鎮壓李施愛之亂出名的李浚與南怡。

李浚是世祖的侄子。儘管在朝鮮半島，從高麗時代以來就有王族不得參與政治的慣例，但世祖在平亂的隔年便提拔李浚為領議政。另一方面，南怡出身名門宜寧南氏，祖父與太宗之女聯姻。換句話說，南怡出自國王外孫的血統，相當於世祖的表姪。他不僅武術出色，年紀輕輕便考上武科科舉，歷任兵曹判書等官職。據說他對備受世祖寵愛，且對同年的李浚有強烈的競爭心。

世祖時代不僅王族及宗親，連癸酉靖難的功臣也身居要職，作為國王的親信掌握政治權力。其中的代表人物是申叔舟及韓明澮。

申叔舟不但年紀輕輕就考上科舉任官，同時也是參與制定訓民正音的秀才。一四五二年，他跟隨王子時代的世祖赴明，兩人變得相當親密。癸酉靖難爆發後不久，他就任承政院的都承旨（祕書官），侍奉端宗，因而得以監視國王周邊，對世祖篡奪王權貢獻良多。雖然申叔舟出身集賢殿，但他追求的不是學問上的理想，而是掌握時代潮流，朝著飛黃騰達的康莊大道邁進。一四六二年，他登上領議政之位。相較於不願易主而凋零的忠臣成三問，申叔舟變節的形象難以抹滅。

韓明澮與申叔舟正好相反，他青年時期不得志，科舉屢試屢敗，與當官無緣。然而他擅長謀略，被王子時代的世祖發現其才能後，便成為世祖的智囊。如果沒有韓明澮，癸酉靖難可能就不會實現。他與申叔舟同樣踏上康莊大道，一四六六年就任領議政。此外，他還將女兒們分別嫁給第八代睿宗及第九代成宗，與王室締結姻親關係，使權力基礎更為鞏固。他晚年時興建的東屋狎鷗亭，現在仍作為江南高級購物街的地名，被保留下來。

貞熹王后垂簾聽政

一四六七年，世祖因重病臥床，接待明朝使者也變得困難。而且，原先代替英年早逝的懿敬世子、被指定為世子的次子海陽大君也身體孱弱，繼承體制令人不安。因此，世祖便授予重臣申叔舟、韓明澮等人擔任臨時官「院相」，下令他們在相當於祕書室的承政院輔佐國王處理政務。所謂院相，即承政院宰相之意。

翌年九月七日，世祖不顧重臣的反對，讓位給海陽大君（睿宗）；八日，世祖斷氣。然而睿宗在位僅一年多就去世。睿宗的兒子年僅四歲，難以承繼大位。因此，眾臣決定從世祖的嫡子、還沒繼承王位就去世的懿敬世子（睿宗之兄）的兒子當中挑選繼承人。長子為月山大君，次子為乽山君。依照朝鮮慣例，顯然應該選擇長子月山大君，但深居多年的貞熹王后（世祖的正室）卻指名乽山君繼位為王。貞熹王后以身體虛弱等健康上的因素，撤下月山大君的資格。可是這種說法空穴來風，倒不如說乽山君的王妃是韓明澮之女才是關鍵。換言之，為了王室安定，貞熹王后與當時的權臣韓明澮串通一氣。

乽山君（成宗）即位時還年幼，年僅十三歲，必須有人從旁輔佐政務。只是，功臣及王族必須迴避攝政一職。這是因為，功臣之言可能會導致易姓革命；若是王族，則恐怕會招致像世祖篡奪王位等事態。因此，能直接輔佐年輕國王的，只能是與王室有關係、具備品德且不能即位為王的女性。而滿足上述條件的人，就只有前代國王的王妃（王大妃），以及前前代國王的王妃（大王大妃）（王大妃及大王大妃都稱作「大妃」）。不過在朝鮮王朝，女性不得干政的儒家思想根深蒂固。因此，王大妃及大王大妃參加朝議時，必須在她們前方用簾幕區隔空間，彷彿她們不在場，稱作垂簾聽政。透過簾幕來區隔空間以示男女有別，不過只是一種形式上的措施，王大妃及大王大妃與國王一起諮詢國事，時而下達命令等來介入政治。成宗時代有祖母貞熹王后垂簾聽政，而在這段期間，院相韓明澮及申叔舟則輪流在承政院值勤，處理國政。

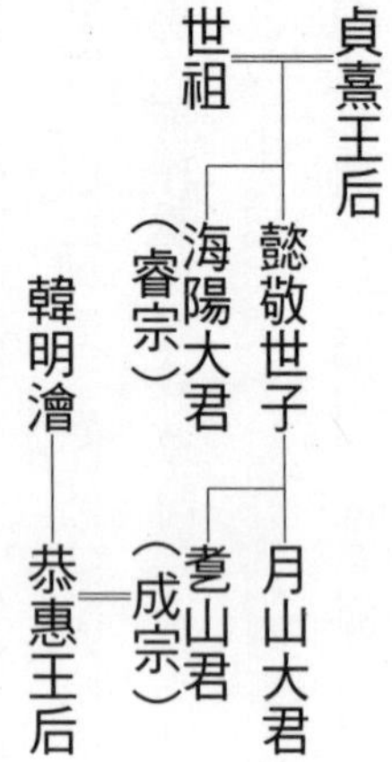

世祖系譜

不論是對貞熹王后還是對韓明澮等世祖勛臣而言，守護世祖系統及王位，就意味著守護自身的安泰。因此，雙方協力合作，排除世祖死後可能篡奪王位的勢力。而成為其標的的，就是身為王族及宗親、同時擔任領議政及兵曹判書的李浚與南怡。首先在睿宗時代，南怡以謀叛罪遭處刑；接著到了成宗時代，李浚也以同樣罪名遭流放。此後，朝鮮便一律禁止任用王族為官。

4. 激烈的朋黨之爭

士林派與勳舊派

貞熹王后垂簾聽政七年，於一四七六年還政。這時申叔舟早已去世，韓明澮也因年事已高，退出政治第一線。成宗便趁此機會，企圖削弱對世祖即位貢獻良多的權臣壟斷勢力。他不僅廢除院相制，拿回庶務裁決權，同時也錄用眾多新進儒者官員來牽制權臣。

朝鮮初期，中央官僚會與地方士族聯手，來確保自己對故鄉土地的經濟、社會支配權。可是，當中央官僚逐漸勳舊化（特權身分化）、代代長住漢城後，與地方士族的關係也不再緊密，對故鄉的支配權自然逐漸衰退。另一方面，地方士族開始掌握地方社會的主導權，不久便以新進官員的身分進入中央。在十五世紀後所編纂的朝鮮史書中，意指才德兼備的知識分子官僚集團「士林」一詞頻繁出現。由於該名詞與成宗之後發展為政治勢力的新進官員相重合，因此在現在習慣用士林派稱呼這群新進官員。相對於士林派，在癸酉靖難時對世祖登基貢獻良多、代代獨占權力的保守派功臣官僚，則稱作勳舊派。一般認為，這個時期的政治史重點在於士林派與勳舊派的對抗。

成宗時大舉錄用的士林派，以金宗直的門生為主。他們的始祖是在朝鮮建國時因守住對高麗的忠誠而下鄉的吉再，自詡為朱子學（性理學）的正統繼承者。因此他們重視義理名分，對世祖篡奪王位持批判態度，大多從屬於司憲府、司諫院等言官機構，炮轟勳舊派的腐敗與不法。勳舊派與士林派的對立隨時間流逝而變本加厲，到了第十代國王燕山君時期更引發了悲劇性的屠殺事件。

婆媳之爭

成宗的理想是傳說中的聖君堯舜之治，以實現王道政治為目標。一四七八年，他設置弘文館，作為管理研究儒家經典與回答國王諮詢的機構。這代表了被世祖關閉的集賢殿再次復興。像這樣，由於國王重視學問加上政局穩定，成宗時代成為自朝鮮開國以來最和平的時代。

然而就在這個太平之世，社會上開始瀰漫著墮落之風。成宗自己在不久後也沉溺於飲酒作樂，除了王妃之外還擁有十一名側室，育有三十二名子女。由於國王好色，導致宮中大亂。

成宗的正室恭惠王后韓氏乃是韓明澮之女。可是，她並沒有生下子嗣，年僅十九歲就去世，成宗遂於一四七六年立側室尹氏為繼妃。雖然尹氏在這一年產下長子李㦕，可是成宗的心思已經轉移到側室鄭氏及嚴氏身上。這兩名側室嫉妒尹氏升格為王妃，於是在成宗的母親、也就是尹氏的婆婆昭惠王后（又稱仁粹大妃）面前搬弄是非。昭惠王后曾編纂倡導女性應順從父親、丈夫及兒子的女書《內訓》，嚴守儒家女性觀。因此昭惠王后與尹氏的關係逐漸惡化。被婆婆視為眼中釘的尹氏在宮中失去容身之處，終於在一四七九年遭廢。廢位原因是尹氏隨身攜帶毒藥意圖害人，或是常常寫些藐視國王與側室之類的文章等。實際上，雖然從尹氏的房間找到了砒霜及咒書，但也有可能是被人栽贓所致。無論如何，由於上述物證，寵愛其他側室的成宗將尹氏視為善妒的王妃。在朝鮮時代，妻子善妒被視為丈夫足以合法離婚的「七出」罪，於是成宗不顧一部分反對聲浪，強行廢位。不難想像，成宗是因為揣度嚴守婦道的母親昭惠王后之心意，才做出此舉。

尹氏成了廢妃後被逐出王宮，回到娘家，但她仍是嫡子李㦕的生母。因此，眾臣間開始出現對尹氏的同情論調，認為尹氏不應該被貶為平民。然而，成宗卻對眾臣的進諫充耳不聞，於一四八二年賜藥尹氏命其自盡。據說是鄭氏及嚴氏擔心尹氏復位，因此連同昭惠王后向成宗進獻讒言所致。

鎮壓士林派

成宗逼死廢妃尹氏的翌年，他隱瞞事件真相，冊立李㦕為世子。李㦕到長大成人，一直將成宗迎為繼妃的貞顯王后當作母親。之後，一四九四年，年僅三十八歲的成宗薨逝，李㦕即位為第十代國王（燕山君）。

燕山君即位後，一開始政局仍維持安定，但不久後他沉溺於奢侈淫樂，變成了殺害眾多臣子的暴君。因此，他死後不被承認為正式的國王，也沒有廟號。

如前所述，在朝鮮，自成宗時代以來士林派與勳舊派的對立開始白熱化。而這位個性凶暴的國王涉入兩派間的對立，引發了大規模屠殺事件。

引發事件的契機是，當時朝廷正著手編纂《成宗實錄》（彙整成宗言行的史書）。編纂負責人是勳舊派的李克墩，他在史官提交的眾多草稿中，發現了已去世的士林派首腦金宗直的文章〈弔義帝文〉。這篇〈弔義帝文〉是憑弔在中國的秦朝滅亡之際遭項羽殺害的楚義帝的弔唁文。李克墩將這篇文章解釋為金宗直假託中國的例子，委婉批判自端宗手中篡奪王位的世祖，於是向燕山君告發，發動彈劾士林派。

燕山君一直很厭惡動不動就挑剔他品行不端的士林派，因此這個告發可說是順水推舟。於是燕山君以誹謗先王為由，開始鎮壓士林派：首先，他開挖金宗直的墳墓，砍下屍體首級（剖棺斬屍），接著將金宗直的門生全數處刑後再切斷首級、身體及四肢；至於其他眾多士林派官僚不是遭到流放，就是左遷。此一事件發生在一四九八年，遂以當年干支命名為「戊午士禍」。

戊午士禍造成眾多士林派官員失勢，還遭到殘忍處刑，以便殺雞儆猴，使得眾臣對燕山君的進諫也一時縮減。因此，燕山君更變本加厲地做出享樂且背德的行為，召喚妓生到宮中日日笙歌。想當然爾，國家財政變得相當困窘，為了填補國庫虧損，燕山君便計畫加徵貢物，並將賞賜給官僚的土地與奴婢全數沒收。勳舊派對這個可能讓他們喪失既得權益的計畫大為反彈，便開始規制宮中生活，以抑制燕山君的浪費。就這樣，以王族為首的宮中勢力與勳舊派之間產生了摩擦。

燕山君的狂亂

宮中勢力之一的任士洪迎娶王室公主成為戚臣，他策劃藉這場對立掌權，於是將成宗下令保密的廢妃尹氏之死的真相告訴燕山君。因為只要燕山君得知事實，可以預料他一定會憤怒發狂，處罰所有的事件關係人。就這樣，自一五〇四年三月起，朝鮮又再度刮起肅清的暴風雨。

首先，燕山君得知是父親的側室鄭氏及嚴氏的讒言逼死了母親，他便將鄭氏及嚴氏綁在梁柱上活活打死，然後將遺體碎屍萬段，用鹽醃過後丟棄在丘陵原野。不僅如此，燕山君還手持寶劍，帶著鄭氏與嚴氏的肩膀到霸凌尹氏的祖母昭惠王后寢殿，質問她為何殺掉母親。或許是受到驚嚇，年老體衰的昭惠王后不久便去世了。

燕山君也下令徹底調查參與母親廢位的相關人士，被捕者均遭到賜死或處刑，已故者則開棺砍下屍首。包括受連坐牽連的親族在內，處罰對象遠比戊午士禍更多。不僅動舊派，也有眾多士林派遭鎮壓，因此這一連串事件被算為一場士禍，史稱「甲子士禍」。

乍看之下，甲子士禍是燕山君對逼死尹氏相關人士的復仇，但實際上則是國王與宮中勢力企圖掌權所策劃的一場抹殺政府高官的肅清活動。由於這場士禍，勳舊派的勢力頓時衰弱，而燕山君的暴政與放蕩也更變本加厲。

一五〇四年十二月，燕山君廢除世祖所整頓的圓覺寺，將掌管音樂舞蹈等的掌樂院遷到其舊址，並找來妓生，將這裡當作飲酒作樂的場所。入宮的妓生當中，燕山君中意的妓生會受到妥善保護；另一方面，不化妝或服裝骯髒的妓生會施以杖刑（用木棒棒打臀部等），懷孕的妓生則被逐出宮中，生下來的孩子則活埋處理。

面對精神失常的燕山君，犧牲的人不只是妓生。燕山君甚至在全國各地狩獵美女，不僅將多達一萬名未婚女性強行帶到宮中，甚至還有燕山君從八歲到十二歲的女孩中挑選容貌出眾者加以姦淫的紀錄（《妓生—「もの言う花」の文化誌—》）。

中宗反正

燕山君以群臣諫言太煩人為由，廢除了司諫院及經筵，繼續維持奇言異行。然而到了一五〇六年九月，宮中卻發生政變。朴元宗等人暗中召集同志舉兵，殺害任士洪一派，攻陷王宮。據說王宮的守衛得知發生突發事件後便逃出王宮，因此沒有任何阻礙。被迫退位的燕山君被流放到喬桐島，十一月病逝。

朴元宗等人遵照成宗第三夫人貞顯王后的命令，擁立燕山君的異母弟弟晉城大君（中宗）為新國王。此一政變史稱「中宗反正」。所謂反正，意思是將錯誤的狀態扭轉歸正。從「反正」一詞可以看出，掌握新政權的勢力規定了「正道」，然後重新建構符合該正道歷史的歷史觀。就這個意義來看，燕山君不被視為「正統」的國王也就理所當然了。

附帶說明，貞顯王后乃是燕山君的生母尹氏遭廢後，從側室升上王妃的女性，中宗是她的兒子。在成宗的王妃與側室接連遭遇不幸之際，說貞顯王后是最大贏家也不為過。

中宗授予在政變中有功的一〇七名功臣封號，予以重用。由於他是突然登上王位，缺乏政治基礎，因此只能夠仰賴朴元宗等功臣，王權明顯縮小。六曹直啟制在中宗時代最終遭廢除。

士林派的錄用與受挫

為了重建因燕山君暴政而一片混亂的政治秩序，中宗錄用眾多士林派官僚，標榜朱子學理念的王道政治。此舉也有牽制反正功臣（勳舊派）過度擴大勢力的意涵。

士林派官僚的核心人物是趙光祖。中宗剛即位時，他已是相當知名的秀才，一五一五年文科科舉及第後，先後擔任弘文館副提學（正三品）、司憲府大司憲（從二品）等要職。他備受中宗信任，致力於實現理想政治。舉例來說，他主張禁止儒家以外的祭祀、在全國各地推行發揚於中國的《呂氏鄉約》，作為儒家道德的實踐及互相扶持的規約等。此外，他還新設立賢良科，透過推薦而非科舉來錄用人才。這些措施都過於激進。特別是設立賢良科，恐怕會造成趙光祖一派獨占政權，因而引發勳舊派反彈。

絕不妥協的趙光祖並不就此滿足。他以中宗反正的一〇七名功臣當中，有七十六人不當獲得稱號並獲賜土地與奴婢為由，訴請中宗削去這些人的功臣資格（偽勳削除案）。可是，這對借助反正功臣之力登上王位的中宗而言是個敏感問題，故多次拒絕他的進諫。然而，趙光祖在第七次進諫遭拒後辭官，即便國王下令復職他也再三婉拒，企圖讓自己的意見過關。至此中宗讓步，做出將這七十六人除勛籍的決斷。

此舉引起動舊派的聯手反擊，不斷上呈批判趙光祖。而中宗也被趙光祖等人的政治主張搞得疲憊不堪，於是聽從了動舊派的讒言。中宗以集結朋黨、使國政陷入混亂為由，將趙光祖流放後賜死，而受到牽連的士林派官僚也遭流放及處刑（己卯士禍）。據說趙光祖仰毒後等待死亡，但毒藥並無發作，最後是由刑吏將他勒死。

大尹派和小尹派

端敬王后是中宗的元配王妃。但由於父親是燕山君的國舅，在中宗反正之際被當成任士洪一派遭到誅殺，因此她在中宗即位七天後便遭廢，處以流放。之後，中宗迎娶章敬王后為繼妃，一五一五年生下嫡長子李峼。可是，章敬王后在產子後不久即去世，因此中宗在二年後又娶了文定王后為繼妃。文定王后長期沒懷孕，在成為王妃十七年後的一五三四年，終於在三十四歲時產下期待已久的嫡次子李峘。

章敬王后與文定王后都是坡平尹氏，兩人為同族。然而，章敬王后的哥哥尹任與文定王后的弟弟尹元衡對立，同宗族的兩人展開了激烈的權力鬥爭。時人稱尹任為大尹，尹元衡為小尹。

一五四四年十一月，中宗於五十七歲薨逝後，世子李峼（仁宗）即位。由於章敬王后的兒子成了國王，尹任的勢力（大尹派）便占居要職。大尹派有柳灌及李彥迪等士林名士，因此眾多士林派官僚受到任用。可是，大尹派的優勢維持僅不到一年。這是因為翌年七月，仁宗罹患原因不明的疾病，還沒留下繼承人便驟逝，在位期間為歷代最短。

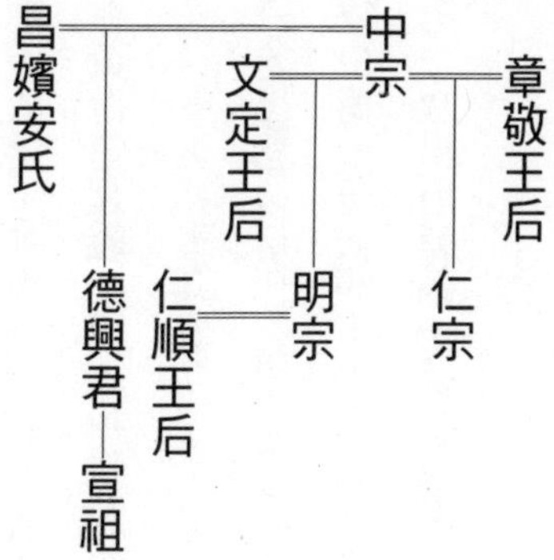

宣祖系譜

繼位的是仁宗的異母弟弟李峘（明宗）。可是這時仁宗才十二歲還年幼，因此由生母文定王后垂簾聽政。等到文定王后掌握實質權力後，尹元衡的勢力（小尹派）就開始攻擊大尹派，一再誣告尹任等人企圖謀反。一五四五年八月，尹任、柳灌等人被賜死，多數大尹派官員遭受處置（乙巳士禍）。

在那之後，尹元衡利用明宗外戚的立場彈壓敵對勢力，誇耀權勢。像這樣，豪族霸占土地與奴婢，民眾生活窮困匱乏，社會上也瀰漫著不安。因此，一五五九年，盜賊林巪正偕同被壓迫的不滿民眾一同在黃海道起義。這場叛變波及了平安道、江原道及漢城，朝廷費時三年才得以平定。

一五六五年文定王后去世，失去後盾的尹元衡遭到彈劾而失勢，同年在隱居地江陰（黃海北道金川郡）自盡。兩年後，第十三代國王明宗年僅三十四歲便英年早逝。由於明宗的嫡子早逝，故由第十一代國王中宗的庶子、德興君的三子（宣祖）繼承王位。在重視嫡庶之別的朝鮮，這是第一次出現旁系子孫即位為王，國王權威掃地自是不可避免。

士林派分裂與黨爭之始

宣祖即位後大量錄用士林派，並推動重新評價士林名士，像是追贈在己卯士禍中喪命的趙光祖領議政的官職等等。因此，明宗的外戚勢力及勳舊派退散，改由士林派掌握主導權。就如前面所看到的，過去朝鮮三番兩次發生士禍，每一次士林派都被逐出政界，不久後又復活，逐漸鞏固地位；到了宣祖時代，他們終於成功建立了士林派為主的政權。

可是好景不常，士林派內部開始分裂，分裂成東人、西人、南人、北人等朋黨，彼此反目，展開權力鬥爭，一般稱作「黨爭」。隨著時代變遷，黨爭也漸趨白熱化。

宣祖時代以降朋黨形成的背景，與士林派獲得政權、得以實現公論政治及政治參與階層的擴大有關。對於因士禍被逐出政界的士林派重新評價，以及對勳舊派專擅的批判聲浪，在全國各地士族及儒生之間形成輿論，並漸漸影響中央政界，形成公論。掌權的士林派只得以反映公論的形式來經營政治，造成政治參與階層的擴大。所謂朋黨，就是因上述政治參與階層擴大所產生的利害集團（《朝鮮史 1—先史～朝鮮王朝—》）。

士林派的各地出身士族所建立的強大共同體，在形成朋黨時起了很大的作用。在地士族為了讓自己的子弟將來能科舉及第，進軍中央政界，一般會讓他們到書院，即在鄉的私立儒學教育設施學習。朝鮮社會有著強烈的同族意識，重視地緣及血緣，除此之外也透過書院培養師徒關係，形成同一學派的紐帶。

可是，在中國及朝鮮等以中央集權為目標的國家，原則上禁止官僚締結朋黨。這是因為可能會破壞君臣秩序。明朝的《大明律》當中明文規定禁結朋黨，採用《大明律》整頓法典的朝鮮也是一樣。己卯士禍時，趙光祖以締結朋黨為由遭到判罪，就是基於上述原因。

然而，在中國的宋代出現了一種說法，有條件地承認朋黨的存在，那就是歐陽修的〈朋黨論〉，亦即朋黨有二種：一種是追求利益的「小人」為貪圖利益而暫時相結的偽朋黨，另一種則是恪守道義的「君子」為實現志趣而締結的真朋黨。歐陽修主張，君主應斥退前者，任用後者，如此就能天下太平。在朝鮮，隨著十六世紀士林派在政治上有顯著的成長，根據上述理論，朋黨在實際上獲得了承認。

話雖如此，〈朋黨論〉不過是一種理想，實際上根本不可能不考慮己方的利害關係便締結朋黨。我們在下一章會看到，在宣祖時代士林派之所以會分裂成東人黨與西人黨，展開黨爭，其開端就是士林派內部因為重要職位的人事問題，產生了裂痕。

不僅如此，由於士林派偏好思辨及形上學，將朱子學的道德觀當作輿論正當化的根據，因此各黨派皆宣稱己方陣營為「正道」，並責罵對方是「小人」，展開教條之爭，來徹底擊潰對手。不同意見共存、能夠相互批判，可以抑制君主獨裁，這點絕非壞事；然而固執黨利、不以建立共識為目標的偏執黨爭，將會阻礙國政。在朋黨形成的這個時代，朝鮮分別遭到南方的日本及北方的女真族侵略。而在黨爭的影響下，無法理性地處理國難，造成國家擴大損失。下面就來看第二章的介紹。

第二章　華夷秩序的崩壞與朝鮮的危機

1. 日本的侵略

士林派內部分裂——東人黨與西人黨

在宣祖時代，士林派有許多人被錄用，掌握政治主導權。可是當士林派掌權後，馬上就因內部紛爭而分裂成二派。其分裂的開端，在於沈義謙與金孝元為了人事特權而反目成仇。沈義謙是明宗的王妃仁順王后的弟弟，也是戚臣。不過，他和尹元衡那種戚臣不同，在明宗時代他因阻止鎮壓士林派而受人愛戴，與士林派建立緊密的關係。另一方面，金孝元則是當時新進士林派的代表人物。

所謂的人事問題，是指爭奪吏曹正郎一職。正郎的品級為正五品，地位不過是個中間官僚。然而在掌管文臣人事的吏曹當中，正郎擔任實務，權限可堪匹敵要職。比方說，吏曹正郎可參與堂上官（正三品以上獲准登殿的官職）的人事審查會議，製作錄用者名簿，或行使言官機構司憲府、司諫院及弘文館等三司要職的人事決定權。之所以賦予中間官僚這麼大的權限，是為了透過三司來牽制高官，藉此抑止濫用權力。能左右要職去留的吏曹正郎職位爭奪戰，也變得激烈起來。

一五七二年，離任吏曹正郎的吳健推薦金孝元接任職位。可是，吏曹正郎的上司、吏曹參議（正三品）沈義謙，卻以金孝元曾是以明宗外戚身分作威作福的尹元衡的門客為由，強烈反對。以此為契機，沈義謙與金孝元之間的摩擦不斷加深。由於大多數士林派認為金孝元是清白的，一五七四年金孝元得以就任吏曹正郎，問題是這件事還沒有結束。翌年，金孝元離任之際，有人推薦沈義謙的弟弟沈忠謙為後任人選。然而，金孝元無法同意這個人事案。關於吏曹正郎的任用，為了避免權臣走後門，因此賦予前任者推薦與拒絕的權限，金孝元因此行使拒絕權。

為了這件事，沈義謙與金孝元之間的對立逐漸無法修復。而士林派也選邊站而分裂成二派。這時影響派閥形成結構的，是士林派的前輩與後輩關係。如前所述，沈義謙乃是戚臣，在明宗時代因擁護士林派而受人愛戴。因此，在沈義謙協助下進入中央政界的前輩士林派當中，有許多人支持沈。另一方面，在宣祖即位後投入政界的後輩士林派，則對容忍戚臣沈義謙、不積極改革的前輩士林派心生不滿，因此支持與沈義謙敵對的金孝元。就這樣，以沈義謙與金孝元二人爭奪人事權為契機，士林派內部的前輩與後輩的對立浮出檯面，最終形成朋黨。當然，這也牽涉到學派的不同等複雜因素。

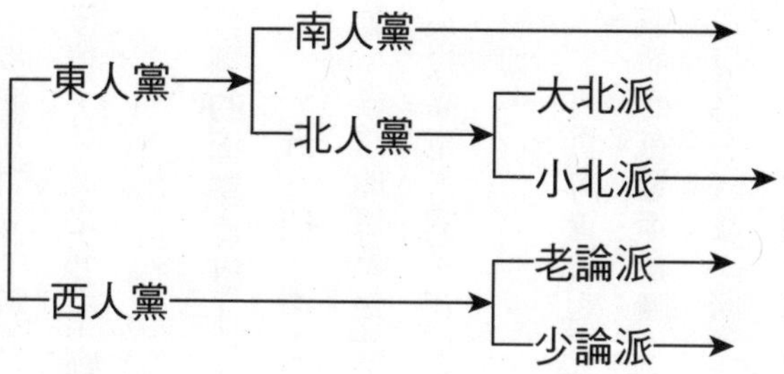

士林派的分裂

由於沈義謙的自宅位於漢陽都城西邊的貞洞，金孝元的自宅則位在漢陽都城東邊的乾川洞，因此支持沈義謙者稱作西人黨，支持金孝元者則稱作東人黨。

士林黨的分裂不只在檯面下，雙方甚至當眾爭執，誹謗對方是「小人」，宮中因而瀰漫著險惡的氣氛。朝鮮中期的代表性朱子學者李珥對這種情況相當擔憂，於是挺身而出居間仲裁，避免雙方衝突。他的方式是各打五十大板，也就是將沈義謙及金孝元都調離中央，任命為外職（地方官）。沈義謙被任命為開城府留守，金孝元則被任命為慶興府使（咸鏡道）。然而一個在舊都開城，一個在邊境的慶興，很難說這樣的人事處理公平。因此，支持金孝元的後輩士林派群起反彈，要求改調為富寧府使（咸鏡道），之後又請求調任為三陟府使（江原道）。結果，李珥提出的仲裁反而進一步煽動對立，最後以失敗作收。說起來黨爭的根源出在結構上的問題，也就是前輩士林派與後輩士林派之間的爭執，因此即便解決單一人事，也無法解決問題。

分裂的連鎖反應——南人黨與北人黨

一五八四年李珥去世後，二派和解之路完全斷絕，開始進行宛如士禍一般的殘酷肅清行動。肅清的肇始是一五八九年十月發生在全羅道的一起謀反事件。主謀鄭汝立曾是西人黨，後來投靠東人黨。在這起事件發生前，東人黨在政界一直居於優勢，卻因同黨出現謀反犯而陷入窘境。

負責調查這起事件的，是西人黨的鄭澈。雖然他在一五八四年晉升為大司憲，卻因東人黨彈劾而在翌年辭職，往後四年被迫在故鄉昌平過著隱居生活。然而謀反事件發生後，他立刻被提拔為右議政，回到了政界。對東人黨積怨已久的鄭澈，將此事件當作讓西人黨掌權的絕好機會，於是大加審訊鄭汝立親近的東人黨李潑等人。以李潑為首的數名東人黨要員被嚴苛拷問後喪命，還有其他許多人受到牽連而失勢。此一政治事件以當時的干支命名，史稱「己丑獄事」。另外在這之後，全羅道一帶被視為謀反之地，自此備受歧視，人才錄用受到大幅限制。

西人黨透過己丑獄事肅清東人黨，在政界占了上風。但好景不常，之後發生了鄭澈觸犯宣祖逆鱗的事件，也就是冊立世子問題。

宣祖與正室懿仁王后並無子嗣。因此，掌握西人黨實權的鄭澈，在一五九一年與東人黨的領議政李山海等人商討後，向宣祖建議，冊立側室金氏所生的光海君為世子。然而這件事激怒了宣祖。李山海早就知道宣祖寵愛與其他側室所生的信城君，但為了陷害鄭澈，才故意不告訴他。李山海這招奏效了。除了惹火宣祖的鄭澈之外，眾多西人黨成員因此失勢，由東人黨掌握實權。

然而這時，東人黨內部又分裂成二派：一派要求對西人黨強硬懲罰，另一派則是主張溫和流放就好。說起來，在己丑獄事發生前，東人黨內部早就因學派不同及要員間的摩擦出現了分裂的前兆。具體而言，也就是李山海與柳成龍、李潑與柳成龍、李潑與禹性傳之間出現不和。在這狀況下，對西人黨的處罰方式，成了壓倒駱駝的最後一根稻草。由於李潑的自宅位在漢城的北邊，因此與李潑及李山海相關的派閥被稱作北人黨，主張嚴懲西人黨；另一方面，由於禹性傳的自宅位在漢城的南邊，因此與禹性傳及柳成龍相關的派閥則被稱作南人黨，要求溫和處罰西人黨。像這樣基於私怨而造成分黨，使得政治變得愈來愈不穩定。

豐臣秀吉的要求

太祖於一三九二年建立朝鮮王朝，宣祖治世時迎來建國二百週年。在這期間，雖然與女真族及倭寇之間偶有衝突，但沒有發生大規模戰爭。因此，對外的緊張感鬆懈下來，官僚們成天沉浸在形而上的性理學中，忙著黨爭。

另一方面，鄰國日本自十五世紀中葉起進入戰國時代，不斷鑽研包括火繩槍的新兵法及高度築城技術。推行跳脫傳統且激烈改革的織田信長，在眾多戰國大名當中嶄露頭角，取代足利氏成為新的統治者，而遠近馳名。根據訪日的耶穌會傳教士路易士．佛洛伊斯（Luís Fróis）的紀錄，據說信長在統一日本全國後，甚至曾打算編制一支大艦隊以武力鎮壓明朝，將諸國分封給兒子們。

可是，信長卻在一五八二年的本能寺之變中喪命。其後，豐臣秀吉在織田家家臣的勢力之爭中贏得勝利，朝著統一全國邁進。秀吉在一五八五年就任關白後，便強行逼迫邊境勢力入朝，服從稱臣。其對象不限於國內。九州征伐後，秀吉以確保對馬國管轄為條件，要求對馬宗氏說服朝鮮國王上洛，前來日本的內裏覲見。這對宗氏是一大難題，因為對馬靠著與朝鮮的交易關係維持生計，無法得罪朝鮮。因此，對馬宗氏拜託朝鮮，希望他們派遣使節前來祝賀日本統一。

起初宣祖面有難色，但經宗氏再三請求後，終於在一五八九年決定派遣使節。翌年三月，以黃允吉為正使，金誠一為副使，使節一行人從漢城出發，七月時抵達京都。

秀吉平定奧州後回到京都，十一月接見朝鮮使節，接受宣祖所呈的國書。內容僅是慶祝日本統一的賀詞，當然完全沒有表示「服從」之意。然而，秀吉卻將朝鮮派遣使節的舉動視為「服從」。因此，在寫給宣祖的國書當中，他使用比「殿下」低一等的「閣下」來稱呼朝鮮國王，並將使節來日評為「入朝」。而且秀吉還在國書當中提到攻打明朝的野心，屆時將令朝鮮協助擔任嚮導（「征明嚮導」）。

朝鮮使節返國途中，同行的對馬僧人景轍玄蘇將國書中的「征明嚮導」代換成「假途入明」一詞，來委婉說明要求朝鮮配合。所謂「假途入明」，意思是當日本攻打明朝時，希望能借路朝鮮。可是，這對奉明朝為宗主國的朝鮮來說，怎樣也無法接受。

一五九一年三月，黃允吉與金誠一向宣祖覆命。覆命時，正使黃允吉主張秀吉一定會出兵，副使金誠一則提出異議，稱看不出秀吉有出兵的徵兆，甚至還以「不宜動搖人心」為由，批判黃允吉（《懲毖錄》）。這二人的回報內容完全相反，其背景與黨爭激烈有關，黃允吉為西人黨，金誠一為東人黨。然後，眾官僚便各自擁護己方陣營意見，展開議論，最後朝廷採納了金誠一的意見。之所以如此，也是因為在使節回國期間，東人黨掌握實權，支持金誠一者占多數的緣故。在這樣汲汲營營於黨爭的朝鮮，沒有合理分析國際情勢，而是基於黨派利益做出結論。而且在同年九月，儘管對馬島主宗義智親自前來朝鮮，警告明年將實施「入唐」*，朝鮮方面卻認為只是單純的威脅而無視警告。這樣的判斷導致疏於國防，招致亡國危機。

漢城淪陷

一五九一年十二月，秀吉將關白之位讓給外甥秀次，以便專注「入唐」，並下令將九州及四國的兵糧集中在肥前國（今佐賀縣）的名護屋周邊。此外，秀吉深信前面提到的朝鮮遣使舉動已表示「服從」，便令小西行長及宗義智渡海，要求朝鮮協助。可是，朝鮮從頭到尾就沒想過要支持日本。因此，秀吉將約十六萬兵力編制成九個軍團，於一五九二年四月開始進攻朝鮮。此即日本所謂的「文祿．慶長之役」。另外，韓國長年來將該戰役稱作「壬辰倭亂（若將二場戰役分開的話，文祿之役為壬辰倭亂，慶長之役為丁酉再亂）」；不過近來則使用「壬辰戰爭」一詞，表示該戰役是一場涉及日本、朝鮮、明朝的國際戰爭。

首先，小西行長與宗義智率領的第一軍登陸朝鮮後，在四月十三日（明曆為十四日）包圍釜山城。日軍一大早就開始展開殲滅戰，不論男女一律斬殺，相當殘暴，很快便攻陷釜山城。

之後，第一軍北進攻陷東萊城，跨越慶尚道與忠清道界，二十七日在忠州擊敗三道都巡邊使申砬率領的朝鮮軍。三道都巡邊使為統籌慶尚、忠清、全羅三道陸軍的重要職位，申砬在此戰吞敗，震驚朝鮮社會。東萊淪陷後，守衛慶尚道水域的慶尚左水使朴泓便拋下水營（水軍司令部）逃亡，慶尚右水使元均也跟著逃走。因此，在這個水域已經沒有組織抵抗勢力，後續日軍便輕而易舉地登陸朝鮮半島。

加藤清正及鍋島直茂等人率領的第二軍於四月十七日登陸釜山，行經慶州到忠州，與第一軍會合。兩軍於二十九日從忠州出發，分別走不同路線北上，直指漢城。

在這期間，漢城收到申砬兵敗的戰報。朝鮮朝廷大為震動，決定採取退避平壤及向明朝請求援軍的方針，並冊立光海君為世子以備萬一。另外，為了募集勤王兵（護衛國王的兵隊），決定派長子臨海君前往咸鏡道，六子順和君前往江原道（《宣祖実録》）。至於宣祖所寵愛的信城君體弱多病（於這年十一月死亡），臨海君個性粗暴，因而被排除在世子選定的名單外。

宣祖、王妃及王子在二十九日（明曆為三十日）清晨逃出漢城。據說宮中的守備士兵不是逃亡，就是躲起來，因此隨從士兵不到一百名。在宣祖逃亡途中，由於下人們相互搶奪糧食，國王連吃飯都成問題。

---

* 譯注：「唐入り」。是指豐臣秀吉侵略朝鮮，以征服明朝為目標所發動的戰爭。

在宣祖及政府高官逃出漢城後，漢城便出現「亂民」，在日軍抵達前，街上便已一片毀滅之勢。首先被亂民盯上的是掌吏院及刑曹，因為這些官廳負責管轄奴婢的簿籍管理與訴訟，所以一些受賤民身分所累被虐待的民眾為了抹消身分等理由，便放火燒掉這些官廳。而民眾也闖入景福宮、昌慶宮及昌德宮等王宮內，搶奪金銀財寶。

在漢城以外的城市也是一樣。官僚和軍人得知日軍接近後立刻逃亡，因此統治機構馬上就瓦解了；隨著統治機構瓦解，朝鮮的民眾與士兵為了尋找糧食而暴民化，竊案不斷；亦發生了有奴婢趁亂殺害自己主人的事件。在朝鮮社會，有部分特權階級基於嚴格的身分制，而凌虐多數常民及賤民，於是民眾經年累月的怨氣遂隨著統治機構的瓦解，一口氣傾瀉而出。而日軍侵犯、蹂躪朝鮮各地，成了民眾一吐怨氣的契機，可說是相當諷刺。甚至有朝鮮民眾產生日軍是前來「解放」自己的錯覺，不僅協助日軍取得戰利品，也有人以日軍諸將領的威勢為後盾，彈劾腐敗官吏。

日軍的行進路線

漢城在五月三日落入日軍之手。小西行長等人的軍隊從東大門，加藤清正等人的軍隊從南大門進城。都城的建築早已燒毀殆盡，呈現一片荒涼。朝鮮軍對漢城淪陷及敵前逃亡的宣祖感到失望，不安的情緒也一口氣擴大。為了防衛首都而前往漢城的地方軍隊當中，更有因阻止不了逃兵而自行解散的軍隊。

宣祖的逃亡

五月一日，在漢城淪陷二天前，宣祖一行人抵達開城，接著繼續北上前往平壤。漢城淪陷的通知傳到名護屋的秀吉耳中時，已是二週後的五月十六日。收到消息後，秀吉下令盡快找出逃離都城的宣祖，並告誡無論如何都不能動宣祖一根寒毛。

五月中旬，小西行長、宗義智、加藤清正及黑田長政等人的軍隊抵達臨津江，為謀求和平而與朝鮮方面接觸。可是朝鮮方面卻強硬拒絕，表示死也不願和談。這是因為朝鮮方面的認知過於天真，認為只要加強臨津江的防備就能夠擊退日軍。然而，對於歷經長年動亂磨練、戰術精進的日軍而言，朝鮮軍根本不是對手。日軍在驅逐臨津江的朝鮮軍後順利渡河，輕而易舉地占領開城。之後，小西、黑田等人的軍隊以平壤為目標，加藤、鍋島等人的軍隊則朝咸鏡道前進。

在平壤滯留一個月的宣祖得知臨津江戰敗的消息後，想再次退避的念頭愈來愈強烈。雖然他在周遭人的說服下暫時放棄，不過在得知小西等人的軍隊即將逼近後，他又拋下平壤向北逃。小西等人於六月十五日攻陷了國王與軍民均躲到別處、空無一人的平壤城。

另一方面，前往咸鏡道的加藤等人的軍隊在沿途殲滅朝鮮軍，然後北上進入圖們江一帶的鏡城。這時，背叛朝鮮王朝的官吏迎接日軍入城。說起來，北方乃是流刑之地，到處都有憎恨朝鮮政府的勢力掀起叛亂。以前曾任文官的鞠景仁也是其中一人，他將在會寧抓到的臨海君與順和君交給加藤，歸順日軍。

之後，在咸鏡道也有為數眾多的叛亂民眾背叛朝鮮，歸順日本。在咸興，甚至有下級官員將自己的女兒獻給日軍，或是當義兵一有風吹草動就立刻向日方密告。此外，也有逃到山裡的朝鮮士兵遭叛亂民眾殺害，將首級帶到加藤陣營等例子。

朝鮮義兵與水軍發動反攻

日軍才剛登陸朝鮮半島，朝鮮的官軍就已呈現潰敗之勢，約莫二十日漢城就淪陷了。可是，朝鮮人民並非有氣無力地旁觀這場國難。有別於官軍，地方的鄉野義兵自行組織，挺身抵抗。這些義兵大多是得不到官職，或是輸掉黨爭而下台的失志鄉士。他們像是期望東山再起似地賭命挑戰日軍。

最初舉兵起義的是慶尚道的兩班子弟郭再祐。就在他因科舉考試失利、過著隱居般的日子時，戰爭突然爆發，故在四月底時，他早已投入私人財產，與私奴一同舉兵。收復宜寧等地區後，他便與晉州的官軍會合，擊退日軍。由於此一功績，八月時，郭再祐被授予刑曹正郎的官職。

由於郭再祐的奮戰，各地兩班備受激勵，開始組織鄉土防衛義兵。舉例來說，全羅道的高敬命在宣祖逃離都城後不久，便以「現在正是報答君父的時候」這句話號召舉兵。他以前隸屬西人黨，官任東萊府使，後來政權轉移到東人黨手中後遭罷免下台，舉兵時他正在鄉里過著隱居生活。在羅州，金千鎰招募義兵一千名起義，他的境遇也跟高敬命相似，隸屬西人黨、最終官拜水原府使的他辭官，在鄉里教育子弟。二人在七月初時在錦山與企圖攻打全羅道的小早川隆景軍隊上演一場激戰。雖然戰敗了，高敬命也在此戰喪命，卻成功讓小早川進攻全州的如意算盤受挫。活下來的金千鎰於八月時與官軍一同轉戰江華島，這時朝廷不僅賜號倡義使（賜給國家大亂時做出義舉者的臨時官職），還任命他為掌隸院判決事。

在忠清道舉兵的西人黨趙憲，過去的境遇也相當不幸。他中了政敵的策略丟官，之後因批判朝廷施政，暫時被流放到地方。剛開戰時，趙憲便與門生召集一千六百名義兵，八月時奪回清州。之後雖在官軍妨礙下遭強制解散，不過他與剩下的七百名義兵行軍到錦山，與小早川進行一番激戰後戰死沙場。

在陸地上，到處都有像這樣為彌補朝鮮官軍的不足而起義的義兵，對抗日軍。另一方面，我們將視線轉移到海上，朝鮮水軍雖在緒戰時遭殲滅，失去慶尚道的制海權，不過在這之後卻轉守為攻，壓倒日本水軍。這是因為擅長海戰的全羅左水師李舜臣趕來支援慶尚道的緣故。

李舜臣

李舜臣於五月初與全羅右水師的李億祺一同出擊位於巨濟島東邊的玉浦灣，擊敗藤堂高虎等人的水軍。接著在五月底開打的泗川灣海戰中，李舜臣巧妙地利用潮流的變化，派出「龜甲船」衝進日本水軍，造成重大損害。

七月時，李舜臣先派出數艘誘餌船接近脇坂安治的船隊引誘到閑山島海面，接著命旗下埋伏已久的水軍將之團團包圍。之後雖然讓脇坂逃掉了，卻給予日軍毀滅性的打擊。不僅如此，李舜臣還立刻趁勝追擊其他得知大敗而撤退的日本水軍。秀吉受到日本水軍連戰連敗的衝擊後，下令在接獲指示前避免海戰，並在島上築城，從城上砲擊朝鮮水軍。

明軍參戰

明朝在很早以前就透過琉球等國的情報掌握到秀吉的企圖，但因為朝鮮沒有報告詳細經過，所以明朝懷疑朝鮮有可能作為日本的前鋒攻打過來。可是，當日軍逼近平壤時，明朝便決定應宣祖的請求出兵救援。這時，兵部向皇帝進諫：「應即刻出兵朝鮮，慰勞屬國，以鞏固門庭。」催促皇帝出兵。這是因為明朝有危機意識，認為在自國變成戰場前，必須出兵協助「屬國」朝鮮，將戰火控制在邊境才行。

六月時，祖承訓等人率領的遼東明軍穿越鴨綠江，進入朝鮮領土。不過，在朝鮮國內也人心惶惶，深怕遭明朝蹂躪國土。事實上，軍紀散漫的明軍常做出讓軍馬闖入民宅等行為，舉止粗暴惡劣。因此，據說在鄰近鴨綠江的義州，就發生民眾因害怕明軍掠奪蠻橫而逃到山裡，城裡不見半個人影。

七月中旬，祖承訓攻打小西駐紮的平壤。沒想到，明軍在日軍的槍擊下很快就輸了，收復失土的計畫以失敗作收。不僅如此，祖承訓甚至以朝鮮與日本勾結才會敗陣為藉口，推卸責任。

明朝得知祖承訓戰敗的消息後，決定增援中央兵力。八月時，任命宋應昌為總指揮官，李如松為軍務提督。只不過，明朝不是單靠兵力壓倒，而是同時摸索與日本締結和議的手段，採取軟硬兼施的戰略。因此，明朝相中了吹噓自己通曉日本國情的沈惟敬，派他前往朝鮮。據說沈惟敬原是浙江省出身的市井無賴，曾結識倭寇相關人士。

八月底，沈惟敬與小西在平壤近郊會談。這時，沈惟敬提出和平（另有一說為投降）協議，於是日明間締結了停戰五十天的協定。但朝鮮方面不分官民均反對和平，這段期間各地持續攻擊日軍。

然而，明朝並不只是純粹進行和平交涉，停戰是為了爭取重整形勢的時間。因此，到了十二月，李如松率領四萬三千名士兵進入朝鮮，翌年一五九三年一月，與朝鮮軍八千人及義兵二千人從三方包圍平壤城，開始發動總攻擊。小西等人所率領的一萬五千名日軍有一成以上戰死，於是放棄平壤，撤退到漢城。在這之後，日本放棄全面控制朝鮮半島，改成確保連結南部的漢城及釜山的路線。因此，在咸鏡道上散開布陣的加藤及鍋島軍便離開陣地，與二名朝鮮王子一同移往漢城（二月底抵達）。

收復平壤的李如松趁勢抵達開城陣地，為了一口氣粉碎日軍，於一月二十五日破曉時分朝漢城進軍。另一方面，漢城周邊集結的日軍在碧蹄館（位於漢城以北約十六公里的地點）迎擊明軍。

這是基於缺乏兵糧、不利打包圍殲滅戰而下的決策。日軍巧妙利用地形，並成功擊敗明軍。李如松被日軍逼得幾乎戰死，戰意盡失，於是放棄收復漢城，先退到開城，再撤兵到平壤。

同一期間，朝鮮官軍與義兵集結在漢城西北方約十五公里處的幸州山古城，利用陡峭的斷崖地形擊退日軍。據說這時，朝鮮軍蒐集日軍的屍體，將肢體支解後吊在樹上來洩忿。

在幸州山城之戰中死傷慘重的日軍滯留漢城。然因物資不足，氣候非常寒冷，再加上疾病蔓延，城內彷彿地獄。遍地人馬屍骸，散發惡臭，軍中因此瀰漫著厭戰氛圍。

秀吉開出和談條件

另一方面，撤退到平壤的明軍也受到喪失戰意的李如松影響，厭戰氣息濃厚。因此，才企圖以和談的方式來打開僵局。當明朝與日本再次接觸時，朝鮮堅決反對和談，主張中斷交涉。可是，既然宗主國明朝傾向和談，朝鮮也只能遵從。朝鮮雖是被害的當事國，卻不能主動參與交涉，而是被排除在外。

四月初，小西與加藤在龍山與沈惟敬會談，最終就下列四項條件達成協議：①由明朝派遣議和使節到日本，②明朝撤離朝鮮，③日本撤離漢城，④日本歸還二位朝鮮王子。可是一般認為，沈惟敬在這時擅自作主，答應將漢江以南的朝鮮領土割讓給日本。

日軍接受明軍派遣的議和使節，四月十七日開始撤離漢城。五月十五日，明朝使節在小西的陪同下抵達名護屋，秀吉便開始著手攻略被視為朝鮮半島南部戰略要地的晉州城。一般認為，這不僅意味著讓議和交涉朝有利日方的方向進行，同時也是為了讓之前與沈惟敬在會談中說好的割讓朝鮮能夠實現的立足點。不僅如此，日軍還在慶尚南道一帶築城，準備長期駐紮。

秀吉歸納出七項「大明、日本和平條件」，下令小西談判。以下列出主要條件：

迎明朝公主為日本天皇后妃。

瓜分朝鮮八道，北方四道及漢城歸還朝鮮國王。

朝鮮送出王子及大臣到日本作為人質。

除此以外，交還之前俘虜的臨海君與順和君。

明朝使節接受了這些條件，六月二十八日從名護屋出發回國。翌日晉州城淪陷，大規模軍事衝突暫且結束。可是，之後在國土飽受蹂躪的朝鮮有眾多百姓為飢餓所苦而喪命。京畿道以南的災情尤其嚴重，饑民甚至還殺人吃人肉，此外也因疾病蔓延，路上滿是死人。

和談失敗的真相

八月時，臨海君與順和君與明朝使節一同回到漢城。而駐紮朝鮮的明軍也於八月從漢城出發，九月越過鴨綠江撤退。到目前為止，事情尚且朝著和談的方向順利進行。可是，這樣的趨勢暫時中斷了。明軍的宋應昌向駐紮在慶尚南道的和談窗口小西表示，為了實現和談，必須向明朝皇帝上呈秀吉的降伏文書。由於秀吉提出的議和七項條件盡是些強人所難的要求，可以料想，要說服明朝朝廷並不容易。因此，至少必須讓夷狄日本表面上裝作「投降」的樣子，好保住中國皇帝的權威。小西與沈惟敬商量之後，便偽造一份〈關白降表〉，送到北京。據說內容寫的是秀吉懇請明朝皇帝冊封等字眼。

在那之後過了一年，明朝終於決定派遣使節前去日本。一五九四年十二月下旬，明朝下令撰寫冊封秀吉為「日本國王」的誥命，並製作衣冠金印。翌年（一五九五年）一月，正使李宗城及副使楊方亨從北京出發，四月抵達漢城；十月到十一月，明朝與日本代表分別抵達釜山。然而，翌年（一五九六）年四月發生了正使李宗城逃亡事件。一般認為，李宗城可能是將當時釜山一帶廣為流傳的流言「秀吉無意接受冊封，若冊封使渡日，將會遭到拘留」信以為真（《秀吉の朝鮮侵略》）。無可奈何之下，只好採取應變措施，改由副使楊方亨擔任正使，沈惟敬擔任副使。因此，明朝使節渡海到日本又延到六月中。

受到七月襲擊畿內的大地震影響，九月時，秀吉在大坂城迎接明朝使節。謠傳在宴席上，秀吉看到明朝皇帝的誥命上寫著「封爾為日本國王」後大為光火，最後和談失敗。這則軼事相當有名。不過，如同中野等人指出的意見所述，這是後世捏造的，當時在大坂城的晉見順利結束。倘若秀吉憤怒的原因出在冊封一事上，他應該會撕毀誥命，而偽造〈關白降表〉的小西也會人頭不保才對。可是，誥命仍留存至今，而小西也有出戰後重掀戰火的慶長之役。順帶一提，根據朝鮮派遣的使者黃愼的紀錄記載，據說秀吉對於冊封一事，曾說過「我姑且忍耐之」。

那麼，什麼才是引發秀吉怒火的原因呢？據說晉見後，明朝使節在堺受到款待時，曾透過一名高級僧侶轉交了一封信給秀吉。信的內容是要求秀吉將設置在朝鮮的日軍城塞完全拆毀並撤軍，秀吉看完後才面露怒色。對「入唐」失敗的秀吉而言，需要一個維持今後權威、保護政權命脈的「勝者」名分，能夠滿足這一點的就是明朝的「投降」，以及割讓一定的領土。因此，秀吉無論如何也無法接受將興建在朝鮮的城塞全數拆毀及撤軍。就這樣，和談失敗，秀吉下令再度出兵朝鮮（《文禄・慶長の役》）。

再戰

當初，秀吉派遣軍隊到朝鮮的目的是「入唐」。不過再次派兵時，則是以奪取和談中提到的朝鮮南部為主要目標。因此，日本方面強化興建在慶尚南道城塞的防禦工事，攻擊全羅道，同時進軍忠清道及京畿道。朝鮮方面一察覺日本有再度派兵的動作後，立刻向明朝求援，鞏固防禦。

兩軍最初的大規模衝突，是一五九七年七月的巨濟島海戰。此戰率領朝鮮水軍的是元均。之前在泗川灣海戰表現活躍的李舜臣，以不服從上級命令為由遭到免職。在巨濟島海戰一役，朝鮮海軍遭瓦解，元均戰死。而朝鮮水軍的據點閑山島也落入日軍手中。

進入八月，日軍進軍全羅道的南原，明軍副總兵楊元所守護的南原城僅三天就淪陷了。在這場戰爭中，明、朝聯軍損失重大，據說城外有大量屍體橫陳。全州將領在得知南原淪陷後，別說是派遣援軍，甚至還棄城逃跑。因此，北上的日軍不耗費一兵一卒就拿下全州。

日本自古以來就有割鼻、即「鼻切」來代替首級作為軍功證明的習慣，在文祿．慶長之役也有紀錄。武士們將割來的鼻子鹽漬後灑上石灰，再裝入壺或木桶內，之後呈給秀吉。而日本的將士還放火劫掠，存活者不分男女老幼一律綁走。這些被活捉的戰俘當中，據說有的會被軍隊隨行的奴隸商人買下。商人用繩子套住朝鮮人的脖子，連成一排，一邊用木杖催促一邊移動。就這樣，淪為戰場的朝鮮不但國土荒廢，人口也大量流失。耕地及勞動力的減少，成了拖累戰後半島復興的一大枷鎖。

秀吉之死

到了九月，明朝與朝鮮開始反攻。首先，李舜臣代替戰死的元均，官復水軍統制使，在鳴梁海戰中擊退日軍。而在陸地上，十二月時，明、朝聯軍以大軍包圍加藤清正防守的蔚山城。加藤無可奈何，只得趕緊圍城固守，但兵糧及水源不足，城內一片慘狀。飢餓的士兵只能吃紙，然後用雨水沾濕衣服來吸吮。據說也有士兵因寒冷而斷指，甚至抱著槍凍死。可是，在加藤軍頑強抵抗及黑田等援軍抵達下，明、朝聯軍還是沒能攻陷蔚山城，反倒在撤退時遭到追擊，多達二萬人死亡。而且逃走的明兵變成暴徒，在各村落姦淫擄掠，朝鮮民眾也遭受極大的損害。

到了一五九八年，明、朝聯軍擬定計畫，將軍隊分成三路：東路軍（明兵二萬四千人，朝鮮兵五千五百人）、中路軍（明兵一萬三千五百人，朝鮮兵二千三百人）及西路軍（明兵一萬三千六百人，朝鮮兵一萬人），同時攻擊日軍據點，以防日軍相互救援。到了夏天，東路軍目標蔚山，中路軍目標泗川，西路軍以順天為目標南下。可是，這個大型作戰並沒有獲得良好的成果。首先，攻擊蔚山城的東路軍雖是編制最大的軍團，卻因先前吃過苦頭而過於慎重，僅與敵軍小規模衝突；中路軍在十月對泗川城發動總攻擊，卻被僅數千人的島津軍擊退；西路軍採水陸包夾三面環海的順天城，也試過發動夜襲，但還是沒能攻下。

就在明、朝聯軍往日軍據點南下的八月，秀吉在京都伏見城拉下人生的帷幕。日軍隱瞞秀吉的死訊，與明、朝大軍交戰。秀吉原本計畫於翌年一五九九年在朝鮮半島投入大軍。假如該計畫實現的話，總攻擊失敗的明、朝聯軍恐將陷入相當危險的處境。可是，由於秀吉逝世，日軍開始撤退。明朝及朝鮮水軍為了追擊日軍，一五九八年十一月在露梁海峽展開最後決戰。在這場海戰中，不僅日軍受到重大打擊，朝鮮水軍的李舜臣也被流彈擊中而喪命。

戰爭結束

日軍雖然撤出朝鮮半島了，但戰爭並沒有正式結束。尚待處理的現實問題，是日本、明朝、朝鮮三方的和平。

在一六〇〇年的關原之戰贏得勝利的德川家康，為了鞏固政權接班人的地位，強烈希望與明朝修復關係。他打算以此為前提，恢復與朝鮮的和睦，再透過朝鮮居中斡旋來實現與明朝和談。因此，他透過對馬宗氏，催促朝鮮方面遣使到日本議和。

在當時的外交慣例上，先寄送國書，意味著向對方國表達恭順。因此，對朝鮮而言，這可不是能輕易答應派遣使節到日本的事。因此朝鮮方面提出以下二點要求，作為派遣使節的條件：首先是家康使用「日本國王」的署名寄送國書，其次是交出在先前戰亂中破壞朝鮮王家陵墓的「犯陵賊」。夾在日本與朝鮮中間的對馬宗氏，便偽造家康的「國書」，並讓對馬的罪犯扮成「犯陵賊」，於一六〇六年十一月送至朝鮮，藉此來解決這個問題。作為回應，宣祖決定派遣使節，於翌年五月向第二代將軍秀忠進呈國書。就這樣，兩國戰爭宣告終結。

另外，這個使節的正式名稱為「回答兼刷還使」，所謂「刷還」，也就是將被帶到日本的朝鮮人帶回國內。可是，據說實際上返回朝鮮者僅約七千五百人。因為多數朝鮮人不是被賣到國外當奴隸，就是滯留在日本。其中關於後者，拒絕回國自願留在日本的朝鮮人數量相當多。據說他們有的回絕返國同胞的邀請，有的則與朝鮮使節一行人會面，但一到關鍵時刻就消失蹤影（《文禄・慶長の役》）。

2. 女真族的威脅逼近

藉肅清鞏固政權基礎的光海君

如前所述，宣祖在一五九二年四月底，日本開始進攻後不久後放棄漢城，同時以防萬一，冊立光海君為世子。而當宣祖打算從平壤繼續北上赴明時，便下令剛被冊封世子的光海君以國王代理的身分攝政。雖然宣祖終究還是沒有越過鴨綠江逃到明朝，不過當時朝鮮的確可說是處在國中無王的緊急狀態。在這以後，朝鮮採行分朝制度，以世子所在地為臨時朝廷，光海君不顧自身危險移動到地方撫軍，共赴國難。

可是，光海君的處境非常不穩。宗主國明朝以同母兄長臨海君在世為由，遲遲不肯承認光海君為正式的世子。而宣祖也在一六〇二年迎十九歲的仁穆王后為繼妃，四年後生下第一個嫡子永昌大君，成了庶子光海君最大的威脅。宣祖的繼承人問題延燒到政界，當時代替南人黨掌權的北人黨分裂成支持光海君的大北派，以及支持永昌大君的小北派，展開激烈的黨爭。

在這樣的狀況下，一六〇八年宣祖薨逝，享年五十七歲。由於永昌大君太年幼，故由光海君繼位，即位為第十五代國王。隨著光海君即位，以領議政柳永慶為首的小北派被撤職，大北派的李爾瞻等人掌握實權。

光海君與第十代國王燕山君一樣都沒有廟號。這是因為他最終被政變拉下王位，不被承認是正統國王之故。光海君會被政變，遠因在於他為了鞏固不穩定的權力基礎，在大北派政權的支持下進行大規模肅清行動。賜死柳永慶等小北派大人物只是序幕，一六〇八年，他將同母胞兄臨海君流放到珍島，之後送到喬桐島。李爾瞻等人為了排除王權威脅，極力主張應將臨海君處刑。這是因為明朝一直認為光海君乃是次子，王位繼承成為問題。雖然不知道光海君對李爾瞻等人的建議做出何種指示，不過翌年，臨海君死於非命。

光海君與大北派當然也策劃除掉宣祖的嫡子永昌大君，他們利用了一六一三年在慶尚道鳥嶺發生的搶劫事件。在審問嫌犯的過程中，嫌犯招認，犯行是為了擁戴永昌大君為國王而需要資金，幕後黑手是永昌大君的外祖父金悌男。一般認為，嫌犯的「自白」是李爾瞻等人捏造的說詞。然而，光海君卻根據嫌犯的「自白」，先是賜死金悌男，接著將永昌大君幽禁在江華島，翌年改監禁在火炕*房處以殘忍的蒸殺之刑，讓他因高溫致死。永昌大君當時年僅九歲。由於這起事件，反對處分永昌大君、親近南人黨的領議政李德馨遭到排除，大北派就此獨占政權。

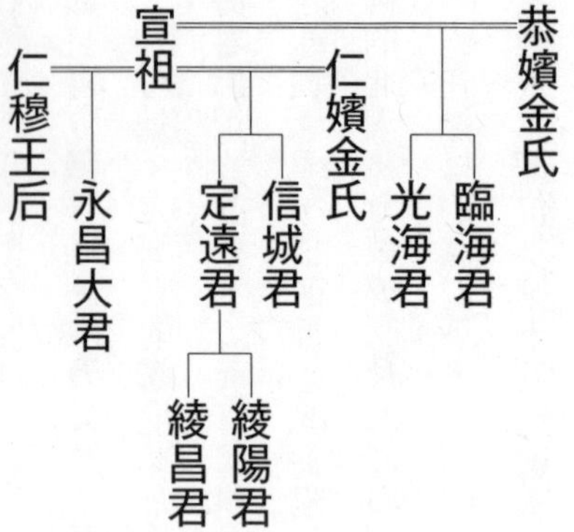

光海君系譜

大北派對此還不滿足，竟主張也要處分永昌大君的生母、金悌男之女仁穆皇后（大妃）。可是，在重視孝道的儒家之國，對母后下毒手是不被允許的，政界也針對仁穆大妃的處分一事展開激烈論爭。最後光海君並沒有奪走仁穆大妃的命，而是以有謀反之嫌為由，將她幽禁在慶運宮，一六一八年剝奪其大妃尊號。而一部分反對處分大妃的高官則遭到流放。

除此之外，光海君及大北派也都指控綾昌君有謀反之嫌，將他殺害。綾昌君是宣祖的孫子，也是光海君的侄子。

仁祖反正

光海君接二連三殺害可能覬覦王位的親族，並排除有異議的官僚。然而，他會被政變拉下王位的最主要原因，是與明朝敵對的夷狄後金結盟。這種對明外交態度無疑是背信忘義之舉，因此遭到重視事大崇明的儒者批判。不過，光海君並非毫無理由就採取異於歷代國王的外交政策。光海君敏銳察覺到大幅變動的東亞國際局勢，也是基於這點，才會採行靈活的外交手段。

那麼，當時的國際局勢究竟如何呢？

在東亞，長期以來一直維持由中華（明朝）掌握霸權、朝鮮及琉球等周邊國家臣服朝貢的華夷秩序。然而，這種以朝貢為基礎的體系卻不能套用在日本及蒙古身上；進入十六世紀，與倭寇等的走私貿易橫行，動搖了東亞秩序。然後，終於在十六世紀末，彷彿秀吉的「入唐」計畫實現一般，「夷狄」日本企圖支配「中華」明朝，這種逆轉上下關係的想法逐漸表面化。這並不是抱著誇大妄想的「狂人」偶然失控所造成的，而是反映出東亞權力平衡的變化。實際上，在

* 譯注：又稱溫突（Ondol），為朝鮮半島的一種傳統的室內取暖設施。

秀吉「入唐」失敗後，十七世紀初期，這次換成滿洲族進攻明朝了。

滿洲族，是指原本分布在遼東半島的女真族。女真族以遊牧及狩獵採集維生，性情尚武，十二世紀時曾建立金朝，席捲華北。不過到了明初，歸順洪武帝及永樂帝之後，女真族便分裂成建州、海西、野人三大部，成了在政治及軍事上無法團結的弱小部族。如同在第一章所見，女真族也曾多次遭到朝鮮迫害。然而，在靠近朝鮮半島的建州女真族當中，出現了聰明又有統率力的首領努爾哈赤，大幅扭轉了情勢。努爾哈赤在秀吉侵略朝鮮的九年前，即一五八三年，僅帶著一百名士兵，短短數年間就將建州一帶的反抗勢力幾乎消滅。他所統一的集團稱為滿洲國（manju gurun，滿語），不久滿洲便取代女真，變成族名。

一五九二年到一五九八年前後大約七年，歷經文祿．慶長之役的蹂躪，朝鮮全境一片荒廢，而派出援軍的明朝國內也陷入財政危機。對照之下，努爾哈赤的據點遼東位處龐大人口及物資移動的路線上，經濟相當活絡。漸漸地，明朝與滿洲（女真）族對立加深，到了一六一〇年代後半，雙方爆發衝突只是時間早晚的問題。努爾哈赤於一六一六年稱汗後便建立後金；二年後攻打明朝，占領了撫順及清河城。對此，明朝派出十萬討伐軍出擊，朝鮮的光海君也派遣姜弘立率領一萬三千兵力出兵。可是，明、朝聯軍在一六一九年的薩爾滸之戰中慘敗，姜弘立投降後金。朝鮮軍有八千人戰死。

之後，朝鮮應後金要求交換國書，締結同盟。換句話說，光海君採取中立路線，一方面與明朝維持冊封關係，同時與後金建立和平關係。前任國王宣祖沒能看出明朝霸權逐漸衰退的國際局勢，而是照本宣科對明朝盡忠，不肯接受秀吉提出的「假途入明」要求。結果造成自己國家淪為戰場，分別遭到日軍及明軍掠奪，蒙受重大慘禍。對此，可以說光海君為圖朝鮮半島的安全，不拘泥於陳舊理念，而是選擇了現實利益。

話雖如此，光海君加入後金陣營，這種外交態度對宗主國明朝乃是背信忘義之舉，遂成為批判的對象。重視事大崇明的西人黨便以光海君的外交態度及幽禁仁穆大妃之舉為名，於一六二三年擁戴綾陽君，舉兵要求廢黜光海君。綾陽君乃之前以謀反之嫌遭殺害的綾昌君胞兄。西人黨的金瑬、李适及崔鳴吉等人攜帶二千多名士兵一同闖入昌德宮，奪走國王的寶璽，然後前往被幽禁在慶運宮的仁穆大妃住處。仁穆大妃下令廢黜光海君，任命綾陽君（仁祖）為新國王，並授予寶璽。史稱「仁祖反正」。西人黨將李爾瞻等人即日處刑，並將光海君流放江華島。之後光海君被移送到濟州島，一六四一年以六十七歲之齡逝世。

這場政變將一位優先重視國家安全的國王逼到廢位，導致招來外患，不久朝鮮將陷入滅亡危機。這與文祿之役前夕封殺黃允吉的警告般同樣重要，甚至有過之而無不及，堪稱是重大轉捩點。

李适之亂

西人黨實現了仁祖反正，成功將大北派排除在政權之外。可是西人黨從一開始內部就產生衝突，不到一年就出現大規模叛亂。舉旗反抗政權的，是主導仁祖反正的其中一位成員，李适（音同瓜）。

武人出身的李适，在仁祖反正後被任命為平安兵使兼副元帥，被調到平安道的朝鮮西北邊境。當時必須防範勢力逐漸擴大的後金，到地方赴任，可說是迫不得已。然而，對李适的不公平待遇還不只這樣。一六二三年閏十月，仁祖對參與反正者行論功行賞，李适被封為二等靖社功臣而非一等，翌年一月還遭到中央的金瑬等人誣陷有謀反之嫌。至此，李适的不滿終於爆發，於是率領一萬兵力進軍漢城。

官軍在臨津江與李适軍交戰後大敗，仁祖及西人黨高官便將關在監獄內可能通敵的政敵全數處刑後，逃到公州避難。李适輕而易舉地就攻陷仁祖離開後的漢城，擁立宣祖的庶子興安君為王。

可是，實際上興安君並沒有即位為國王。原因是官軍重整陣容後擊敗了李适軍，收復漢城。李适在逃亡途中遭部下背叛而喪命，興安君也被逮捕殺害。就這樣，朝鮮王朝順利避免了短期內再度因政變更換國王。只不過，仁祖竟如此輕易拋下漢城逃難，這使得朝廷權威掃地，國王漸失民心。

後金對朝鮮虎視眈眈

為了避免朝鮮捲入明朝與後金之爭，光海君在位期間採取中立外交政策，與後金大致保持良好關係。可是，從一六二一年起朝鮮與後金的關係急遽惡化。原因出在駐紮在朝鮮半島西北沿岸的椵島（皮島）上、反抗後金的明朝武將毛文龍身上。毛文龍雖是武將，實際上卻跟倭寇沒兩樣，他在椵島上設立東江府作為根據地，透過走私貿易及劫掠累積財富。據說他握有二萬兵力，自稱「海外天子」。對朝鮮而言，作威作福的毛文龍是眼中釘，但他是宗主國明朝的武將，也不能隨便將他除掉，只好答應繳交糧食。

後金的努爾哈赤與明朝對決之際，也相當在意朝鮮的動向，要求朝鮮將持續從事反後金軍事行動的毛文龍送回明朝。言下之意是若朝鮮辦不到，就看作是與明朝串通，藉由這種方式來威脅朝鮮。不僅如此，努爾哈赤還殺害了朝鮮派來的十二名使者當中的十名，剩下的二名使者，則讓他們攜帶內容為嚴厲批判明朝與朝鮮之「父子關係」的信回國。這二名使者不僅雙眼被刺瞎，還被割掉鼻子及耳朵。儘管如此，由於朝鮮仍繼續經濟援助毛文龍，因此自光海君末年以來，後金與朝鮮一直處於斷交狀態。

在這樣的情況下，發生了一起對朝鮮不利的事件。李适軍的殘黨韓潤等人投降後金，訴請討伐朝鮮。對此，因仁祖反正而掌權的西人黨雖與光海君時代一樣繼續與後金交涉，摸索如何改善關係，可是事態並沒有如預期般好轉。因此，朝鮮預設後金會攻打過來，開始強化軍備，一六二六年七月起將兵糧搬送到仁祖避難預定地江華島上，同時在漢城東南方二十四公里處修建南漢山城。此外，八月時從慶尚道、全羅道及忠清道動員五千兵力，接著在十一月時又從咸鏡南道動員二千兵力前往北方的平安道，整頓體制以對抗後金入侵。

然而早在這年年初，努爾哈赤就擬定方針，先拿下明朝的遼西，再回頭侵略朝鮮。一月時，努爾哈赤率大軍攻打靠近山海關的寧遠城，將矛頭對準明朝。可是在寧遠之戰，努爾哈赤卻在明朝智將袁崇煥面前吞下了生涯唯一一場敗仗。袁崇煥原是文官，因感嘆明軍弱化，故志願成為武官。他呼籲並鼓舞寧遠城不到一萬的兵力，並使用葡萄牙大砲迎戰後金軍。

在激烈的砲擊之後，後金軍死傷眾多，努爾哈赤察覺士氣低下，於是放棄攻打寧遠城，退到瀋陽。他因戰敗失意及寧遠之戰負傷，肉體及精神急速衰退，八月時因病情發作，很快就去世了。

後金軍在寧遠的慘敗及努爾哈赤之死，為朝鮮帶來了威脅。皇太極從努爾哈赤手上接位稱汗後便重擬戰略，採取延後拿下遼西，轉而先攻打後方的朝鮮。朝鮮之所以在這時強化平安道的軍備，背後有這樣的緣由。

送出人質，締結兄弟之盟

後金軍以超出朝鮮料想的速度與規模發動攻勢。一六二七年一月，皇太極的表兄阿敏出戰，負責領路的是在薩爾滸之戰中投降後金的姜弘立，以及納入其麾下的韓潤。後金軍三萬軍力於十三日晚渡過鴨綠江，在暴風雨中攻陷義州，轉眼間就拿下了鐵山、定州及安州。二十六日，後金軍進入平壤後極盡殺戮，接著又渡過大同江南下。可是，這時有朝鮮義兵及官軍在背後造成威脅，因此後金軍抵達平山（黃海北道）便停了下來。

另一方面，仁祖在這段期間帶著王妃與子女離開漢城，逃到江華島。在朝鮮，當諸如蒙古及後金那樣不善海戰的外敵入侵逼近都城時，國王退避到江華島上並不稀奇。

阿敏派人送信給仁祖，內容寫著後金與朝鮮締結兄弟之盟，逼仁祖議和。仁祖勉為其難接受了，要求後金停止進軍，阿敏則派使者前往江華島，提出二項要求作為議和撤兵的條件：提交仁祖之子或胞弟作為人質，以及每年進獻貢物。朝鮮方面對於每年進獻貢物持保留態度，至於人質方面，則將原昌副令李玖的官位從從二品升格為原昌君，送作人質。李玖是成宗第十五子的曾孫，是仁祖血緣遙遠的族弟。

後金軍擔憂瀋陽守備薄弱，三月締結兄弟之盟後，便從朝鮮撤退。當時，阿敏違反盟約，准許部下掠奪三天，搜刮大量戰利品後便凱旋而歸。後金軍撤退後，兩國進行外交交涉，朝鮮決定定期進獻貢物給後金。這次進攻以一六二七年的干支來命名，史稱「丁卯戰爭」，在韓國則稱作「丁卯胡亂」。

大清建國

明朝的袁崇煥從很久以前就對毛文龍誇報戰功、賄賂朝廷這類善於鑽營的態度感到憤怒。當他得知丁卯戰爭時，毛文龍被後金軍嚇得四處竄逃，這讓他怒火上升到了極點。因此，袁崇煥於一六二九年六月藉口觀看練兵，引誘毛文龍到靠近椵島的雙島，下令部下將他逮捕上綁，然後宣讀其侵占軍糧、劫掠商船等十二條罪狀，憑一己之意將他斬殺。

這時，明朝國勢大為衰弱，已經防範不了後金入關。同年十月，皇太極親自出戰，占領要衝遵化，進逼北京。後金軍受到明軍反擊後，立刻撤退到瀋陽，不過卻已成功向明朝展現他們有進攻到北京的能力，種下恐懼的種子。

明朝在後金軍入侵後，朝廷便陷入恐慌。此戰剛結束，竟自行做出將後金懼怕的袁崇煥除掉的愚舉。一般認為，明朝是聽信皇太極使出「反間計」散布「袁崇煥為後金內應，準備叛亂」

的謠言所致。朝廷逮捕率軍北上京城救援的袁崇煥，列出其殺害毛文龍削弱明朝軍力、與後金締結密約引軍入關等主要罪狀，將袁崇煥處以凌遲之刑。

一六三三年，毛文龍的前部下孔有德及耿仲明帶著八千士兵及數百艘軍船及大砲投降後金，這對不善水軍、缺乏大砲的後金軍大有助益。翌年，皇太極攻打處於分裂狀態的蒙古。在這過程中，有力部族察哈爾部歸順後金並獻上玉璽，皇太極便將自己比作蒙古帝國大汗的接班人。一六三六年四月，皇太極受到滿、蒙、漢三族擁戴，即位皇帝，並將國號命名為「大清國」。在中華思想中，皇帝乃是承受天命的天子，全天下僅有一人。對明朝而言，皇太極自封皇帝自是不可原諒，這對奉明朝為宗主國的朝鮮來說也是一樣。

3. 清的侵略與朝鮮屬國化

皇太極的侵略

長久以來，朝鮮一直蔑視女真族為尚未開化的種族，有時會進行迫害，在軍事占上風。如今雙方關係完全逆轉，在丁卯戰爭時，朝鮮的領土飽受蹂躪。當時雙方締結的盟約僅止於兄弟之盟，不久後，後金開始對朝鮮施壓。一六三二年十一月，後金派使者到漢城，要求朝鮮每年獻上金一百兩、銀一千兩、棉紬一千四等貢物，數量接近以往十倍之多。對朝鮮朝廷而言，要服從過去一直視為低等異族的後金，簡直是難以忍受的屈辱，因此在一六三三年，朝廷明知魯莽，但仍討論出兵後金。

之後，朝鮮仍看不透國際局勢，持續向明朝朝貢，等待明朝滅掉後金之日的到來。一六三六年二月，後金使者來訪漢城，帶來勸朝鮮擁戴皇太極為皇帝的國書，但朝鮮以有悖禮節而拒收國書。皇太極在得知仁祖否定自己即位皇帝並加強邊境防備後，便決定再度攻入朝鮮。

同年四月，皇太極在瀋陽郊外舉行登基大典，正式即位為皇帝，將國號命名為「大清」。當時，皇太極強逼來訪瀋陽的朝鮮使節羅德憲出席登基大典並跪拜，但使節拒絕了。皇太極對朝鮮使節的態度相當憤慨，便讓使節帶著要求謝罪的國書回國。國書當中，皇太極除了以皇帝作為自己頭銜，另外還用「爾國」（汝之國）二字來指稱朝鮮，語氣就像是對仁祖說「你這傢伙」般，相當輕蔑。

針對此事的應對，朝鮮朝廷展開了激烈的論戰。相對於主張應堅決透過外交交涉來收拾事態的崔鳴吉等人，金尚憲等人則提出主戰論，主張應該開戰而非和談。後者逐漸占上風，仁祖便對皇太極所下的最後通牒置之不理。兩國關係已陷入無法修復的狀態，皇太極遂於十二月率領滿、蒙及漢等總計超過十萬人以上的大軍出征。這場進攻以一六三六年的干支命名，史稱「丙子戰爭」，在韓國則稱作「丙子胡亂」。

十二月九日，渡過鴨綠江的清軍一轉眼就攻陷義州及安州，抵達平壤。此一通報傳到漢城時已是十三日。仁祖驚訝於清軍進攻速度之快，便在翌日十四日下令金尚憲的胞兄金尚容等人帶著廟社的神主（牌位）、王妃及王子們到江華島避難。仁祖自身也在當晚乘著大雪離開漢城逃往江華島，可是清軍早已預料，將道路全數封鎖。仁祖無可奈何只得折返，與昭顯世子及文武百官一同退守南漢山城。這時負責守城的朝鮮兵僅一萬二千人，糧草存量也僅有五十天份。留在城內抵抗的仁祖與文武百官，儘管被擁有壓倒性戰力的清軍包圍而走投無路，但仍舊圍繞著該談和還是決戰爭論不已。

屈辱的三跪九叩之禮

朝鮮軍不僅置身在酷寒中，也沒被分配到足夠的糧草，士氣直線下降。在這種情況下，只能對清軍發動零星攻擊，徒耗寶貴的兵力。而從地方趕來的援軍也被清軍一一擊退，南漢山城因此孤立無援，陷入絕望。在電影《南漢山城》中，出色地描繪了朝鮮軍被逼到絕境的悲壯感、仁祖無法收拾群臣舌戰的無力感，以及朝鮮下層民眾如何毫無道理、被迫強制參加這場魯莽的戰役。

到了一六三七年，江華島先淪陷。清軍強化水軍兵力，因此江華島已不再是安全的避難場所。在江華島負責南門守備的金尚容點火藥自爆而死，王妃及王子們遭清軍俘虜。

南漢山城的朝鮮軍在接獲江華島淪陷的通報後，軍心開始動搖，顯露敗相。仁祖終於下定決心投降，一月二十八日接受了清朝使者英俄爾岱帶來的皇太極詔諭。上面詳細記載了投降條件，主要有下列幾項：「朝鮮應廢除明朝年號，改奉清朝正朔」、「朝鮮提交王子及大臣子女作為人質」、「朝鮮應將明朝誥命及印章獻納清朝」、「朝鮮應納貢金一百兩、銀一千兩等鉅額歲幣」等。

一月三十日，仁祖身穿樸素的青衣，從西門出城。這是因為英俄爾岱告誡仁祖，「有罪之人」不能穿國王的正服龍袍，也不能走作為正門的南門。仁祖下山後前往漢江的渡船場三田渡，然後站在北面，朝向坐在三田渡受降壇頂端的皇太極行三跪九叩之禮。北面是臣子面向君主所在的席次，所謂三跪九叩，是指臣下所行的叩拜禮，跪下一次額頭叩向地面三次，如此重複三次。

除此之外，皇太極還下令仁祖興建紀念議和的石碑。因此，由朝鮮撰寫文案頌揚皇太極的「功德」及陳述仁祖之「罪」，再經清朝修改後刻成碑文，以滿文、蒙古文（正面）及漢文（背面）三種文字，刻在長三．九五公尺、寬一．四公尺的石碑上，於一六三九年十二月在三田渡立

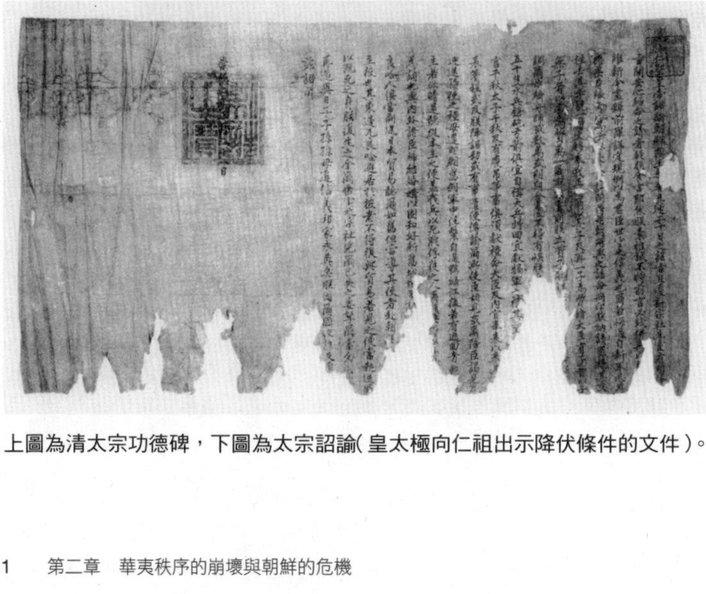

上圖為清太宗功德碑，下圖為太宗詔諭(皇太極向仁祖出示降伏條件的文件)。

碑。這座包括龜趺在內高達五．七公尺的巨大石碑，以「清太宗功德碑」、「大清皇帝功德碑」、「三田渡碑」等名稱廣為人知。如上所述，清朝與朝鮮之間建立的君臣關係，一直持續到十九世紀末清朝在甲午戰爭戰敗為止。

相較於文祿．慶長之役，儘管丙子戰爭只是部分地區戰亂，但朝鮮蒙受的損害仍不少。其中尤以人口損失最為慘重，因為清軍在撤軍時也帶走了多達數十萬的朝鮮人作為俘虜及奴隸。當中有人支付高額贖金贖回妻女，不過這些「還鄉女」被視為貞操不保，成了眾人賤視的對象，在韓國社會遭到疏遠。

順帶說明，朝鮮的廟號有「〇祖」及「〇宗」之分，「〇祖」是頒贈給品德高尚、功績顯著的國王。執著事大崇明的理念而招致日本與後金（清）侵略的宣祖及仁祖，獲頒「祖」字輩廟號；相反地，實現保障朝鮮安全的光海君，卻不被承認是正統國王，甚至連「宗」字輩廟號也沒有，可說相當諷刺。至少可以確定的是，這裡所說的「功績顯著」的價值基準，絕對不是站在平民的角度來評判。

小中華思想

皇太極還沒能進軍中原，就於一六四三年逝世。由於繼承大位的福臨（順治帝）尚年幼，因此由叔叔多爾袞擔任攝政，翌年進軍北京。正當此時，在明朝內部，叛軍李自成從西安向北京進攻。明朝內部開始崩壞，已經病入膏肓，李自成軍幾乎沒有受到明軍抵抗，便攻陷了北京。由於北京淪陷及崇禎帝自縊，明朝滅亡。過不久，多爾袞率清軍越過山海關擊敗李自成率領的大軍後，便勢如破竹地湧進北京。清朝成了中原的霸者。

這樣的發展，帶給朝鮮的執政者及知識分子極大的衝擊。而這種衝擊反而升華了他們對明朝抱有的崇敬之念，進而產生一種獨特的想法。那就是，既然明朝滅亡了，那麼朝鮮才是中華文明的正統繼承者，亦即所謂的小中華思想。這大概是淪為「夷狄」女真族屬國的朝鮮，為了接受已不再有明朝援助的現實，只好將自己所深信的文化優越性當作寄託吧。

昭顯世子暴斃

仁祖的三個王子，即長子昭顯世子、次子鳳林大君及三子麟坪大君，在丙子戰爭後被帶到清朝當作人質。昭顯世子及鳳林大君在清朝停留時間長，一直到明朝滅亡後的一六四五年才終於回國。昭顯世子在回國前，曾在瀋陽發揮宛如朝鮮使節般的作用，不僅與清朝高官密切往來，亦致力於營利活動。此外，他也接觸西洋書籍，學習天文學及新曆法，據說他與德籍傳教士湯若望（Johann Adam Schall von Bell）亦有交流。

仁祖對昭顯世子那種親清的態度抱持懷疑。親近清朝醉心其文化，也就無異表示否定仁祖以崇明排金為名義發動政變而即位王位的正統性。所以仁祖才疑神疑鬼，懷疑昭顯世子企圖以清朝為後盾奪取王位。

基於上述種種，昭顯世子的回國完全不受待見。而且，他在兩個月後就突然病倒逝世。在《仁祖實錄》中記載，看到遺體者的證言如下：「舉體盡黑，七竅皆出鮮血，以布蓋住半張臉。周遭人大概不知道，不過（根據在場見證替遺體淨身穿衣儀式者的證言）臉色彷彿像是中毒而死般」，可知昭顯世子死得並不尋常。因此，關於昭顯世子之死，也有意見認為是遭仁祖毒殺的。這派意見認為，從仁祖沒有冊立昭顯世子的兒子，而是冊立頑強的反清主義者鳳林大君為新世子，就可見一斑。

昭顯世子的死亡真相如何不得而知，不過最不幸的，就是失去丈夫、兒子也無法成為王位繼承人的世子嬪（妻）姜氏。一六四六年發生仁祖食膳被下毒的事件，姜氏被懷疑是犯人，被監禁在後苑別堂。之後，仁祖以「姜嬪在瀋陽時暗地密謀國王更迭，事先訂做（王妃所穿）紅錦翟衣，僭稱內殿（王妃）」批判姜氏，雖然高官們加以阻止，仁祖仍強行賜死（《仁祖実録》）。不僅如此，仁祖為根絕後患，還將姜氏的兄弟處以杖刑，昭顯世子的兒子們也被流放到濟州島。

另外，孝宗在位的一六五三年，在前往日本途中因船難而漂流到濟州島、之後被扣留在朝鮮長達十三年的荷蘭人亨德里克．哈默爾（Hendrick Hamel），描寫了被認為是姜氏的女性之死，記載如下：

> 當某場判決獲得國王批准時，拒絕服從者將被處以死刑嚴懲。我們滯留朝鮮期間，關於國王（孝宗：鳳林大君）手足的夫人發生了以下事件。她以擅長刺繡聞名，國王便命她縫製襯衣。她憎恨國王，於是在襯衣內縫了好幾道符咒。因此當國王穿上襯衣後就沒辦法好好放鬆。國王便脫下襯衣檢查，結果發現上面縫有符咒。國王將那名夫人幽禁在房間內。房間內訂製了一張銅板床，然後在床底下點火，將她燒死。她的一名親戚出身名門世族，當時官任太守，在宮廷備受尊敬，他寫了封信給國王，信中寫著：對於婦女，何況是像她那樣的婦人，應該課處其他刑罰，且婦女應該受到比男性更寬容的對待才是。國王讀完信後便將他找來，一天打他小腿一百二十下，然後斬首，並將他的財產及奴隸全數充公。（《朝鮮幽囚記》）

亨德里克．哈默爾大概是將街談巷議都記錄下來，謠言容易加油添醋，因此不能將這段證言信以為真，照單全收。說起來，下令處死姜氏的不是孝宗，而是前代國王仁祖。話雖如此，在姜氏死後八年的一六五四年，確實發生過這樣的事件：黃海道觀察使金弘郁曾上疏孝宗，乾旱四起是因為姜氏的怨恨造成，應該赦免她。由於他觸怒國王，遭處杖刑而喪命，因此也不能說亨德里克．哈默爾的證言是胡說八道。至少，朝鮮王室的醜聞在社會上傳得沸沸揚揚，甚至還出現宮中有女性被燒死在銅板床上這種聳動的傳聞，平民百姓肯定會對國王產生目中無人的殘虐印象吧。

服喪期間成為論爭根源

一六四九年仁祖去世後，鳳林大君（孝宗）即位。反清主義者的孝宗即位後，立刻重用主張北伐論的宋時烈及金尚憲等人，撤下親清派官僚。為了實際攻打清朝，孝宗還下令強化軍備與築城。可是，原本為了北伐而強化的兵力沒能用來打倒清朝，反倒被用來協助清朝。當時，清朝與俄羅斯覬覦黑龍江周邊豐富的資源，雙方不時發生衝突，因俄軍的槍砲陷入苦戰的清朝便下令朝鮮派兵。自朝鮮出征的鳥銃（火繩槍）部隊加入清軍行列，對擊退俄軍貢獻良多。

在那之後，孝宗仍盲信北伐計畫，繼續擴充軍備，結果造成財政惡化。一六五九年，年僅四十一歲的孝宗沒能完成北伐、僅留下壓迫民眾生活的副作用便去世了。之後由孝宗長子繼位為第十八代國王顯宗。顯宗在位期間沒有外敵威脅，是較為平穩的時代，然而政爭並沒有因此消失。由於社會安定，不用受到外交及內政問題折騰，朝廷因此變得更加重視禮節，甚至對此展開激烈的爭辯。這場圍繞著孝宗繼母莊烈王后服喪期而展開的爭辯，史稱「禮訟論爭」。引起這場爭論的遠因在於前述仁祖的繼承人問題，也就是昭顯世子雖有兒子，卻是由弟弟孝宗繼承王位。

從前昭顯世子去世時，莊烈王后曾服喪三年，作為對嫡長子的儀禮。從仁祖時代起一直坐穩政權寶座的西人黨宋時烈等人以此事為前例，認為這次逝世的孝宗為次子，因此主張孝莊王后服喪期間為一年。但南人黨的許穆等人則提出反駁，認為孝宗在昭顯世子去世後，是以事實上的嫡長子身分繼承王位，因此應該服喪三年才是。這場論爭先是變成情緒化的對立，進而發展成西人黨與南人黨的黨爭。最終因顯宗支持西人黨服喪一年的主張，使得南人黨的勢力大為後退。

不過，兩派陣營間的對立並沒有就此結束。一六七四年，孝宗的妻子仁宣王后去世，身為婆婆的莊烈王后服喪期再度成為問題。西人黨的主張與先前的論戰一樣，將孝宗視為次子，認為仁宣王后乃是孝宗的妻子，主張應服喪九個月。對此，南人黨則認為應將王妃仁宣王后當作嫡長子之妻看待，主張應服喪一年。如果顯宗維持一貫的判斷，就會支持西人黨所主張的服喪九個月。然而，這時顯宗卻採納南人黨提出的服喪一年的意見。當時在西人黨內部，宋時烈與外戚金佑明等人之間產生政治摩擦，部分西人黨成員叛離，轉而贊成南人黨的主張。一般認為，上述西人黨的分裂影響了顯宗的決斷。

輸掉論戰的西人黨因不重視顯宗生母，甚至提倡邪說，成了被處罰的對象，遭到調離。議政府的三議政（領議政、左議政及右議政）也被南人黨的許積、權大運及許穆霸占，主導政治。

四大朋黨的抗爭

一六七四年，顯宗三十四歲便英年驟逝，獨生子李焞（肅宗）即位。這個時代，朝鮮迎來了朋黨政治的全盛期。這是由於肅宗為強化王權不時策劃轉換政局，才誘發黨爭。

首先，自顯宗末年以來進軍政權中樞的南人黨勢力，在一六八〇年以後逐漸式微，契機就是所謂的「油幄濫用事件」。油幄是一種塗了油的帳篷，乃是基於國王特別的厚意所出借的物品。儘管如此，南人黨領袖許積卻在舉行慶祝祖父獲賜諡號的祝宴之際，未經肅宗許可，便擅自使用油幄。這種輕視國王的舉動激怒了肅宗，之後便改由西人黨取代南人黨，擔任軍事要職。接著在同年，許積的庶子許堅因企圖謀反之嫌遭凌遲處斬，許積也被究責賜死，而南人黨的重要人物紛紛受罰，南人政權就此崩壞。

就這樣，西人黨雖奪回政權，但隨即就為了南人黨裁決一事造成內部分裂。主張應強硬鎮壓南人黨的團體稱作老論派，主張應息事寧人的團體稱作少論派。自此以後，南人黨、北人黨、老論派及少論派四大朋黨便花招百出，展開激烈黨爭。從旁搧風點火的，是後宮的愛恨情仇。

一六八〇年肅宗正室逝世後，翌年便迎老論派的閔維重之女（仁顯王后）為繼妃。然而仁顯王后卻遲遲沒有懷孕，側室張氏（張禧嬪）則與肅宗之間育有一子。

張氏雖為賤民之女，但她自幼便入宮，服侍支持南人黨的莊烈王后。像她那樣在宮裡打雜、品階正五品以下的女性，稱作宮中女官，別名宮女，必須從事煮飯、洗衣、針線活等各項雜務。成為宮女後，基本上必須終其一生維持處子之身，但也有少數例外的宮女被國王一眼相中。姿色端麗的張氏因受到肅宗青睞得到寵幸，晉升為側室，先後被封為淑媛（從四品）及昭儀（正二品），之後於一六八八年十月生下李昀。肅宗本想將這個孩子冊立為元子（國王的長子，將來冊封為世子），卻遭到西人黨反對。因為他們對有南人黨為後盾的張氏相當警戒。可是，肅宗卻不顧大臣反對，決定授予李昀元子的定號，並將張氏升為側室最高位階的嬪（正一品）。

面對肅宗的擅自作主，眾大臣並不就此罷休。當時，西人黨政權當中以老論派位居中心，首腦宋時烈以時期尚早為由，勸肅宗再三考慮。然而，肅宗接到宋時烈的上疏後，認為此舉藐視國王而大為光火，於是將宋時烈流放賜死。不僅如此，這時肅宗以事情的開端出在仁顯王后身上為由，將仁顯王后廢位，並冊封李昀為世子，封張氏為王妃。張氏與南人黨攜手合作，排除仁顯王后及西人黨，使政權從西人黨轉移到南人黨手上。此後，黨爭伴隨著報復，肅清接踵而來。

肅宗的善變引發黨爭

張氏從一介宮女飛上枝頭成為王妃。可是，肅宗的個性情緒起伏激烈且善變。隨著肅宗的心思轉移到一名叫崔氏的新宮女身上，張氏便失寵了。

崔氏自幼入宮，擔任打雜的宮女。在仁顯王后廢位後，崔氏被肅宗寵幸，一六九三年立為側室，封淑媛，並產下一名男嬰。雖然這名男嬰在幾個月後便夭折，不過翌年九月崔氏又產下次子李昑，從這個時間點就能明白肅宗有多麼寵愛崔氏了。

為了對抗勢力擴大的南人黨，少論派與肅宗寵愛的崔氏合作，要她搬弄是非，說自己受到張氏霸淩。肅宗聽信崔氏的話，開始對張氏及其後盾南人黨心存警戒。正當那時，老論派與少論派正推動讓仁顯王后復位。對此，南人黨領袖閔黯審問復位運動的主謀，並向肅宗報告，計畫趁機將政敵全都排除。沒想到，警戒南人黨的肅宗反倒對向他報告的閔黯發火，將他流放濟州島。之後，閔黯被少論派的領議政南九萬彈劾，後遭賜死。結果，在崔氏的說服下，肅宗於一六九四年將仁顯王后召回宮中，將張氏貶為側室的嬪。就這樣，南人黨的勢力明顯後退，誕生了以少論派為中心的政權。另外，崔氏在翌年升為貴人（從一品）；一六九九年，升為與張氏同位階的嬪。

少論派雖掌握政權，但一七〇一年仁顯王后去世時發生的「巫蠱之獄」，卻讓政治主導權轉移到老論派手上。所謂「巫蠱之獄」，乃是張氏被發現在其居處西邊設神壇詛咒仁顯王后，肅宗大怒，憤而下令張氏自盡的事件。對此，少論派主張為了世子應原諒母親張氏。這是因為當時朝廷的少論派與老論派為了是否支持世子李昀產生對立，而少論派站在支持世子的立場。然而肅宗怒氣難抑，仍賜死張氏。與此同時，擁護張氏的南九萬等少論派要員也都辭職逃到地方，由老論派取而代之，掌握主導權。

黨爭愈演愈烈，眾多老論派者下台

一七二〇年肅宗薨逝，李昀（景宗）即位為第二十代國王。可是景宗體弱多病，沒有生下嗣子。因此，儘管少論派反對，景宗仍冊立崔氏之子李昑為世弟。對此，老論派主張讓世弟代理聽政（代行政務），而少論派則以保護王權為由強硬反對。景宗本身雖接受代理聽政的意見，卻因少論派的反彈而撤回意見，如此不斷重複，在身體孱弱、優柔寡斷的國王治理下，唯獨黨爭愈演愈烈。

正一品：	嬪
從一品：	貴人
正二品：	昭儀
從二品：	淑儀
正三品：	昭容
從三品：	淑容
正四品：	昭媛
從四品：	淑媛

側室的品階與稱呼

在黨爭的過程中，少論派為了奪取政權極力抨擊老論派，並上疏老論派欲強行推動世弟代理聽政，乃是對國王不忠不敬之舉，應予以處罰。景宗採納了少論派的控訴，將領議政金昌集等五十多名老論派成員處以流放。接著在翌年，有人告發老論派的子弟勾結宦官及宮女企圖暗殺景宗，景宗不僅賜死金昌集等人，還將老論派及其相關人士約一百七十人分別處以死刑、杖刑及流放等。由於上述事件發生於辛丑年（一七二一年）到壬寅年（一七二二年）間，史稱「辛壬士禍」。老論派因辛壬士禍而受到嚴重打擊，改由少論派居優勢。

然而好景不常。景宗於一七二四年薨逝，在位僅四年，後由老論派所支持的世弟李昑（英祖）即位為國王。在第二十一代英祖及第二十二代正祖在位期間，推動文化振興與政治改革，被譽為中興時代，後世評價極高。只是，在這個時代雖削弱黨派勢力，強化王權，到了十九世紀後卻導致名為勢道政治的外戚權力壟斷，政治腐敗。接下來就來看第三章。

第三章　無止盡的政爭與西沉的王朝

1. 蕩平策的功與過

透過公平的人事制度抑制黨派

我們在上一章看到，十八世紀初的朝鮮朝廷在肅宗的長子與次子之間選邊站，爆發激烈黨爭，刮起一場猛烈的報復風雨。支持長子李昀（景宗）的是少論派，支持次子李昑（英祖）的是老論派。英祖在王子時代不輕易答應坐上世弟之位，代理聽政一職他也要求撤回。因為，這是一個連身為王室之子都會陪上性命的危險時代，他只能表現出對王位興趣缺缺，才能明哲保身。

一七二四年，景宗在位僅四年便去世，由世弟英祖即位。他一即位就立刻追究辛壬士禍的責任，懲處少論派及南人黨相關人士。此外，英祖還將領議政李光佐及右議政趙泰億等少論派大臣革職，起用老論派的閔鎮遠及鄭浩等人。對英祖而言，他能繼承王位是因為老論派的支持，可以說他偏袒老論派也是迫不得已。可是，過度依賴特定黨派就會跟過去的國王一樣，必須看該勢力的臉色行事，變成臣下的傀儡。因此，英祖一方面奉承老論派，一方面處置其他派系時盡可能慎重行事，以維持權力平衡。此即「蕩平策」。

早在肅宗時代，擔憂黨爭過度激烈的儒者朴世采就已經在談論蕩平理念了。他呼籲君主應不分黨派，用人唯賢，免除不適任者。然而，想要馬上消滅與彼此利害關係緊密的黨派，是相當困難的。因此，英祖將理論化為實際政策時，採取的不是消滅黨派，而是從各黨派公平錄用人才，以避免偏袒某黨派。

但英祖剛即位時，還沒辦法立刻壓制老練的官僚，穩定政局。尤其在老論派占政壇優勢的情況下，少論激進派更是不滿。這股不滿與景宗死於非命互相結合，影響日後反英祖的勢力。朴弼顯等激進的少論派利用英祖毒殺景宗的傳聞來煽動民心，並拉攏肅宗在位時遠離政權的南人黨勢力，策劃撤換國王及排除老論派。

朴弼顯等人擬定計畫擁立昭顯世子的曾孫密豐君為王，並私通各地權貴，召集同志。不久，全國各地開始充斥著「英祖毒殺景宗」、「英祖非肅宗之子」等匿名信。這件事造成社會憤怒與不安高漲，反動勢力與商人及流民糾合，擴增勢力。

李麟佐之亂

假使這時英祖任由老論派獨占權力，對少論派為首的其他派系進行報復的話，反動勢力就會逐漸擴大。不過在這個時期，英祖將國政交由認同蕩平策的人士，並摸索如何同時任用老論派與少論派。所以他提拔老論派重臣、同時亦與少論派有親交的穩健派洪致中出任右議政。接著英祖在一七二七年罷免了眾多老論強硬派官員，找回之前下台的少論派李光佐出任領議政，趙泰億出任左議政，以圖穩定朝廷。就這樣，政權從老論派轉移到少論派手上後，少論派及南人黨激進派推動的謀反計畫失去意義，內部接連出現通報者及叛離者。

計畫瓦解前，南人黨激進派的李麟佐在忠清道舉兵起義，占領清州城。就這樣，英祖在位的一七二八年三月爆發叛亂，史稱李麟佐之亂。叛軍打著替景宗復仇的旗幟號召各地，朝著京畿道的安成與竹山北上。可是，叛軍卻在這裡慘敗給官軍遭到殲滅，李麟佐被捕後處刑。朴弼顯也在全羅道舉事，卻受同伴背叛等原因而失敗，逮捕後遭到斬首。

由於叛亂的主謀為少論派與南人黨相關人士，自此少論派在政壇被迫居於下風。然而，儘管老論派居於上風，卻沒有建立單獨政權。這是因為爆發叛亂加深了英祖的猜忌，認為哪一派都不能相信。附帶一提，英祖於在位期間曾八度宣布讓位，大臣們均反對，據說此舉是為了試探臣下的忠誠心。因為誰也不敢大意表示贊成，所以這齣鬧劇才會不斷上演。

不信任任何勢力的英祖，為了王權與政權的穩定，只能採取蕩平政策。他重視官員與官職平均分配，例如領議政由老論派出任的話，左議政就由少論派出任，透過維持平衡來相互抵銷

英祖

勢力。一七二九年，洪致中就任領議政，交由認同蕩平理念的老論派及少論派的穩健派官員來經營政權。

就這樣，政權基礎穩定後，為抑制黨爭，英祖便積極推行改革。其中最具代表性的改革，就是縮小掌握文官人事權的吏曹詮郎（正五品的吏曹正郎及正六品的吏曹佐郎之合稱）之權限。在前面第二章談到，吏曹詮郎不僅有權起草言官三司（司憲府、司諫院、弘文館）的人事名簿，而且素來有推薦自己繼任者的慣例，品階雖不高卻擁有極大權限。因此各黨派圍繞著這個掌握要職人事權的職位相互敵視，成為黨爭的原因。因此，英祖便將人事權轉移到吏曹判書（長官）手上。這項措，一方面強化了擁有判書任命權的領議政及國王的權限，另一方面也縮小了吏曹詮郎作為全國輿論代言人的權限。吏曹詮郎權限的縮小不僅意味著中級官僚及其背後的地方儒生的參政之路變窄，既有的輿論政治慣例也隨之衰退。朝鮮在進入十九世紀後由外戚獨占政權，其原因之一就是英祖所實施的這項改革。

英祖與世子不和

英祖與貞聖王后之間沒有子嗣，因此冊封側室暎嬪李氏於一七三五年生下的李愃為世子，冊封時李愃年僅兩歲。李愃出生百日後就移居儲承殿（世子居住的宮殿）由奶娘扶養，因此與父母疏遠。而且，據說由於李愃聽信宮女們的謠言，深信景宗是遭人毒殺，使他自小就不信任父王。

一七四九年世子滿十五歲，英祖下令世子代理聽政。表面上是基於健康理由，但根本目的是為了擺脫從即位以來就一直揮之不去的毒殺景宗之嫌，藉此對外展現他對王位毫不戀棧的態度。英祖下令世子代理聽政只是一種表演手段，他根本不打算給世子實質權限，而是假借世子代理的名義，由他親自裁決政務。然而，年輕世子對父親的施策抱有疑問與不滿，時常做出與英祖見解相反的命令。就這樣，原本就個性不合的親子關係變得更加惡化。

一七五七年，貞聖王后在英祖滿六十四歲這年辭世。二年後，英祖迎老論派的金漢耇之女為繼妃（貞純王后）。貞純王后這時還只是個芳齡十五歲的少女，與英祖年紀相差五十歲以上。話雖如此，朝鮮王朝的王妃結婚年齡平均為十三．五歲（最年輕為九歲），十五歲這個年齡並不算特例。一般認為，這段婚姻是一七五七年去世的肅宗繼妃（仁元王后）一族、慶州金氏為維持權勢所策劃的政治婚姻。

老論派對偏袒少論派的世子相當敏感，於是與貞純王后串通好，計畫挑撥英祖與世子的感情。由於這對父子早已產生鴻溝，這個計畫並不難。英祖個性乖僻急躁，聽到貞純王后跟他告狀，就時常叱責世子。世子因此在精神上被逼到走投無路，呈現類似躁鬱症（雙相情緒障礙症）的症狀，常常做出私下微服出巡等奇行異舉。

同一時間，在老論派內部形成一股勢力，反對因世子代理聽政而掌權的世子岳父洪鳳漢（攻洪派），因此再三指責世子的舉止。而英祖的外戚，慶州金氏一族也支持攻洪派。像這樣，老論派內部的對立、老少兩大勢力之爭與王室成員的不和相互呼應，使得整個朝廷壟罩在險惡的氣氛下。

餓死在米櫃中的世子

世子沉迷於與遊女及宦官花天酒地，過著怠惰的生活，這更加深了英祖父子間的鴻溝。在這樣的狀況下，一七六二年五月發生一起事件，僕人羅景彥受到金漢耉等人的教唆，向英祖告發世子有謀反之嫌。這時，羅景彥向親臨審問現場的英祖提交一封信，信中列出世子找來妓生與僧侶，穢亂風紀、多次擅自出宮、殺害宮女等十項罪狀。羅景彥的目的是將這封信直接交給英祖，告發謀反只是權宜之計。英祖看到那封信後大為光火，為了王權與政局的安定，決心要肅清自己的兒子。

閏五月十三日，英祖將世子叫到祭祀貞聖王后牌位處，昌慶宮內的徽寧殿。世子登殿後向英祖行四拜禮，英祖突然拍手說道：「眾臣啊，有聽見上天旨意嗎？貞聖王后告訴我，動亂即將逼近。」接著便關門禁止人員進出。英祖下令世子跪地拿下頭冠，催他自盡。據說世子不斷磕頭磕到額頭出血。在這緊急情況下，十一歲的世孫李祘闖入殿內，跪在父親身後，向祖父求饒。可是，世孫卻被英祖抱起來帶出門外（《英祖実録》）。

英祖拔刀指向世子，再次逼他自盡。世子本打算自盡，但春坊（世子的教育機關）的臣下卻制止他。於是英祖將世子貶為平民，並下令派人將他搬進米櫃。世子被人用釘子及繩子緊關在米櫃內，在飢渴折磨下，於八天後活活餓死。

英祖為了不讓患有精神疾病的世子成為黨爭的火種，於是像是向眾臣展示般，藉由大規模的演出來埋葬世子，以圖及早解決問題。持續侵蝕兒子心靈的父親，終於連兒子的性命也奪走了。英祖在事件後對自己的行為感到相當懊悔，於是追贈世子諡號「思悼」。

思悼世子的兒子即位

英祖在位時實施的蕩平策，以消泯黨派間極端對立、促進妥協為特徵，稱作緩論蕩平。當時處於對立的老論派及少論派當中的穩健派都支持此一蕩平策，被稱作蕩平黨。英祖在位時如同上述，以黨派並立為基本方針，可是在奠定政治基礎的過程中，卻無可避免讓老論派居於優勢。這是因為英祖不僅重用穩健的老論派官員，也不得不仰賴外戚的支持，來強化基礎。

在這當中崛起的是洪麟漢與鄭厚謙。洪麟漢乃是英祖親信、盡心盡力的洪鳳漢之弟，他利用身為世孫大叔父的立場權傾一時。另一方面，鄭厚謙雖是漁師的庶子，後來卻成為英祖之女和緩翁主的養子，年紀輕輕便擔任官職。他頭腦清晰，能言善道，與當時的權臣洪麟漢勾結，左右國政。

英祖是歷代朝鮮國王當中最長壽的一位，在位超過五十年。可是他晚年常臥病在床，因此希望世孫行代理聽政。而世孫在年幼時就經歷了父親被捲入政爭、死於非命的衝擊經驗。因此，他想改革老論派與外戚控制政治的狀況，強化王權的念頭比任何人都強。對掌權的洪麟漢而言，世孫當然就成了眼中釘。一七七五年，世孫欲行代理聽政，洪麟漢便聯合和緩翁主及鄭厚謙強烈反對。因此，世孫在朝廷的立場變得相當薄弱。

一七七六年，英祖於八十三歲時薨逝，二十五歲的世孫（正祖）即位。一七五二年作為思悼世子與惠慶宮洪氏之子出生的正祖，在父親死後成了伯父孝章世子（英祖的長子，於一七二八年十歲時夭折）的養子。對於「罪人」思悼世子之子將來要繼承王位一事，貞純王后與娘家慶州金氏自然不樂見，因此英祖才會事先將世孫過繼給孝章世子為養子。正祖順利即位，之後隨即追贈生父思悼世子，諡號「莊獻」。

洪國榮的發達與落魄

正祖即位後，便將鄭厚謙與洪麟漢革職。然後，他迅速任用從世孫時代起一直擔任護衛的左右手洪國榮出任國王的祕書室、承政院的同副承旨（正三品）；四個月後，又提拔他擔任都承旨，相當於承政院的首長。此外，正祖還創設了國王的護衛隊宿衛所，命洪國榮擔任隊長。

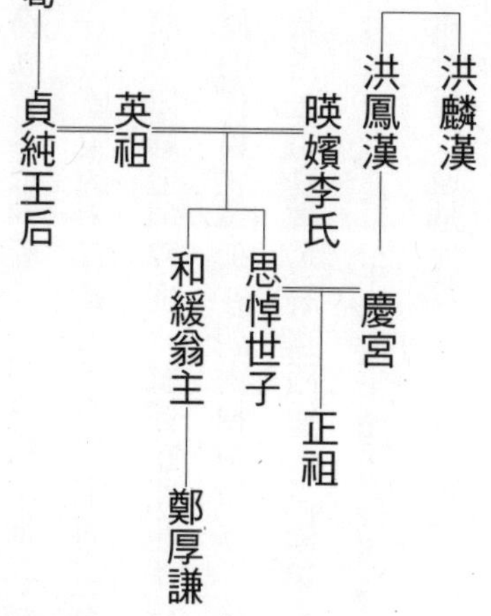

英祖系譜

就這樣，洪國榮雖非擔任最高官職，卻握有強大的權限，得以將魔掌伸向宮中。他見正祖的正室孝懿王后沒有生育，遂於一七七八年將自己的妹妹送入宮中，成為正祖的側室。然而，元嬪洪氏並沒有生下繼承人，翌年僅十四歲便夭逝。這對洪國榮來說是個誤算，不過他立刻採取下一步。他將正祖的異母弟弟、恩彥君的兒子封為完豐君，並過繼為元嬪洪氏的養子，打算扶植他成為正祖的接班人。另外，「完豐」是從王室的本貫全州（完山）及洪國榮的本貫豐山各取一字而命名的。

然而，做到這種程度，就連正祖也不得不感覺到洪國榮的威脅。洪國榮深不可測的野心與專擅跋扈的作風，讓他在朝內樹敵眾多，後來被逐出王宮，在故鄉過著幽禁生活。另有一說是洪國榮聽從正祖勸告，辭官回鄉。洪國榮身為正祖最親近的心腹，坐享榮華富貴，卻在短短幾年內垮台，一七八一年僅三十四歲便病死了。而他所擁戴的完豐君，則在一七八六年服毒而死。究竟是自殺還是他殺，不得而知。

有別於英祖的正祖蕩平策

從世孫時代起，正祖就曾好幾次面臨生命危險，所以當務之急就是建立能對抗老論派及外戚的統治基礎。因此，正祖即位後便設立國王直屬的奎章閣。奎章閣是標榜文治而興建的王室圖書館，卻不只是單純的圖書館。正祖在這裡聚集優秀人才，培育能帶動改革的親信。奎章閣於一七七九年設置了名為檢書官的職位，為輔佐事務的雜職，並任命名門庶孽（妾生子）擔任此職。換句話說，正祖提拔那些有才能、卻因庶子出身而與仕途無緣的人士擔任檢書官。

另外，正祖於同年導入了抄啟文臣制度，也就是從堂下官當中選拔三十七歲以下的年輕有能之士擔任抄啟文臣，在奎章閣重新教育。成為抄啟文臣後擁有特權，可免除雜務埋首讀書，四十歲後能回歸原職務。正祖透過這個制度，來培育能作為親信忠實輔佐政策的人才。正祖在位期間舉辦了十次，選拔出一百三十八名抄啟文臣，在推動強化王權上扮演重要角色的實學思想家丁若鏞也是其中一人。

正祖就是像這樣一邊強化政權統治基礎，同時繼承蕩平策，抑制黨爭。只不過，正祖的蕩平策與英祖時代的緩論蕩平大相逕庭。英祖主要任用的是遵從國王調整（折衷案）的穩健派，但穩健派在不久後形成名為蕩平黨的外戚勢力，反倒成了蕩平策的弊害。正祖從世孫時代起就深知此一弊害，深刻體認到必須從別的角度來構思蕩平策才行。因此，正祖才會實施峻論蕩平，即明確區分忠逆、僅任用遵照己意者。這是一種國王不分黨派、親自提拔優秀人才、積極的蕩平策，一方面破除朋黨，但另一方面卻也抹煞了多元意見。

在這種狀況下，眾臣們分裂成二派：一是超越黨派、贊同正祖路線的「時派」，另一則是不贊同正祖路線的「僻派」。時派意味著迎合時流，僻派則意味著無視時流，偏重黨論。兩派對思悼世子的看法相去甚遠，時派同情思悼世子之死，僻派則傾向批評他的失德。只不過，這兩派並非時派就是時派、僻派就是僻派的這種黑白二分。嚴格來說，他們不算黨派，只是單純對正祖的政局運作表示贊成或反對罷了。正祖時代仍以老論派、少論派、南人黨的對立為優先，時僻兩派的對立則屬次要。

鎮壓天主教與南人黨勢力的式微

在肅宗時代，南人黨勢力幾乎已被政界排除在外。不過，正祖卻以贊同自己政治路線的時派（主要為南人黨、少論派及部分老論派）為中心來運作朝廷。一七八八年，他特別任用南人黨系統的蔡濟恭擔任右議政，這對老論派來說可是大事。然而，正祖時代在朝鮮傳播的天主教（羅馬公教）扯了時派的後腿，讓僻派得以重振勢力。

天主教是經由中國傳入朝鮮的。十六世紀，西方人為了通商與傳教訪問東亞，而由明朝漢譯的西洋學術及天主教書籍也傳入朝鮮。朝貢使節及商人帶回的書籍被部分儒者研究後，開始被稱作「西學」。只是，他們當初評價的主要是西方的技術與學問，而非宗教。

然而進入十八世紀後，朝鮮也開始有人對天主教教義產生興趣。舉例來說，李承薰曾與身為燕行使（派往清朝的朝貢使節）成員之一的父親同行，一七八四年訪問北京，學習天主教教義，他也接受顧拉茂*神父施洗，是第一個正式受洗的朝鮮人。他帶了數十種教義書及十字架像返回朝鮮，沒有取得任何資格就幫妻舅丁若鍾及丁若鏞等人施洗。自此之後，李承薰的周遭陸續出現天主教信徒。

如此，天主教在朝鮮逐漸傳播的過渡期，丁若鏞的表兄弟尹持忠在珍山的行動，引發了以儒家為基礎的朝鮮社會爭議。尹持忠的教名為保羅，是個天主教徒。當時北京的傳教士將儒家祭祖視為偶像崇拜而加以禁止，因此在一七九一年，尹持忠便公開表示已將祖先的神柱（牌位）燒掉，是為珍山事件。尹持忠否定了儒家最重要的德目「孝」，因而遭逮捕處以死刑。由於正祖及早解決，使得事件沒有演變成政治問題。

可是，發生在珍山事件三年後的中國籍神父周文謨偷渡潛入朝鮮事件，使政界大為動搖。朝鮮的教會長期沒有神職人員，而是由透過漢譯書籍無師自通的天主教信徒自發經營。可是，隨著信徒對信仰生活實踐及對教會的理解逐漸加深，開始體認到神職人員的必要性，於是要求北京的教會派遣神職人員入朝。結果在一七九四年末，中國籍神父周文謨暗中偷渡朝鮮。然而由於棄教者告密，使得郡守知情，翌年六月捕吏突襲了周神父的藏身處。由於周神父事先避難，因此平安無事，可是將周神父從清朝帶來朝鮮的池璜與尹有一卻遭逮捕，經過一番嚴厲拷問後被打死。據說他們的遺體被丟到漢江。

大司憲權裕在二個月後得知上述事件，便上疏「之所以錯失逮捕周神父的機會，是因為太早殺死相關人士之故，」使得這個問題被重新提起。由於此一事件，官員頻繁上疏，應彈劾將天主教相關書籍傳入朝鮮的李承薰等人。最後，李承薰被流放到禮山，丁若鏞也被貶官到金

＊編註：Louis de Grammont，中文名為梁棟材。

井。隨著被視為下屆政權推手的南人黨實權人物丁若鏞失勢，在一七九九年蔡濟恭去世後，南人黨勢力已完全萎縮。

計畫遷都，耗盡國庫

正祖全力強化王權，企圖由國王統一管理軍隊。一七八五年，他設立了專門護衛國王的壯勇衛，並將五軍營（將中央的軍事組織重組為五個軍營）的財政及士兵編制悉數移入，藉此擴大規模。就這樣，透過集結親衛部隊來體現國王權威。

正祖不僅將京畿道內的軍隊統整為一個軍營，還計畫捨棄老論派及僻派盤據的漢城，遷都水原。因此，一七八九年，他將生父思悼世子從寒酸的墳墓移葬到水原，命名為「顯隆園」，以展現孝道。之後，正祖將新都命名為華城，花費超過三十七萬人以上的勞力及八十三萬兩以上的經費，於一七九六年興建周圍寬達約六公里的城郭。但朝鮮實際上並沒有遷都華城，這是因為一八〇〇年六月，年僅四十九歲的正祖驟逝的緣故。

英祖與正祖的廟號原為「英宗」及「正宗」，十九世紀末時更改廟號。當時即位為第二十六代國王的高宗為了表彰強化王權的二位國王治世，因而將其廟號升格為「祖」字輩。只是，現在對於英祖及正祖所實施的改革方向，也出現不少批判意見。

舉例來說，正祖為強化王權所推動的興建華城、多次前往水原巡幸以及設立壯勇衛等，使得歲出增加，財政惡化。因此，壯勇營（規模擴大的壯勇衛）在正祖去世後很快便縮小規模，一八〇二年廢除。財政困難成為日後國政運作的絆腳石，也造成朝鮮社會荒廢。

此外，蕩平策對於推動人才的公平錄用或許有其意義，然而另一方面，為抑制黨爭而縮小政治參與範圍，可以說是一種時代倒退的行為。而且由於正祖重用順從己意的人才，當中有部分人士以外戚身分獨攬大權，導致十九世紀朝鮮社會陷入混亂。偏偏十九世紀是西方列強陸續侵略他國、擴大勢力範圍的帝國主義時代，逐漸西沉的朝鮮便成了列強的目標。詳情留待第四章介紹，日本像是隔岸觀火般注視著這樣的朝鮮，不僅干涉朝鮮內政，到了二十世紀甚至合併朝鮮，納入保護。考量到這點，這時所實施的蕩平策，或許可說是決定朝鮮命運的轉捩點。

2. 勢道政治與民亂不斷

大規模鎮壓天主教

正祖的長子五歲時就夭逝，因此，他在一八〇〇年一月冊立側室綏嬪朴氏所生的次子李玜為世子。半年後正祖逝世，年僅十一歲的李玜（純祖）即位為王。英祖的繼妃、大王大妃貞純王后以輔佐幼君為名義，開始垂簾聽政，王權也被迫縮小。她任命沈煥之為領議政，建立老論僻派政權，並任命同鄉慶州金氏的金觀柱等人擔任重要職位，鞏固權力基礎。

一八〇〇年時，朝鮮的天主教徒已膨脹到約一萬人。貞純王后與僻派視天主教為違反儒家倫理的「邪教」，為了防止體制崩壞而決定「斥邪」，亦即禁止邪教。只不過一般認為，此舉不單只是為了維持體制，也蘊含了排除政敵的意圖。這是因為天主教徒當中有不少時派，因此以維護儒家倫理為名義，開始肅清敵對勢力。

一八〇一年一月，貞純王后頒布教旨，將天主教徒處以叛逆罪，並下達具體指示，運用五家作統法來搜查教徒，以徹底殲滅。所謂五家作統法是指以五家為一統，下令民眾彼此監視有無犯罪行為，並負連帶責任的制度。就這樣，進入純祖時代後馬上就大規模鎮壓天主教，史稱辛酉迫害。

而在朝廷中，也陸續有人上疏告發天主教徒官員的罪行，使得南人黨的重要人物遭到逮捕處刑，此外也加強搜尋六年來過著躲藏生活的周文謨神父。二月底，一邊藏匿周神父、一邊協助傳教活動的姜完淑被捕。她強忍嚴酷拷問，堅決不招供。周神父為避免迫害擴大，主動到義禁府自首，後來在漢江沿岸的沙南基（刑場）處以梟首。所謂梟首是指斬首示眾，犯人遭斬首或凌遲處斬後，將其首級掛在竹竿上公開示眾。周神父遭處刑後，姜完淑也在西小門外被斬首。

這次迫害也波及到身為王族的恩彥君。在正祖時代，恩彥君的兒子完豐君被捲入密謀，他與妻兒遭流放到江華島。一般認為，恩彥君之所以被送到很難稱得上是流刑地的江華島，是身為異母兄的正祖從寬處理所致。可是，由於恩彥君夫人與完豐君夫人曾向姜完淑學習天主教教義，並透過她的介紹接受周神父洗禮，東窗事發後，恩彥君因此受到牽連賜死。

在這般激烈的迫害當中，九月爆發了黃嗣永帛書事件。黃嗣永是跟隨周神父左右的天主教徒，妻子是丁若鏞的姪女。當辛酉迫害開始時，他藏身忠清道的偏僻村落，在帛（絹布）上寫下迫害始末及救援方法，打算暗中傳達消息給北京的湯士選（Alexandre de Gouveia）主教。可是，黃嗣永遭到逮捕，這封長六十二公分、寬三十八公分，寫滿了密密麻麻一萬三千多字的帛書也被扣押。內容寫道：為實現信仰自由，請教廷拜託清朝皇帝下令朝鮮朝廷准許傳教士往來、將朝鮮納為清朝的一省，加以監督、要求西方動武，對朝鮮國王施加軍事壓力等。這封信坐實了黃嗣永為了信仰、企圖勾結外國勢力以顛覆王朝的事實，因而被凌遲處斬。

在辛酉迫害下，李承薰在西大門外遭斬首，丁若鏞被流放等，有數百人受害。活下來的天主教徒則藏在京畿道及江原道山間傳教。以此事為契機，從前以男性知識分子為中心的天主教信仰，也開始向平民及女性傳播。

勢道政治的開始

前代國王正祖相當信賴從抄啟文臣成為親衛官僚的金祖淳，不僅委託他輔導世子（純祖），甚至還打算迎接他的女兒為世子嬪，開始揀擇世子未婚妻。可是，正當一般分三階段的揀擇進行到二階揀擇時，正祖卻突然驟逝。之後，政權移交到貞純王后及僻派的手上後，戚臣金觀柱便唆使權裕上疏，反對這樁婚事。這是因為對僻派而言，他們並不樂見忠實遵照正祖政策的時派金祖淳成為純祖的岳父。不過，金祖淳以此乃正祖決定的婚事為名，聯合純祖生母的老家潘南朴氏，著手讓女兒正式成為純祖的王妃。就連貞純王后也認為，倘若輕易推翻先王正祖的想法，將會影響王室權威，只得讓進行到二階揀擇的婚事繼續進行。就這樣，金祖淳的女兒於一八〇二年嫁給純祖，成為純元王后。

一八〇四年，貞純王后在純祖滿十五歲時結束垂簾聽政，以慶州金氏及貞純王后為中心的僻派勢力急遽衰弱，取而代之的是以純元王后的父親金祖淳為首的時派。翌年貞純王后去世，慶州金氏則被逐出朝廷。金觀柱與權裕分別因違背正祖遺志及妨礙三階揀擇之罪被流放咸鏡道，之後死於途中。

就這樣，成為國丈的金祖淳開啟了往後長達六十年、安東金氏的勢道政治。所謂勢道政治，是國王的寵臣派閥及外戚仗勢或無視王權、獨攬大權的政治型態。在正祖時代享盡榮華富貴的洪國榮開啟了勢道政治，不過一般所說的勢道政治，是指始於純祖時代、以安東金氏為中心的權勢。

一六三六年末丙子戰爭之際，清軍侵犯朝鮮，安東金氏展開主戰論，帶領斥和論的金尚容、金尚憲兄弟奠定了安東金氏的社會基礎；後代子孫以學者身分被器重，安東金氏成為老論派的名門望族，開始登上權力的階梯。到了正祖時代，金祖淳成為親衛官僚，贏得國王信賴；在純祖時代，他成功放逐僻派，重整政界。然而，這卻成了外戚專橫的開端。在丙子戰爭中促使朝鮮吞下恥辱敗仗的斥和派金尚容、金尚憲兄弟的血脈，到頭來也促使朝鮮王朝走向滅亡。

洪景來之亂

純祖在位期間，安東金氏專擅又行賄造成政治腐敗，加上乾旱等天災及疫病不斷，為民亂四起的時代。一八一一年，平安道出身的洪景來發動了大規模叛亂，欲推翻朝鮮王朝。早在十年前，他就小心謹慎地做好起義的準備，利用《鄭鑒錄》來擬定計畫。《鄭鑒錄》為流傳民間的讖緯書，內容講述在亂世中，有一名鄭姓真人將現身推翻李氏朝鮮，改朝換代。

洪景來召集並訓練礦工、貧農及流民，籌謀舉事。正好在一八一一年，朝鮮大歉收，民眾飽受飢餓所苦。洪景來趁此良機，書中的鄭真人率領數萬名鐵騎隊舉兵起義，他也發出號召，於十二月舉兵起義。叛軍轉瞬間就占領了平安北道的嘉山、定州等清川以北地區；二十九日，叛軍在博川與官軍展開激戰。在這時，叛軍有農民加入，人數膨脹到一千人以上，而官軍人數則是叛軍的近二倍，約二千多人。經過一番激烈戰鬥後，叛軍敗戰，退守定州城。

官軍採取焦土作戰，殺戮平民百姓；翌年一月，與鄰近地區動員的兵力合流，約八千多名士兵包圍定州城。由於定州城守備堅固，軍糧也相當充足，官軍一直攻不下來。到了四月，官軍在北城牆挖隧道，使用火藥炸毀城牆，從地下侵入城內。結果洪景來被槍彈射中而死，圍城叛軍遭到斬首。

孝明世子牽制安東金氏

金祖淳掌握了軍事權及人事權，正式展開安東金氏的勢道政治。另一方面，純祖年紀輕輕就多次面臨王朝的危機，每當他努力想實施親政時，全都遭到安東金氏阻撓，導致他精神出了問題。於是自一八二七年起，他便下令十九歲的孝明世子代理聽政。孝明世子的妻子是趙萬永的女兒（神貞王后），也就是說，純祖為了牽制安東金氏，恢復王權，便將政治交給以豐壤趙氏為後盾的孝明世子。

孝明世子開始代理聽政後不久，就逼迫安東金氏系統的高官下台。而且，他還任用遭安東金氏反對的金鎔與金正喜等人為奎章閣的閣臣，並任用岳父趙萬永擔任人事及軍事要職，來培育親衛勢力。

孝明世子亦在備邊司安插親信勢力。備邊司負責審議及決定因外敵入侵而吃緊的邊防事務，於一五一〇年設立。設立之初原是官制外的臨時機構，一五二二年權限增強，不需經過議政府及兵曹即可直接向國王報告審議內容，一五五五年成為常設機構。由於日本與清朝舉兵侵犯，備邊司的重要性也隨之增加，由議政府的三議政其中一人兼任長官，變成統轄一切軍國大事的最高決策機構。因此，孝明世子才會在堪稱是權力中樞的備邊司安插親信勢力，以便掌權。

然而，孝明世子的代理聽政僅三年便突然結束。原因是一八三〇年，孝明世子年僅二十二歲便驟逝。純祖雖回歸原本崗位，卻沒有恢復對政治的熱情，四年後於四十五歲逝世。

在豐壤趙氏主導下強化鎮壓天主教

純祖去世後，由孝明世子的兒子、年僅八歲的世孫李烉（憲宗）即位，大王大妃純元王后行垂簾聽政。安東金氏的首腦金祖淳已在一八三二年去世，他的兒子金逌根成為安東金氏的核心，為確保權力而開始行動。一八三七年，他成功讓同族的女兒成為憲宗妃（孝顯王后），與王室的關係更加緊密。

可是，金逌根因腦中風病倒，使安東金氏的氣勢停滯，豐壤趙氏順勢崛起。其中受注目的是受純祖之託、輔導世孫（憲宗）的趙寅永（趙萬永之弟），他在憲宗即位後就任吏曹判書，掌握人事權。如此，朝廷實權轉移到豐壤趙氏手上，也再度展開對天主教的鎮壓。趙寅永與對天主教相當寬容的金逌根正好相反，對斥邪的態度相當積極。

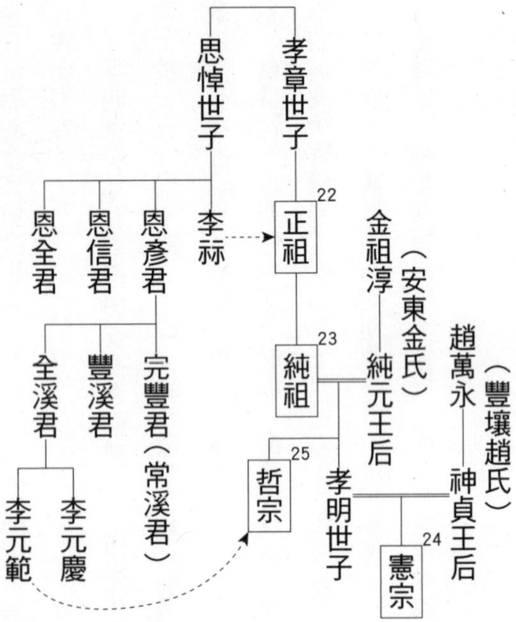

安東金氏與豐壤趙氏

從一八三八年冬天起，朝鮮全力搜索天主教徒，加以杜絕。翌年八月，既是學者也是天主教徒的丁夏祥（丁若鏞的侄子）等五十四名天主教徒遭處死。犧牲者當中也包含三名偷偷潛入朝鮮從事傳教的法國神父〔伊姆貝爾（Laurent-Joseph-Marius Imbert，朝鮮名：范世亨）、沙堂（Jacques Honoré Chastan）及莫邦（Pierre Philibert Maubant，朝鮮名：羅伯多祿）〕在內。這一連串的鎮壓行動史稱己亥迫害，除了前面提到遭處刑的五十四人外，還有六十多人因受絞刑或生病而死於獄中。

趙寅永於十月起草撰寫《斥邪綸音》，布達全國各地。所謂綸音，指的是國王教導官吏與百姓的詔書。《斥邪綸音》乃是根據儒家價值觀說明人們應遵守的道理，同時也以耶穌死於非命所以教義會釀成禍害、像天主教徒這樣未婚就「男女共處」的行為乃是玷污人倫等例子，來批判「邪教」。該書也用韓字寫成，由此可知當中蘊含讓看不懂漢字的平民也能明白的意圖。

己亥迫害平息後，一八四〇年金逌根去世，純元王后的垂簾聽政也宣告結束。不僅如此，一八四三年，孝顯王后年僅十六歲就夭逝，安東金氏的勢力也暫時減退。另一方面，開始親政的憲宗任命趙寅永為領議政，他批判安東金氏，對豐壤趙氏則給予善意。就這樣，在憲宗時代，豐壤趙氏居於優勢；然而好景不常，由於豐壤趙氏發生內鬨，加上一八四六年趙萬永去世，在那之後安東金氏又再度掌權。

社會動盪加劇與「異樣船」出沒

十九世紀的朝鮮經常發生水災等各種天災，使得生產力降低，農民飽受其害。儘管如此，安東金氏與豐壤趙氏仍汲汲營營於爭權，造成社會荒廢，國家財政也日漸惡化。由於政治腐敗日益嚴重，貪官汙吏自私自利壓榨百姓、收取租稅，「三政紊亂」愈演愈烈。所謂三政，主要是指三種租稅政策：管理土地稅徵收及上繳的「田政」、管理軍役（徭役）的「軍政」，以及將穀物及種子分給農民、之後再回收的「還政（還谷）」。其中還政之亂更是激發民怨。這項政策原本是為了支援農民再生產，因此農民可以用低利率借貸穀物及種子，而且遇到災害時，援助受災者的賑恤穀也沒有償還的義務。然而，到了十九世紀卻附加各種手續費，結果變成以高利貸方式出借穀物及種子，也喪失了賑恤的功能。從被迫借貸的百姓角度看來，這跟掠奪租稅沒兩樣，他們的怒火在一八六〇年代爆發，全國各地都掀起了反官府抗爭。

社會動盪加劇與人心的背離，也跟意圖更換國王的朝廷動向有關，憲宗時代就曾二度發生謀反事件。第一次是一八三六年，由南膺中主導，計劃擁立恩彥君之孫李元慶為國王。但因有人告密，事前走漏消息，故在計畫付諸實行前，相關人士便陸續被逮捕。南膺中企圖前往日本而逃到東萊府的倭館（與對馬藩進行外交與通商的日本人居留地），結果被交還給朝鮮，遭凌遲處斬後梟首示眾；第二次則是一八四四年，閔晉鏞擁立李元慶企圖發動謀反，結果遭逮捕後凌遲處斬。二度被捲入謀反計畫的李元慶，則在同一年遭到賜死，年僅十八歲。

在朝鮮，正當國王權威掃地、社會陷入混亂之際，宗主國清朝在鴉片戰爭中敗給英國，導致五口通商及割讓香港。朝鮮方面透過燕行使帶回的情報，一邊零星掌握世界情勢，一邊緊閉門戶。可是，一八四五年英國軍艦薩瑪朗號未經許可，擅自測量濟州島及全羅道沿岸，逼迫朝鮮開國通商。此外，翌年法國海軍上將賽西爾（Jean-Baptiste Cécille）率領三艘軍艦前來送信，詰問朝鮮為何在己亥迫害之際虐殺三名無辜的法國神父，並要求一年後答覆。憲宗面臨外船來航的國難，他判斷法國之所以得知己亥迫害的來龍去脈是因為有內奸，故下令杜絕天主教。因此，朝鮮首位司鐸金大建在沙南基遭斬首示眾，年僅二十六歲就殉教。此外，與他一起被捕的信徒當中，有八名直到最後也不願棄教的信徒也遭到處刑。

一八四七年，法國海軍上校拉皮埃爾（Augustine de Lapierre）為取得國書的答覆而率領軍艦前來朝鮮，但在全羅道的薪峙島遇到暴風雨而觸礁，後來在英國軍艦的協助下回國。自此以後，被畏懼的朝鮮人稱作「異樣船」、「荒唐船」的西方軍艦相繼出沒，使得民心大為動搖。

流刑犯即位國王

一八四九年六月，憲宗健康狀況惡化，年僅二十三歲便去世。他沒有留下繼承人，朝廷陷入一片混亂，後來在大王大妃純元王后全權處理下，決定由恩彥君之孫、也是李元慶之弟的李元範成為繼承人。前面已經介紹過，正祖的異母弟弟恩彥君的血統是朝廷眼中有篡位之嫌的危險因子，故時常遭到鎮壓，李元範自身也受到胞兄的獄事牽連，在江華島上過著流刑生活。然而，由於嫡系血脈斷絕，他才突然被帶到漢城，即位為第二十五代國王（哲宗）。在這之前，哲宗一直在江華島上以耕田維生，當然沒有受過當國王的訓練，有說法認為，哲宗即位後仍無法讀寫。因此，雖然哲宗當時已滿十九歲，仍由純元王后行垂簾聽政。

純元王后並未讓自己的孫子憲宗收哲宗為養子，而是成為丈夫純祖的養子，繼承純祖之位（參見前面安東金氏與豐壤趙氏的系譜）。這是因為憲宗的繼妃乃是南陽洪氏之女，若是哲宗成為憲宗的養子，南陽洪氏就會變成外戚，掌握權力。可是成為純祖養子，使得哲宗的王位順序提前了一個順位，在祭祀上引發各種矛盾。從家族血統來看，哲宗是比憲宗大上一輩的「叔叔」，憲宗則是「姪子」。不過從承繼王統來看，前任國王憲宗為「父」，繼位國王哲宗則為「子」。就純元王后及同族的安東金氏來看，若是他們所擁立的哲宗得奉憲宗為「父」，那麼手中的權力基礎就會動搖。因此，他們更重視家族血統順位，採用憲宗為哲宗「姪子」的定位。只不過，在祭祀時不能稱呼前代國王為「姪子」，因此在祝文（祭祀祝詞）上沒有明記親屬關係，僅曖昧帶過。

純元王后在一八五一年將同族的女兒嫁給哲宗為妃，奠定安東金氏屹立不搖的勢道政治，六年後去世。然而，她的丈夫純祖在位時並沒有立下出色的功績，為什麼廟號會是「祖」字輩呢？其實在純元王后去世之前，純祖的廟號原是「純宗」。之所以會升格為「純祖」，原因與安東金氏以王室外戚身分實施勢道政治有關。他們為了鞏固權力基礎，要求對嫁入王室的同族女性給予充分的禮遇。可是在朝鮮，不可能忽視男性（丈夫與兒子）僅讓女性受到極高的禮遇，因此在純元王后死後的同時，也追尊其丈夫為「純祖」（《韓国の世界遺産宗廟―王位の正当性をめぐる歴史―》）。純元王后的葬禮舉辦得相當盛大，不斷加封「慈獻」、「顯倫」、「洪化」、「神運」等尊號。

大規模民亂

哲宗在即位之前，一直待在江華島上過著農夫般的生活，深知日益嚴重的三政紊亂及民眾的貧困。因此，他在貧民救濟政策上竭盡誠意，賞賜金錢與糧食給水旱等災區。可是，根本原因出在貪官汙吏的虐政，只要不解決問題，民怨只會不減反增。一八六二年，民眾的憤怒終於爆發，發生了大規模叛亂。

這場民亂始於丹城，波及晉州。在晉州，慶尚右道兵馬節度使白樂莘赴任才一年，就已經非法榨取一萬五千石（相當於四萬五千兩）的白米。為了填補自己挪用的公款等，他對農民額外徵稅，還利用還谷不當賺取利益。沒落兩班柳繼春率領對此感到憤慨的一眾農民，於二月十八日發起示威。他們自稱「樵軍」，頭綁白布條，手持棍棒與農具，一同朝著晉州城行進，據說示威人數高達數萬人。不過並非所有的農民都是自發參加，因為不參加示威者將收取罰金，若反對的話家中就會遭到破壞。翌日十九日，激動的樵軍將二名營私舞弊的官吏燒死，接著將鄉吏

（負責地方行政的下級官吏）一個個逮捕，打死其中四名，數十多名鄉吏負傷。樵軍也將富豪當成攻擊目標，襲擊了一百二十六戶，盡掠財產。

為了加以對應，朝廷緊急任命朴珪壽為按覈使（在地方發生事件時負責處理的臨時官職），將他派到晉州。這場民亂費時三個月才解決，農民方面有十人被斬首，許多人受罰。而當朴珪壽在晉州開始調查時，慶尚道的咸陽、居昌及興州等也連續發生民亂，接著是全羅道、忠清道，民亂如同燎原之火般向外擴散。

朝廷將民亂的根本原因歸結於三政紊亂，因而設立三政改革臨時特別機構，從全國各地徵求矯弊對策。然後在閏八月，朝廷發布「三政離整節目」四十一條，提出廢除還谷制等解決方案。然而，備邊司卻以三政釐整節目的內容不夠充分且不符現實為由，十月便取消實施。結果，由於沒有實施徹底的制度改革，僅僅稍加修改還谷制便了事，因此各地民亂仍餘燼未除。

東學的出現

古往今來，當政治腐敗、天災及外敵等侵擾社會時，就會出現新興宗教，民眾也容易被吸引。在朝鮮，安東金氏實施暴政的哲宗時代，東學應勢而生，抓住了尋求救贖的民心。創設東學的是慶州出身的崔濟愚。他生於一八二四年，十三歲結婚，四年後喪父，守喪三年後成為行商，巡迴各地。據說在這期間，他親眼目睹了因三政紊亂及天災而生活窮困的市井民眾，也體會到因異樣船出沒而加劇的社會動盪。崔濟愚的上述經驗，成了民眾救濟及排除侵略勢力等東學的思想基石。

崔濟愚於一八五六年夏季進入慶尚道的千聖山中開始修行，之後也在魚尾山的龍潭亭等持續努力求道。到了一八六〇年，崔濟愚有了決定性的感悟，他在瞑想時身體突然顫抖起來，聽到了像是天地震動般的聲音。以此為契機，崔濟愚奠定了宗教的信念，翌年，他以漢字撰寫了五百二十五字的《布德文》記錄自己悟「道」的過程，開始傳教。

崔濟愚

東學不僅融合了儒教、佛教及道教，並加入土著民間信仰及風水地理學等要素，末日論及平等思想為其特徵。在末日論方面，他主張現在（先天）的亂世必定會崩壞，然後開闢新的文明（後天），持續五萬年之久。這為對現世絕望的民眾帶來了希望。另外，在平等思想方面，他主張只要誦唸二十一字咒語「至氣今至，願為大降，侍天主造化定，永世不忘萬事知」，就能不分貴賤，與心中的天主合而為一。這為飽受身分制所苦的底層民眾帶來救贖。

如上所述，東學很快便擄獲了一般大眾的心。另一方面，由於東學思想談到平等及天主，與西學（天主教）混淆，因此也成了迫害的對象。順帶說明，一般認為崔濟愚批判西學，為了明確區分與西學不同，因而將自己的宗教命名為東學。

一八六一年十一月，崔濟愚暫時躲藏在湖南地方（全羅道）；翌年三月回到慶州，專心傳教。然而很不湊巧的是，同年二月，以晉州為起點連續爆發民亂，使得當局變得神經質起來。因此，崔濟愚被以「用邪術妖言惑眾」為由，於九月遭到逮捕。這時有數百名信徒請願，要求釋放崔濟愚，這才將他無罪釋放。當局承認東學的正當性，使得信徒逐漸增加，據說達三千人。像這樣，東學的勢力急遽擴大，對朝廷構成威脅；一八六三年十一月，崔濟愚再度遭逮捕。

3. 大院君與閔氏之爭

高宗即位

當時的朝廷，哲宗年紀輕輕就病倒，與前代國王憲宗一樣面臨王位繼承的問題。哲宗的十一名孩子當中有十名夭折，剩下的一人是女孩，沒有王位繼承權。這時王室最有發言權的是憲宗生母，也是孝明世子的妻子神貞王后。豐壤趙氏出身的神貞王后為了趁此機會斷絕安東金氏的勢道政治，便與王族李昰應串通。

李昰應的家系雖是王族，卻屬於旁系，血脈與國王的宗家離很遠。李昰應的父親南延君乃是仁祖第三子麟坪大君的子孫，其後成為肅宗第六子延齡君家系的養子，繼承家主之位。麟坪大君曾在丙子戰爭時被帶到清朝，從宗家血脈分支出來已是二百多年前的事。

在朝鮮，即便是王族，凡是旁系出身者就會被冷眼相待，當中有人甚至過著宛如平民般的生活。李昰應十幾歲時父母雙亡，度過不得志的青年時期；二十四歲時被封為興宣君後，便擔任宗親府的有司堂上及五衛都摠府的都摠管等閒職，在勢道政治盛行下，過著看安東金氏臉色的屈辱生活。他與正妻之間育有二男二女，長子叫載冕，次子叫命福。只不過，載冕過繼給早死的伯父作為養子，繼承家主之位，因此實質上的嫡子只有命福。神貞王后與李昰應計畫擁立命福成為下一任國王，一直暗中等待時機。

一八六三年十二月八日，年僅三十三歲的哲宗去世後，神貞王后便立刻展開行動。她冊封命福為翼成君，取名為載晃，收為自己與孝明世子（翼宗：憲宗即位後追尊亡父的廟號）的養子。四天後，她替年僅十二歲的載晃舉行冠禮，在形式上視為成年；翌日十三日，便讓載晃即位為第二十六代國王。這時，載晃獲賜單名「㷩」以示為宗家的一員。這個李㷩就是朝鮮最後的國王，高宗。附帶說明，高宗被過繼為養子後就沒能繼承李昰應的家系，因此原本的長子載冕便在神貞王后一聲令下，回到了老家。

高宗即位後，便賜予生父李昰應「興宣大院君」、生母閔氏「驪興府大夫人」的稱號。所謂大院君，乃是國王去世時沒有直系的後嗣或兄弟，被迎為下任國王的旁系追贈其生父的尊號。宣祖及哲宗的生父也擁有這個尊號，不過一般提到大院君時，通常是指興宣大院君。

大王大妃神貞王后成功擁立高宗即位後，便立刻開始垂簾聽政，可是在朝廷中，安東金氏依然占有壓倒性的勢力。因此，神貞王后為確保有人擁護自己，便決定讓大院君出席廟議。就這樣，大院君不僅得到名譽，也成了高宗事實上的攝政，獲得實際代行王權的地位。

頑固的排外主義者

為了奠定政治基礎，大院君先分割老論派的安東金氏，削弱派閥力量，同時拉攏友軍。具體而言，他任命哲宗王妃的堂兄金炳學、金炳國兩兄弟擔任要職，再與他們合作，將金祖淳之子金左根拉下領議政的位子。不僅如此，他還集結了神貞王后的同族豐壤趙氏以及南人黨、北人黨等弱小黨派各派勢力，組織成大院君派。

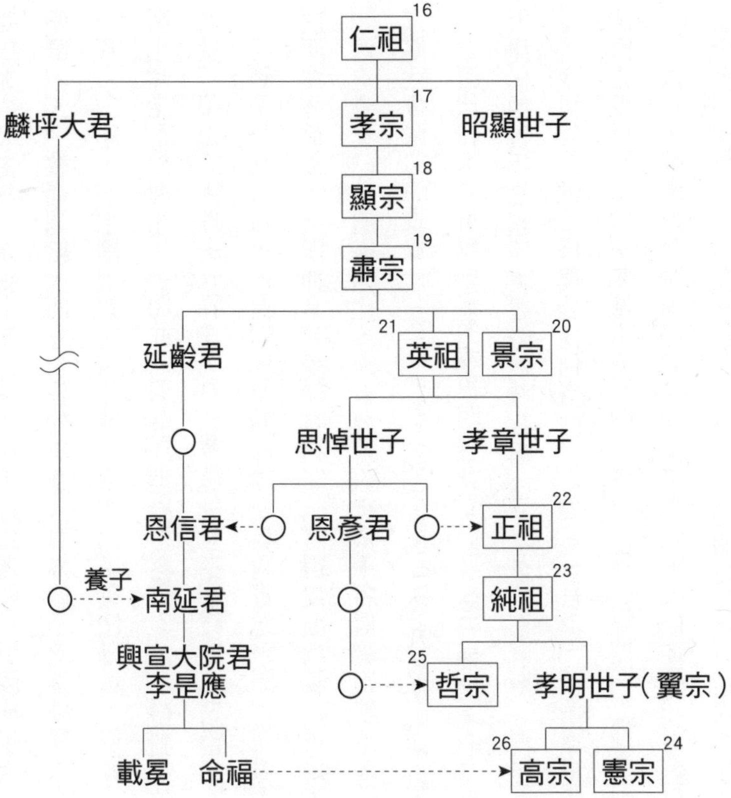

高宗系譜

大院君政權基於「衛正斥邪」的思想，強力推行像鎖國及攘夷那樣保守且排外的政策。所謂衛正斥邪，是指捍衛「正學」朱子學，排斥「邪學」之意。因此，一八六四年三月，他先將東學的崔濟愚以「邪道亂正」之罪處以斬首，接著將矛頭轉向天主教。

一般認為，大院君起初對天主教的態度親和。這是因為他的妻子閔氏皈依天主教，而高宗的奶娘朴氏也是透過閔氏引薦成了天主教徒，教名為馬爾他。可是在朝鮮，天主教徒總給人西方走狗的印象，對外的不安逐漸擴大也必然化為排斥天主教的力量。一八六〇年，宗主國清朝在鴉片戰爭中敗給了英法聯軍，簽訂不平等條約；而負責調停的俄羅斯也奪走了沿海州。＊因此，朝鮮與俄羅斯接壤，「洋夷侵犯」的威脅不僅來自海上，也從陸上逼近。頑強的排外主義者大院君會轉為排斥天主教徒，可說是明若觀火。

到了一八六六年，在朝鮮開始展開史稱丙寅迫害的大規模天主教鎮壓行動。全國各地一同展開搜尋信徒，被逮捕者會受鞭打拷問，打得皮開肉綻。可是，據說幾乎沒有人願意棄教。與辛酉迫害及己亥迫害相比，丙寅迫害約有八千名信徒殉教，人數相當懸殊。其中也包括巴黎外方傳教會派遣的張敬一（Siméon-François Berneux）等九名法國傳教士。

潛伏在地方得以逃難的李福明（Félix-Clair Ridel）神父，七月從忠清道的海岸搭船逃脫，前往天津，他告訴法國遠東艦隊司令羅澤（Pierre-Gustave Roze）迫害的慘狀，要求救出信徒。接獲羅澤司令報告的駐華代理公使伯洛內（Henri de Bellonet）便派遣軍隊前往朝鮮，下令報復。當時，法國正值推動帝國主義擴張政策的拿破崙三世在位期間，丙寅迫害成了攻打朝鮮的絕佳藉口。

八月，羅澤司令派李福明神父及三名朝鮮人信徒擔任引航員，率領三艘法國軍艦從山東的芝罘港（今稱煙臺）前往朝鮮。可是，此行的目的是為了掌握漢江河口附近的海域，僅進行測量後隨即返回。羅澤司令根據上述情報重整態勢，十月時率領七艘軍艦開始正式進攻，朝著目標江華島進軍。江華島位於漢江河口，只要掌控這裡，就能封鎖將物資運往漢城的重要水路。法軍登陸江華島後，僅一天的功夫就占領了江華府。

可是，朝鮮方面仍不改強硬姿態，大院君暗中下令獵人等約五百人兵力埋伏在江華島的鼎足山。另一方面，法軍輕忽朝鮮的兵力，僅派出一百六十名海兵隊攻打鼎足山的傳燈寺，遭到朝鮮軍同時射擊，死傷眾多。僅帶領少數陸上兵力的法軍只好放棄逼朝鮮開國，掠奪《朝鮮王朝儀軌》等珍貴典籍後便撤退了。這一連串的事件，史稱丙寅洋擾。

經過丙寅洋擾後，朝鮮的天主教徒迫害行動更變本加厲。「洋夷」法國深入並侵犯漢江的渡口楊花津，朝廷將這件事歸咎於天主教徒，故在鄰近楊花津一座名叫蠶頭峰的山崖上新建刑場，將信徒斬首。在那之後，該地便被稱作切頭山，現在則整頓為「殉教聖地」。

錯失開國良機

接著在一八七一年，大院君政權亦與美國發生軍事衝突。兩國衝突的契機在於五年前的

* 譯註：俄羅斯遠東地區，又稱濱海邊疆州。

興宣大院君

一八六六年，美國商船謝爾曼將軍號為尋求交易，突然入侵大同江。該船船員有美國人三名、英國人二名、中國人及馬來西亞人十九名，共計二十四名，他們無視朝鮮方面發出的停止命令繼續溯航。對此，朝鮮軍民便在商船上放火，並將逃出的船員圍毆至死。

美國再三要求朝鮮對謝爾曼將軍號事件支付損害賠償及簽訂通商條約。可是，朝鮮方面卻不予回應，因此美國為了強行打開朝鮮門戶，決定於一八七一年派遣軍隊。亞洲分艦隊的羅傑斯（John Rodgers）司令在長崎實施海上機動訓練後，便率領五艘軍艦及一千二百三十人兵力前往仁川近海。然後讓海兵隊登陸江華島，一轉眼就占領了草芝鎮、德津鎮及廣城堡。據說此戰的戰死者，美軍僅三名，朝鮮軍約三百五十名。

羅傑斯占領廣城堡後，便回到艦隊上等待朝鮮投降。可是朝鮮非但沒有投降，反倒譴責美國的行動，態度強硬。就美軍而言，僅靠少數兵力無法展開規模更大的作戰，遂於五月十六日撤退。這一連串事件，史稱辛未洋擾。

一八六八年，在辛未洋擾的三年前，朝鮮爆發了奧佩特事件。該事件是猶太裔德國人奧佩特（Ernst Jakob Oppert）企圖將大院君父親（南延君）的遺骨從墳墓中偷挖出來，藉此恐嚇朝鮮朝廷。但墳墓上覆蓋了堅固石板，盜挖最終未遂，然而此一事件讓大院君的怒火飆到頂點，對西方的敵意更盛。大院君像是要展現對西方的敵意般，辛未洋擾之際，他在全國各地建立斥和碑，上面刻有「洋夷侵犯，非戰則和，主和賣國」的文字，彰顯出即使國家陷入毀滅的危機也要抗戰到底的堅強意志。

個別來看丙寅洋擾及辛未洋擾等事件，朝鮮頑強抵抗，擊退了法國及美國，在國防上看似成功；但宏觀來看，可以說是錯過了開國的良機。日本在一八五四年的時間點沒有與美國開戰，而是簽訂神奈川條約並開國，與朝鮮形成對比。大院君政權沒能看穿世界情勢，就結果來看大幅延遲近代化，因而招致國難。

革新措施招怨

大院君對外採取強化鎖國等保守政策，對內則陸續推動改革。首先他著手整頓國家機構，廢除備邊司，與議政府合併。為了提昇王室權威，他也開始重建景福宮。景福宮乃是朝鮮建國時創建的正宮，不過在文祿．慶長之役時被燒毀，後因財政困難，被閒置了超過二百七十年。

因此，大院君於一八六五年設立營建都監（負責宮殿、廟社、城郭建築工程的臨時官署），著手重建。

可是，由於財政依然緊迫，大院君便以「願納錢」的形式請求官民提供資金。說是「請求」只是講好聽的，實際上則是上至宰相，下至地方官均強制百姓捐錢，提供一萬兩者即便是常民也賜予官職，換言之跟賣官沒兩樣。由於願納錢在徵收過程中產生諸多弊害，遂被人揶揄為同音異字的「怨納錢」。除此之外，還向農民課徵新稅，每一結*土地繳交一百文稅金、向出入漢城的人民徵收督城門通過稅，並新鑄貨幣當百錢來充當財源，名義上的幣值相當於當時通貨、常平通寶的一百倍。但實際上，當百錢的價值不過只有常平通寶的二十分之一而已。這種劣幣在市面上大量流通，導致物價高漲，一八六六年底時一石米約七～八兩，翌年米價就漲到超過四十兩以上。如此，自然對百姓生活造成壓迫。

大院君所推動的最大改革，就是整頓書院。所謂書院，是指在地兩班階層於各地興建的私立儒家教育設施，亦具備祭祀忠臣及著名學者的功能。除了對學問的發展有不少貢獻外，書院也因獲賜土地與奴婢，擁有免稅免役的特權，於是成為在地兩班階層的勢力基礎，也成了黨爭的巢穴。大院君不僅大幅減少這類書院來抑制在地兩班階層的勢力，也將書院擁有的土地與人民列為課稅對象，來強化國家財政。一八七一年，全國原有的六百多所書院被裁撤到只剩四十七所。在地兩班階層不僅租稅負擔增加，同時也喪失了過去累積的政治基礎，身為特權分子的自尊心也受到傷害。想當然爾，大院君的此等強硬措施，自然引發反感。

聰明的王妃閔氏與意志薄弱的高宗

高宗即位二年後的一八六六年二月，神貞王后結束垂簾聽政。翌月，閔致祿的女兒以高宗的王妃身分入宮。王妃閔氏（明成皇后）大高宗一歲，時年十六歲。

大院君從自己妻子的家族驪興閔氏當中物色高宗的王妃。一般認為，這是為了防止像安東金氏一樣外戚抬頭的緣故。閔致祿早在一八五八年便去世，所以不會出現像金祖淳那樣，王妃的父親成為國丈、職掌政權的危險。而且成為閔致祿養子並繼承家主之位的，就是大院君夫人的親弟弟閔升鎬。換句話說，在大院君看來，即便王妃一族握有權力，只要率領該族的是自己的小舅子，就能放心。

不過，事情發展卻與大院君打的如意算盤不同。王妃閔氏竟成了大院君最大的政敵。王妃閔氏喜歡讀書，而且非常聰明，據說她輔佐高宗，更參與重大決策。在大約三十年後的一八九五年，英國遊記作家伊莎貝拉・博兒（Isabella Lucy Bird）記下了她拜見朝鮮國王伉儷的情

* 譯注：朝鮮使用的面積單位。一三九五年，一結＝約一萬平方公尺；一四四四年，田分六等，一等田一結＝約一公頃，六等田一結＝約四公頃。

況。這段紀錄是能窺知高宗及王妃閔氏人品的珍貴證言，引文如下：

王妃時年雖已過四十，卻纖瘦美麗，頭髮光澤烏黑，肌膚雪白，由於搽了珍珠粉，更能突顯肌膚的白皙。眼神冷酷銳利，大體上有著一張聰明人的臉。〔中略〕國王個頭矮小，臉色不大好，的確平凡無奇，臉上蓄有八字皇帝鬍。態度心神不定，雙手頻頻抽動，不過坐姿舉止並非毫無威嚴。國王相貌和藹，由此可知他生性溫和。談話途中，當國王語塞時，王妃常替他解圍。〔中略〕

之後在三週內，我又三度承蒙國王伉儷接見我。第二次拜見與上次一樣，與〔美國醫療傳教士的〕安得伍夫人一同前往；第三次拜見是在正式的宴會上；第四次則是嚴密且非公開會見，時間超過一小時。無論何時，我都非常佩服王妃的優雅、充滿魅力的舉止、貼心的溫柔、卓越的知性與氣魄，以及儘管透過通譯也能充分傳達的非凡話術才能。她的政治影響力強得不尋常、對國王也行使了強大影響力等等，用不著驚訝。〔中略〕

國王心地善良且溫和，因此個性軟弱，任人擺布。而這樣的傾向更加強了王妃的影響力，之後變本加厲。我深信國王內心深處，是個與其智力相稱的愛國君主。〔中略〕

整體而言，國王並不擅長掌握事物重點。他是個那麼善良、那麼能對先進想法產生共鳴的人，再加上他個性上的優勢與知性，如果他沒有輕易聽從那些愚蠢透頂的人們意見的話，應該會成為名君，他意志薄弱的個性是致命缺點。（《朝鮮紀行—英国婦人の見た李朝末期—》）

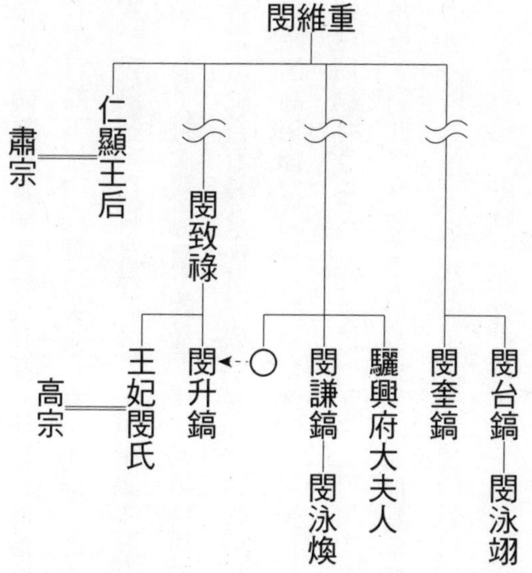

王妃閔氏系譜

順帶一提，伊莎貝拉·博兒也曾拜見過大院君，對他的評價為「從他的表情能感受到精氣、銳利的眼光，以及被他儘管高齡卻矯健的舉止所感動」。

將大院君拉下權力寶座

王妃閔氏與大院君均擁有讓人著迷的天賦及強烈的政治野心，二人很早就產生對立。一八六八年，高宗並非和王妃閔氏、而是和宮女李氏之間生下長子李墡，據說大院君相當溺愛這個長孫。假如當時的掌權者大院君擁立李墡為王位繼承人的話，遲遲沒有生育的王妃閔氏就會失去在宮中的地位。因此，面臨危機的王妃閔氏及閔升鎬便煽動希望擺脫父親限制、自行掌權的高宗，策劃讓大院君下台。

為了將大院君拉下政權寶座，高宗利用的是一八六八年司憲府掌令（正四品）崔益鉉上疏，訴求廢除當百錢及都城門通過稅。這時官僚們受大院君指使，紛紛譴責並主張懲罰崔益鉉，但當時的高宗卻罕見地反駁眾臣意見，維護崔益鉉。其後，崔益鉉升任為相當於國王祕書室的承政院同副承旨（正三品）；一八七三年十月，崔益鉉再度上疏批判大院君堅決推行的裁撤書院等措施。對此，高宗重用崔益鉉，任命他為戶曹參判（從二品），展現出像是認可其批判的態度。而且這時，高宗還沒等臣下推薦，便照自己的意思破格授予崔益鉉官職。

在朝廷，爆發出譴責崔益鉉的上疏並要求懲處的意見。可是高宗卻袒護崔益鉉，反而處罰對上疏內容唱反調的官僚。由於高宗排斥大院君的意思逐漸明朗化，朝廷的風向也完全改變。繼崔益鉉之後，司憲府掌令洪時衡也上疏批判大院君的措施，高宗大加讚賞，便下令廢除願納錢等措施。接著十一月，崔益鉉再度上疏批判裁撤書院等措施，認為宗親不該干涉國政，大院君領悟到政局的趨勢後便辭職下台，蟄居京畿道楊州的直谷山莊（癸酉政變）。

高宗

王妃閔氏在政變後的一八七四年二月生下李坧；翌年，順利得到清朝承認冊立為世子。以此為契機，驪興閔氏逐漸掌握實權。可是，驪興閔氏的核心人物閔升鎬卻在十一月時因寄到家中的包裹爆炸，與養母（王妃閔氏的生母）一同死於不測。一般認為是大院君派主導的報復性恐怖攻擊，實則真相不明。

4. 打開朝鮮國門，日本的挑釁與清的勸告

對打破舊例的日本產生警戒

我們把時間稍微回溯，大院君登上政權寶座那年的一八六七年，鄰國日本江戶幕府倒台，成立了以天皇為中心的新政府（明治維新）。由於明治新政府通告王政復古，一八六八年十二月便透過對朝鮮的外交窗口對馬藩，將書契（外交文書）帶到朝鮮。然而，負責交涉工作的東萊府

倭學訓導安東晙，卻將書契中使用的「皇」、「勅」等文字視為一大問題，拒絕收下書契。這是因為對朝鮮而言，宗主國是清朝，只有清朝的君主才是其所尊崇的天子皇帝。儘管如此，日本卻使用「皇」、「勅」等字，實屬僭越。日本打破前例送來這種書契，是為了企圖侵略朝鮮，因此產生警戒。

日本於一八七一年實施廢藩置縣，推行中央集權。以此為契機，由日本政府取代對馬藩，直接與朝鮮進行外交；翌年一月，外務省官員森山茂及廣津弘信前往釜山。可是，朝鮮的東萊府使譴責森山等人搭乘汽船（異樣船），拒絕出席會見。九月，外務大丞花房義質率領軍艦及汽船前往釜山，將倭館移交外務省管轄，改名為「大日本公館」。朝鮮方面不承認對馬藩以外的使節，甚至譴責花房搭乘軍艦與汽船來訪有違「誠信之道」，要求花房等人離開。這是因為東萊府遵照鎖國攘夷的大院君指示，一直拒絕與日本交涉。

可是，一八七三年底大院君失勢，王妃及驪興閔氏掌握了政權。因此，朝鮮的對外政策大幅軟化。朝鮮態度之所以會加速軟化，也跟翌年來自清朝所寄來有關日本對臺灣出兵的情報有關。日本以漂流到臺灣的六十六名宮古島漁民幾乎全遭原住民獵首等虐殺、即所謂的琉球漂民事件為藉口，派遣「征討」軍到臺灣。朝鮮朝廷接獲情報後，擔心繼臺灣之後自國可能也會遭到侵略而大為動搖，才開始改掉對日強硬政策。癸酉政變後被重用、擔任右議政的朴珪壽主張不應因書契違反慣例而拒絕受理，高宗也展現出受理書契的積極態度。

一八七四年七月起，東萊府與外務省官吏接觸，進行初步談判；翌年二月，森山理事官攜帶寺島宗則外務卿的書契，與副官廣津一同再訪釜山。雖然這封書契中仍有使用「皇」、「勅」等字，不過朝鮮方面暫時擱置這點，打算先召開宴會歡迎使節。然而，日本方面在近代化過程中將服制改為西式，主張在宴會穿著大禮服，雙方又再度產生對立。朝鮮方面堅持重視舊例，無法承認洋夷的服裝，但森山反駁，認為對服裝挑毛病是「無禮」之舉，因此遲遲不肯提出書契，拒絕朝鮮方面的會見要求。

江華島事件

當時的高宗實施各種弊政，導致社會陷入混亂，突然停止大院君執政時期公認的清錢流通，即為一例。這時有相當數量的清錢在朝鮮社會上流通，國庫也收到不少以清錢繳納的稅金，但清錢突然喪失價值，造成經濟癱瘓，財政上也受到致命打擊。不久，朝廷陸續收到要求大院君復權的上疏，以示批判高宗。大院君敏感地察覺到情勢的變化，遂於一八七五年離開楊州，回到位於漢城的住處雲峴宮。

可是，日本並不樂見鎖國攘夷派的大院君復出。因此副官廣津先回日本，向寺島外務卿呈報對策。內容如下：在大院君派重振勢力前，日本應助長朝鮮的「開和之氣勢」，因此最好派遣一、二艘軍艦來動搖朝鮮的國論。當時的朝鮮朝廷「如同督責我國理事官（森山）拖延之信件所示」般相當焦急，因此廣津認為只要稍加挑釁，就能以有利的條件與朝鮮建立邦交。

於是寺島外務卿請求海軍大輔川村純義派遣軍艦。受命出動的小型砲艦雲揚號及第二丁卯號於五月進入釜山，進行發砲演習威嚇朝鮮官民，然後暫時返回長崎港口。廣津在呈報書中提到，派遣軍艦目的只是為了展示日本的力量，「並非輕率地想對鄰國舞槍動武」。然而，九月日本再度派遣軍艦時，海軍採取了更進一步的行動，激發了朝鮮方面的敵愾之心，雙方爆發武力衝突。原因是雲揚號接近江華島，於是草芝鎮的朝鮮軍便開始發射大砲攻擊。就這樣爆發了江華島事件。雲揚號隨即應戰，砲擊草芝鎮，順便突擊並占領對岸的永宗島。而朝鮮身陷嚴重的財政危機，守備薄弱，連一艘小型砲艦都沒辦法驅逐。

江華島事件不僅對朝鮮，也對宗主國清朝造成極大的衝擊。肩負軍事與外交重責大任的直隸總督兼北洋大臣李鴻章認識到，推行富國強兵的日本，將成為潛在的威脅。因此在一八七一年，清朝與日本簽訂《中日修好條規》，約定雙方互不侵越「兩國所屬邦土」。清朝的「邦土」，應該包含朝鮮等屬國，可是後來日本卻違反規定，導致江華島事件爆發。換句話說，對清朝原本是預防性措施的《中日修好條規》無效，因此為了避免日本更進一步闖入與首都防衛息息相關的朝鮮半島，清朝必須及早滅火。

由於李鴻章希望能和平解決江華島事件，因此清朝勸告朝鮮迎接日本使節。朝鮮於一八七六年一月與日本開始談判，二月簽訂《日朝修好條規（江華島條約）》，對外開國。以此為契機，日本與朝鮮根據國際法締結關係，不過關於朝鮮是否加入近代國際關係，則維持曖昧態度。原因是，雖然條約的第一條規定「朝鮮國為自主國家，保有與日本平等的權力」，可是兩國對於「自主」一詞的認識有出入。日本否認中朝的宗藩關係，將朝鮮視為近代國際關係中的獨立國家；不過就朝鮮方面的認知，是在清朝的冊封下，承認內政與外交上的「自主」。說起來，朝鮮原本就沒有掌管外交的官廳，因此在這個時間點，也沒有與日本以外的其他國家簽訂相同條約的想法。

開化派的躍進

可是，朝鮮的閔氏政權在這之後，亦與西方列強簽訂條約。簽訂條約的契機是一八八〇年，作為第二次修信使被派到日本的金弘集一行人在見識近代化的日本後，不僅提高了開化的興致，還收到清國駐日公使館參贊官黃遵憲贈送的《朝鮮策略》一書。《朝鮮策略》認為朝鮮為了防範俄羅斯的威脅，應採取「親中國，結日本，聯美國」的外交方針，並學習西洋技術、導入洋式軍備，必須自立自強。高宗及閔氏政權在收到金弘集一行人的報告後，便推動導入近代化軍備、技術及制度。首先為了處理條約關係，一八八〇年底新設了掌管外交與開化政策的統理機務衙門。之後在李鴻章居間牽線下，朝鮮以與美國簽訂條約為目標。

條約交涉地點在天津，由美國的薛斐爾（Robert Wilson Shufeldt）提督、李鴻章及朝鮮三方進行。朝鮮雖允許李鴻章主宰交涉，但要求自國代表也要參加。可是李鴻章拒絕了朝鮮的要求，並在一八八二年三月與薛斐爾簽訂草約。依據該草約，申櫶、金弘集與薛斐爾在朝鮮進行正式交涉，四月時簽訂《朝美修好通商條約》。在此次正式交涉中，李鴻章的幕僚馬建忠在場監臨，高宗也在清朝的要求下寄給美國總統一份照會，告知朝鮮乃是清朝的屬國。另外，朝鮮也在清朝居間牽線下，分別與英國及德國簽訂修好通商條約，簽約時也同樣告知英國女王及德國皇帝，朝鮮是清朝的屬國。

就這樣，朝鮮在簽約、開國之後，政策上有了重大轉變。被稱為開化派（開化黨）的派系趁此潮流急速成長。開化派的中堅人物為從開國前就主張導入西方的技術及制度，以圖內政改革的金玉均、朴泳孝、徐光範、洪英植等人，其後金弘集、金允植、魚允中也參與其中。許多人出身老論派、少論派等名門，比方說朴泳孝是哲宗的女婿，受封正一品錦陵衛；徐光範的曾祖父、洪英植的父親都曾擔任領議政。這些人因此晉升較快，有機會隨侍高宗，進入政權中樞。

不過開化派不光只有菁英分子，亦集合了中人及僧侶等，勢力逐漸擴大。其中，僧侶李東仁為開化派先驅，很早就注意到明治維新的日本。他向擔任花房公使一行人通譯的本能寺僧侶學習日本現況，並在金玉均援助下暗中渡日，與福澤諭吉為首的朝野人士進行交流；回國後他就任統理機務衙門的參謀官，推動高官前赴日本視察。因此，朴定陽、洪英植、魚允中等六十二人以「紳士遊覽團」的名義被派到日本，隨員俞吉濬及尹致昊成了朝鮮最早的日本留學生。另外，李東仁在一八八一年三月準備渡日進行購買武器任務前夕便斷了消息。一般認為李東仁是遭到反對勢力暗殺。

壬午兵變

大院君派及衛正斥邪派對高宗及閔氏政權推動的開化政策大為反彈，於是上疏譴責《朝鮮策略》與金弘集等人。驪興閔氏的掌權者、兵曹判書閔台鎬動用武力壓制大院君派等人，逮捕上疏者，處以死刑及流放。不久，閔謙鎬（閔升鎬的親弟弟）及閔台鎬位居政權中心，驪興閔氏獨占要職。一八八一年二月，閔台鎬的兒子閔泳翊年僅二十二歲便擔任經理統理機務衙門事（掌

金玉均

朴泳孝

金弘集

管構成統理機務衙門各司的司務）；一八八二年一月，閔謙鎬的兒子閔泳煥亦在二十二歲時就任承政院的都承旨一職；同年二月，閔台鎬的長女更成了世子嬪。驪興閔氏歷時二代，鞏固了外戚地位。

不過，驪興閔氏的勢道政治因同年六月爆發的士兵叛亂（壬午兵變）而暫時受挫。事件的起源是閔氏政權推動軍制改革，改編軍隊，並招聘日本公使館護衛堀本禮造少尉，新設立新式軍隊別技軍。別技軍在待遇等方面備受優待，相比之下，舊軍士兵則受到差別待遇。舉例來說，由於財政困難，俸給米延後十三個月才給付，但好不容易收到的白米卻摻雜了大量米糠。此舉激怒了舊軍士兵，紛紛蜂擁到負責支付米糧的宣惠廳官吏處，開始大打出手。兼任宣惠廳負責人的閔謙鎬下令逮捕舊軍士兵，使得士兵的怒火愈燒愈旺，便闖入閔謙鎬的宅邸大肆破壞，化為暴徒。

大院君將這場叛亂視為奪權的良機，便派親信混入舊軍士兵當中搧風點火。就這樣，這場始於對俸給米怒火的騷動，變質為以發動政變為目的之叛亂。大院君的心腹所率領的叛亂兵不僅解放了被關的士兵，襲擊並燒毀了與別技軍指導有關的日本公使館，最後還闖入昌德宮。除了閔謙鎬外，以堀本禮造為首的數名日本公使館相關人士慘遭殺害。而叛亂軍的怒火也燒向了每晚舉辦宴會、生活豪奢的王妃閔氏。因此，王妃閔氏假扮宮女逃出宮外，經過廣州及驪州，前往閔應植位於忠清道的別邸避難。

感到危險的高宗逼不得已，只好懇請大院君入宮鎮壓士兵，並下令由大院君處理公務。就這樣，重登政權寶座的大院君推翻開化政策，恢復舊制，並任命大院君派擔任要職。

然而，這次的大院君政權卻持續不久。這是因為宗主國清朝擔心日本出兵，及早介入之故。馬建忠率領軍艦登陸朝鮮後便宴請大院君，當場質問他：「你可明白朝鮮國王乃是大清皇帝下令冊封的嗎？」並追究叛亂責任。之後他將大院君帶回清朝，軟禁長達三年。

在馬建忠的斡旋下，朝鮮與日本針對火攻公使館等善後處理事宜進行交涉。七月十七日，日朝雙方簽訂《濟物浦條約》及《朝日修好條規續約》。朝鮮答應日本懲處叛亂罪魁禍首及支付賠償金，允許日本派軍隊駐守公使館、更開放港口方圓二十公里以內（二年後擴大至四十公里）的旅行及通商權等等。

激進開化派與穩健開化派

由於清朝迅速介入，大院君很快下台，閔氏政權復活。因此，高宗及王妃閔氏變得更依賴清朝，也強化了兩國的宗藩關係。首先，壬武兵變剛結束的一八八二年九月，兩國簽訂《中朝商民水陸貿易章程》，清楚載記朝鮮為清朝屬國。此一章程並非兩國以對等形式簽訂的條約，而是由宗主國清朝的皇帝規定。條文明確規定，清朝皇帝的家臣北洋大臣與朝鮮國王同級，北洋大臣得參與朝鮮國政。此外，也僅限清朝取得領事裁判權。

不僅如此，清朝也強化軍事介入，清軍的吳長慶帶領約三千兵力登陸朝鮮，以維持治安的名義留駐漢城，並任命逐漸嶄露頭角的部下袁世凱協助訓練朝鮮軍事，模仿清軍制創設新建親軍。留駐朝鮮的清軍行為蠻橫，激怒民怨。舉例來說，清兵在藥局沒付錢就帶走高麗人蔘，究責的店主卻遭到射殺。朝鮮政府將遺屬的控訴照會清朝，清軍非但沒有搜索兇嫌，反倒回答：「我中國兵紀律嚴正，絕無道理有這種犯人。」（《漢城廼殘夢》）

十二月，朝鮮改編行政組織，統理機務衙門分為掌管國外事務的統理交涉通商事務衙門，以及掌管國內事務的統理軍國事務衙門。統理交涉通商事務衙門的協辦（次官）之一，是李鴻章推薦的外交顧問、德國人穆麟德（Paul Georg von Möllendorff）。穆麟德於二十五歲來到中國，任職上海的海關（稅關），精通中文的他曾在天津擔任德國副領事。一八八三年，清朝設立朝鮮海關，作為清朝海關的下部組織，並由穆麟德擔任長官。

就這樣，隨著清朝加強干涉內政以及大院君派的弱化，朝鮮的開化派大致分裂成二派。一派是為了讓朝鮮成為近代國家，主張必須與日本加深關係，脫離清朝獨立的激進開化派（獨立黨）；另一派則堅持應以對清關係為基礎，並與守舊派的閔台鎬、閔泳翊、閔應植等人合作的穩健開化派。激進開化派有金玉均、朴泳孝、徐光範及洪英植等人，穩健開化派則有金弘集、金允植及魚允中等人。

金玉均一八八二年初抵達日本後，不僅與福澤諭吉深交，翌年也贊助徐載弼等人到日本留學。徐載弼於慶應義塾學習日語後，便到陸軍戶山軍事學校接受近代軍事訓練；一八八四年回國後，建議朝鮮朝廷設立士官學校。因此，朝鮮設立操練局作為預備設立士官學校，由徐載弼擔任士官長。可是由於袁世凱阻撓，朝鮮沒能設立士官學校。

甲申政變

對於清朝變本加厲的干涉及朝鮮政府的事大主義，激進開化派心存不滿。因此，他們開始接近一八八二年作為花房義質的接班人到朝鮮赴任的竹添進一郎辦理公使，企圖透過日本的援助來推翻閔氏政權。這對希望擴大日本在朝影響力的竹添而言，堪稱是順水推舟。

正當此時，清朝因越南問題與法國發生衝突，必須將軍力挪往南方。一八八四年，留駐朝鮮的清軍有半數回到本國。這對激進開化派而言，是發動政變千載難逢的好機會。他們將誓師之日定在舉辦郵征總局（中央郵局）落成慶祝宴的十月十七日。當慶祝宴將近尾聲時，郵征總局的後方突然冒出火苗，此即開始行動的暗號，是為甲申政變。在陷入一片混亂的會場裡，首先被盯上的是親軍右營使（司令官）、過去一直打壓開化派的閔泳翊。頭部被砍傷的閔泳翊被發現時滿身是血，後來在穆麟德的救援及美國醫師艾倫的治療下，得以保住一條命。

之後金玉均等人前往離郵征總局僅咫尺距離的昌德宮晉見高宗，將國王伉儷、世子伉儷及神貞王后等人移駕到離宮景祐宮。接著他們向高宗建議向日本請求護衛，得到國王許可後，便將守備日本公使館的一支中隊拉進景祐宮，然後將前來晉見高宗的閔台鎬等閔氏政權要人一個個殺害。

翌日十八日傍晚，由於神貞王后主張回宮，激進開化派便隨高宗回到昌德宮。這一天，激進開化派宣布王族李載元擔任左議政、洪英植擔任右議政，成立新政權。外交、軍事、財政、司法等要職也可見到徐光範、朴泳孝、金玉均、徐載弼等開化派名列其中。翌日，朝廷發表了以租稅、財政、軍事及警察制度近代化為目標的改革方針，另外也包括讓大院君回國、廢止對清朝貢等內容，目的是解除宗藩關係。

可是，這個政權僅僅三日便宣告結束。十九日，吳兆有、袁世凱等人率領的清軍包圍昌德宮，開始進行攻擊。雖說清軍有半數回到本國，其餘兵力卻仍足以壓倒日軍。竹添公使及日軍見形勢不妙，便決定從昌德宮撤退，從仁川搭乘日本郵船千歲丸逃亡。朴泳孝、金玉均及徐載弼等人雖與竹添公使一同行動，洪英植卻跟隨高宗留在昌德宮而慘遭清兵殺害。與甲申政變有關的激進開化派家眷也大多自殺或被殺。另外，在甲申政變期間，日本僑民也遭到暴徒襲擊，有二十九名被殺。

十一月，特派全權大使井上馨外務大臣帶著擔任護衛的二個陸軍大隊前往朝鮮，與左議政金弘集交涉後，簽訂了《漢城條約》。根據本條約，朝鮮正式向日本謝罪，支付遇害日僑遺族撫慰金並負責重建日本公使館。儘管竹添公使涉及該事件，日本卻避不追究竹添公使，如此才得以在與朝鮮的談判中取得優勢。可是對日本而言，最大的問題是與短兵相接的清朝之間的關係該如何解決。因此，翌年一八八五年，伊藤博文與李鴻章交涉並簽訂《中日天津會議專條》，規定日清雙方從朝鮮撤兵，而且將來朝鮮發生變亂時若日清兩國或其中一國需要派兵，必須相互通知。就這樣，日清兩國達成妥協，暫且迴避了全面戰爭的危機。

高宗親近俄羅斯

甲申政變結束後，統理軍國事務衙門被併入議政府後廢除，朝廷新設立內務府，負責推行開化政策。內務府堂上官員大半都是閔應植率領的驪興閔氏。閔應植在壬午兵變之際協助王妃閔氏避難而備受信賴，因此取代了在甲申政變之際被殺傷的閔台鎬及閔泳翊，嶄露頭角成為外戚的中心。

清朝對朝鮮的介入日益增強，原本在宗藩關係內承認朝鮮在內政及外交上「自主」，但這點也逐漸有名無實。高宗對此感到危機，便策劃拉攏足以牽制清朝的新勢力到朝鮮，那就是在甲申政變前夕與朝鮮簽訂修好通商條約的俄羅斯。這時協助高宗負責與俄羅斯交涉的，就是穆麟德。穆麟德認為清朝不當壓迫朝鮮，於是背叛了推薦自己擔任外交顧問的李鴻章，成為高宗的心腹，暗中活動。

一八八五年一月，穆麟德以甲申政變謝罪使節的身分前赴東京，並與俄羅斯駐日公使達維多夫（Alexander Petrovich Davydov）及書記官士貝耶（Alexey Nikolayevich Shpeyer）祕密接觸，希望僱用俄籍軍事教官。這起意味著朝俄關係新發展的案件經過俄羅斯皇帝及高宗的批准，五月時，士貝耶為簽訂僱用軍事教官相關協定而前赴漢城。然而，這個計畫只有高宗及穆麟德等部分人士進行，朝鮮政府並不知情。因此，擔任對外交涉、督辦交涉通商事務的金允植，對於這項已經過高宗批准的協定，經過一番苦思後仍不同意蓋章。就這樣，這個輕率的計畫很快就失敗了。由於事跡敗露被李鴻章盯上的高宗，辯解說一切都是穆麟德的越權之舉，將所有罪行全都推到穆麟德身上，將他解職。從此，高宗不時會私下進行祕密外交，一旦事跡敗露就將責任轉嫁給臣下，如此重複。

高宗的祕密外交引起清朝的警戒，結果自掘墳墓。清朝為了牽制高宗及王妃閔氏，便赦免其政敵大院君，並讓他回國。此外，李鴻章提拔了鎮壓甲申政變時表現活躍的青年袁世凱，命他為駐紮朝鮮總理交涉通商事宜大臣，駐紮漢城。駐紮朝鮮總理交涉通商事宜意味著「總理朝鮮的通商及交涉事宜」，該職位的英譯*使用 Resident 一詞，乃是仿效滯留在英屬印度的英國「駐紮官」一職。換句話說，這是清朝向西方各國展現袁世凱作為宗主國對屬國的代表，被賦予有別於他國公使的特殊地位，以及指導朝鮮的強大權限（《世界のなかの日清韓関係史―交隣と属国、自主と独立―》）。

可是清朝的壓制愈強，朝鮮就愈接近俄羅斯，以謀求權力平衡。當韋貝（Karl Ivanovich Weber）以俄羅斯公使兼代理領事的身分到漢城上任時，高宗、王妃閔氏、閔應植及閔泳煥等人便派遣密使，企圖與俄羅斯簽訂祕密協定，有事時可尋求俄方「保護」。雙方交涉一直持續到翌年一八八六年，最後以失敗作收。原因是情報洩漏到袁世凱耳中之故。憤怒的袁世凱責問朝鮮

---

* 譯注：Imperial Resident of Seoul。

政府，並請求李鴻章採取包括廢黜高宗在內的強硬措施。儘管送給韋貝的信上蓋有王印，高宗仍然以那是封偽造信想自圓其說，將罪行全都推給金鶴羽等臣下，並將他們流放外地。由於俄羅斯否認簽訂密約，李鴻章判斷朝俄關係並無進展，於是停止追究朝鮮責任，廢黜高宗一事也暫時擱置。

自主與屬國的平衡

此外在一八八七年，為了各國常駐使節的派遣，朝鮮也與清朝產生對立。到這時為止，與朝鮮簽訂修好通商條約的國家已有日本、美國、英國、德國、俄羅斯、義大利及法國等七國，五月時朝廷先任命都承旨閔泳駿擔任「辦理大臣」，派往日本。接著在六月，任命內務府協辦朴定陽及沈相學擔任「全權大臣」，朴定陽前往美國，沈相學則前往英、德、法、義、俄五國。

對此，李鴻章及袁世凱擔心西方不把朝鮮當成是清朝的屬國，於是下令朝鮮派遣公使時必須刪除頭銜的「全權」二字，降低其地位。然而朝鮮並不同意，並以頭銜早已知會出使國家、來不及更改為由，要求清朝許可使用「全權」二字。因此李鴻章無可奈何，只得承認使用「全權」二字，但提出新條件，下令朝鮮公使抵達出使國家後必須先前往清國公使館，在清國公使的帶領下訪問出使國家外交機構。此舉是為了彰顯清國公使的地位居於朝鮮公使之上，以確定雙方的宗藩關係。只要能確保內政與外交上的「自主」，朝鮮就不會否認是清朝的「屬國」。可是，這種宗藩關係僅限於朝鮮與清國之間，朝鮮認為應能基於「自主」與西方各國進行交涉。因此，朴定陽到美國華盛頓上任後並沒有先前往清國公使館，而是直接與美國國務卿會面。朝鮮不惜惹毛袁世凱，一面決定包庇朴定陽，一面讓他回國歸任。

十七世紀以後，朝鮮一直將推翻明朝的清朝尊為正統中華的繼承者。不過與此同時，朝鮮也保有小中華思想，也就是明朝滅亡後，由自己繼承正統中華。對朝鮮而言，清朝的確是宗主國，不過建立清朝的滿洲族（女真族）原本也是在華夷秩序觀下被朝鮮蔑視的夷狄。換句話說，朝鮮的對清關係處於一種不能單向理解的中華思想：朝鮮只要「自主」性受到承認，就能接受自己是清朝「屬國」，並在這複雜的上下關係中保持一貫性。不過，朝鮮與清朝的這種關係也在一八九五年以後步入尾聲，之後高宗坐上皇帝寶座，建立大韓帝國。其契機就是清朝在甲午戰爭的落敗。

第四章　身處清朝、日本及俄羅斯的夾縫中

1. 親日派與親俄派的角逐

金玉均流亡日本

福澤諭吉於一八八二年三月十一日（以下，陽曆）在《時事新報》發表〈論朝鮮的交際〉一文，以「有如火勢蔓延」來形容西方逼近亞洲之勢。假如「鄰家」朝鮮被「燒毀」了，火勢很有可能也會「延燒」到日本。福澤認為，在弱肉強食的帝國主義時代，為了保護日本不受西方侵略，就有必要干涉開化較晚的朝鮮政治，使之近代化。日本之所以積極支援朝鮮開化派，背後存在著這樣的理由。

可是，如同我們在上一章所看到的，激進開化派雖然在一八八四年甲申政變時建立新政權，卻因清軍介入，僅三日就宣告結束。金玉均、朴泳孝、徐光範、徐載弼與竹添進一郎公使一起逃出朝鮮，險些喪命，暫時藏身在東京的福澤宅邸。據說當福澤諭吉看他們，說出「你們還活著真是可喜可賀」時，一行人都望著他，靜靜落淚。不過，在日本擁護激進開化派的只有

福澤等少數人。特別是顧慮對清與對朝關係的日本政府，對這群激進開化派並不友善。因此，朴泳孝、徐光範及徐載弼三人設法籌措旅費，翌年四月啟程前往美國。

選擇滯留日本的金玉均，化名為岩田周，與眾多人士交流，其中一人是自由黨左派的大井憲太郎。大井等人為了協助金玉均的改革運動，企圖前往朝鮮以武力推翻守舊政府，建立開化派政權。可是，這個計畫卻在出國前被發覺，一百三十多人遭逮捕，計畫受挫（大阪事件）。由於這場騷動，朝鮮盛傳金玉均等人將帶著「數千名日本無賴之徒」來襲，為當地蒙上一層陰影。

那時，朝鮮曾多次要求日本政府交出金玉均。可是，日本方面認為兩國之間並無簽訂引渡罪犯相關條例，國際法上也沒有引渡政治犯案例的原則，因此不予回應。為了送金玉均上黃泉路，高宗任命曾任統理軍國事務衙門的主事池運永為「全權斬賊大使」，將他送到日本。池運永的暗殺計畫最後以失敗作收，不過以這起事件為契機，金玉均在日本的立場變得更加險惡。原因在於，外務大臣井上馨認為金玉均滯留日本不僅會阻礙清朝與朝鮮的交誼，甚至會對國內治安造成不良影響。就這樣，金玉均於一八八六年八月離開日本本土，被強制移送到小笠原島。他的生活費由國家負擔，也時常有人向中央報告其動向，因此可以說實質上接近保護觀察（〈金玉均の政治亡命と日本〉）。

屍體遭千刀萬剮示眾

之後，金玉均被移送北海道，一八九〇年終於恢復自由身。可是與此同時，這也意味著他被朝鮮盯上的危險性增高。一八九一年，奉高宗密令的刺客李逸稙便潛伏日本。

然而，與金玉均分道揚鑣前往美國的朴泳孝因無法適應當地的生活，很快就回到日本，在明治學院努力唸書。一八九三年末，他借助近藤篤麿、副島種臣、犬養毅等東邦協會相關人士的力量，在麴町區一番町設立名叫親鄰義塾的私立學校，致力於培育後進。李逸稙的任務是暗殺金玉均及朴泳孝，可是要同時暗殺兩個人相當困難。於是，他先接近從法國留學歸來的洪鍾宇，向他透露有升官的機會，拉攏他為夥伴。然後，洪鍾宇聯絡李鴻章的養子李經方，事先安排好邀請金玉均到中國。洪鍾宇不打算在有官方戒備的日本動手，而是準備在中國執行暗殺計畫。

由於金玉均認識李經方，因此對清國公使館寄來的書信內容深信不疑，決定啟程到中國。雖然與金玉均有深交的犬養毅及岡本柳之助等人都阻止他，他仍不改心意，於一八九四年三月二十三日從神戶出航，搭乘西京丸，二十七日下午五點登陸上海。金玉均在東和洋行住宿，是一間由日本人經營的旅館；翌日二十八日，正當他因身體不舒服在房間休息時，同行的洪鍾宇便以手槍開槍射殺他。

金玉均的遺體被送到漢城後遭到凌遲處斬，千刀萬剮，頭部及四肢連同寫著「大逆不道玉均」的旗幟一同示眾。其他身體部位據說被丟到漢江。日本政府雖事先請求停止做出褻瀆死者之舉，朝鮮政府卻仍按照慣例強制執行「殘忍至極之刑」（〈金玉均謀殺ノ顛末〉）。伊莎貝拉·博兒曾記錄王妃閔氏為「王妃雖堅強可靠，卻有不少缺乏人性之處」，說不定下令暗殺的就是王妃閔氏。洪鍾宇因此事深受高宗信賴，回國後得到官職，其後歷任要職。留在日本負責暗殺朴泳孝的李逸植則失手，被逮捕後遭驅逐出境。

徐光範及徐載弼繼續在美國過著流亡生活。徐光範於一八九二年取得美國公民權，在聯邦政府教育局擔任翻譯官。徐載弼則以菲利浦·傑森（Philip Jaisohn）為名，專心學業。據說這個美國名字的由來是將徐載弼倒著唸，即弼·載徐。徐載弼高中畢業後一邊在陸軍醫學圖書館工作，一邊就讀哥倫比亞醫科大學夜間部，一八九三年畢業後成了大學的病理學講師。不過，他對有色人種學生備受歧視一事相當憤慨，因而辭職，之後在華盛頓開醫院。

東學黨起義*

自一八八〇年代後半起，朝鮮王朝經濟狀況每況愈下。由於財政困難，賣官之風相當盛行。尤其是地方，買官者為了撈錢，向人民榨取超出規定以上的稅金，因此民亂不斷，社會嚴重荒廢。

生活在水深火熱之中的民眾，紛紛信奉提倡平等的東學，以尋求救贖。雖然一八六四年東學教主崔濟愚遭處刑後一時停擺，不過崔時亨繼位後著手重建，致力於編纂教典及教團組織化。東學吸收民眾的怨恨與痛苦，擴展勢力，自一八九二年起設法讓教團合法化，開始展開教祖伸冤（洗刷崔濟愚的冤屈）運動。翌年，眾幹部在忠清道召開二萬人集會，不再只是為教祖伸冤，而是訴求排除外國勢力及肅清貪官汙吏。

一八九四年，全羅道古阜的農民、也是東學接主（地方組織領袖）的全琫準率一千多名民眾起義，襲擊官府。起因是百姓控訴古阜郡守趙秉甲的苛政，要求改革，卻遭到拒絕。農民軍在驅逐趙秉甲、奪回穀糧後暫時解散。然而，朝鮮政府派遣的按覈使卻搜查參加民亂者，不但燒毀家屋甚至還殺戮妻兒，因此全琫準號召鄰近的接主再度發動起義。東學率領的農民軍一轉眼就席捲了周邊地區；到了五月底，他們擊敗中央派遣的官軍，占領了王室的本貫地全州。

官軍輕易落敗的消息，對朝鮮政府造成一大衝擊。當眾人激烈爭辯，構思如何善後時，認為應該借助清朝兵力的意見占多數，高宗於是下令盡快實行。朝鮮政府於六月一日非正式請

＊編註：北韓稱「甲午農民戰爭」，南韓稱「東學農民革命」或「東學農民運動」。

求，三日正式請求清朝出兵，清朝接受了請求；五日，二艘清軍軍艦從仁川入港；八日，先發部隊從忠清道牙山登陸。

日清開戰與甲午更張

朝鮮輕率應對，委託清朝出兵鎮壓國內叛亂，給了日本出兵的好機會。甲申政變後，日清兩國在中日天津會議專條規定，當朝鮮發生變亂時，日清兩國或其中一國派兵時必須相互通知。在當時的看法，這就幾乎意味著只要其中一國出兵，另一國也要自動出兵。日本察覺到中朝之間的動向後，便在六月二日的臨時閣議中決定以保護僑民的名義，派遣一支混成旅團到朝鮮；七日，通知清朝；十日，大鳥圭介公使及海軍陸戰隊甩開朝鮮方面的制止，進入漢城。

朝鮮政府與農民軍交涉，大幅讓步承認自治民政等條件，十一日得以暫時平定叛亂。如此一來，日清兩軍就沒有駐留朝鮮的藉口了。可是，在無情的國際政治舞台上，朝鮮政府的應對為時已晚。日本方面在登陸後，無論如何也打算繼續駐留，企圖挽回甲申政變後衰退的勢力。因此，首先日本向清朝提出由日清兩軍共同鎮壓叛亂，以及改革朝鮮內政，同時派遣混成第九旅團為主力，登陸仁川以增強兵力。清朝方面則以此舉干涉內政為由，拒絕日本的提案，結果日本便單方面擬定內政改革方針，七月十日向朝鮮方面提出行政、財政、司法、軍事及教育等五條（二十七項）改革方案。然而，朝鮮以必須先撤兵為由，實質上拒絕日本的改革方案，至於日方要求朝鮮廢除與清朝的宗藩關係，朝鮮的回答也相當曖昧。因此，大鳥公使便與旅團長大島義昌少將共同策劃，訴諸強硬手段，於二十三日占領景福宮。

見風轉舵的高宗於二十四日接見大鳥公使，表示：「將兩國視為同一國，共修交鄰之誼，方能相互扶助」，並告知大鳥：「先前提出的五條改革案會銘記在心，准許實施改革。」接著在同一天，高宗下令由日本擁戴的大院君統轄一切政務。就這樣，仍是幽禁之身的大院君以七十四歲高齡重返執政寶座，並驅逐驪興閔氏的要員。二十五日，豐島海戰一役宣告中日甲午戰爭爆發，朝鮮便委託日軍驅逐清軍，並下令各地方官協助日軍。

七月二十七日，金弘集就任領議政，同時兼任在大鳥公使建言下新設置的軍國機務處總裁官。所謂軍國機務處，乃是審議決定一切國政的合議制最高決策機構，可看到金允植、魚允中、俞吉濬等眾多開化派官僚名列其中。在金弘集政權下，朝鮮開始推行所謂的甲午改革。首先著手的是行政機構改革，廢除三議政，設置一名總理大臣，並廢除六曹、內務府等機構，新設立內務、外務、度支（財務）、軍務、法務、農商、學務及工務等八大衙門。除了八衙門之外，也設立了負責宮中事務的宮內府。從上述的行政機構改革可以得知，日本的重點在於分離宮中與府中（政府），將政治權力從國王轉移到諸大臣身上。此外，還實施了廢除科舉、廢除身分制、解放賤民、允許寡婦再婚、禁止早婚、以金錢繳稅、廢止使用清朝年號及朝貢使節等各項近代化改革。

大院君的暗中操作

日本與朝鮮於八月二十六日簽訂《大日本大朝鮮兩國盟約》，雙方約定日朝兩國共同將清軍逐出朝鮮，讓朝鮮獨立；相對地，朝鮮需替日軍準備軍糧等，義務配合日本對清作戰。光看上一段的發展經過，日本擁立大院君，擊退閔氏政權，打造開化派政權並著手內政改革，接著又簽訂《日朝同盟條約》，戰況進展相當有力，一切看起來都相當順利。可是實際上並非如此。這是因為以大院君為首，包括金弘集總理大臣、金允植外務大臣、魚允中度支大臣等人在內，仍然崇拜著中華。

說起來，大院君過去曾在全國各地興建斥和碑，是堅決拒絕開國的攘夷主義者，如今屈居於被他蔑視為夷狄的日本之下，當然不可能乖乖聽話。他與孫子李埈鎔（高宗的姪子）一同暗中操作，不僅暗通清軍，促其大舉南下，還煽動控制半島南部的東學黨，將他們誘導到漢城，藉此夾擊日軍，將日本勢力驅逐出境。

身為王妃派一員與大院君敵對的警務使（警務廳長官）李允用，在九月逮捕了涉及此一暗中操作的相關人士，取得李埈鎔與東學內通的書信後，便透過安駉壽向日本公使館告發。可是，由於這時日方只在一旁靜觀，因此李允用挑撥雙方關係削弱大院君力量的計畫，以失敗告終。大院君為了報復，便在離開王宮外出時對警務廳巡查所行的敬禮挑毛病，藉此下令罷官並處罰負責人李允用。

八月底，大院君的密使進入平壤，成功與清軍將領會面。然而，清軍在九月爆發的平壤之戰敗給日軍，沒能南下。此外，在大院君等人暗中誘導下發動起義的東學黨也因等待秋天收割，十月與農民一同再次起義，結果卻被日軍與朝鮮軍的新式兵器壓制而潰不成軍，翌年便結束活動。順帶一提，當朝鮮政府決定借助日軍之力來鎮壓叛亂時，大院君及李埈鎔直言申訴「雖說是東學，但也是這個國家的蒼生（人民）」，強烈反對。

暗中操作宣告失敗，使得大院君派陷入困境。因為平壤淪陷後，與清軍私通的密函被日軍發現了。十月時新到任的全權公使井上馨先將物證亮給金弘集等閣僚過目，再加以訓斥。大院君起初裝作不知情，直到下個月他才訪問日本公使館，承認暗中操作的事實並謝罪。這時，井上公使打算息事寧人，便告訴大院君他無意深入調查追究此事。

李埈鎔量刑攻防戰

然而，在這之後事態突然急轉直下，甚至到要討論是否該將李埈鎔處以死刑。事情的開端是在翌年一八九五年，一個名叫曺龍承的人被逮捕。前一年，朴泳孝及徐光範在日本政府的斡旋下回國，分別以內務大臣及法務大臣的身分加入第二次金弘集政權內閣。曺龍承以涉嫌企圖殺害二人遭到收押。警務廳逮捕相關人士進行偵訊後，得知他們是大院君的門生，發現私通清軍與東學黨抨擊日軍不過只是大院君謀略的一環，他還計畫暗殺開化派主要人物並建立新政府，最終目的是廢除高宗及王妃閔氏之位，由李埈鎔即位為王（〈大院君李埈鎔ノ陰謀ニ関スル顛末〉）。

擁戴李埈鎔為國王的政變計畫曝光後，站在朝鮮政府的立場，不能不過問。依照朝鮮慣例，若有企圖篡奪王位者將處以極刑，即使國王猶豫不決，臣下也應逼迫國王強制處刑。因此，關於李埈鎔的處置也應比照辦理。

可是，井上公使卻從旁干涉，阻擋此事。這是因為若朝鮮政府依照舊例採取「復仇」般的措施，就形同向歐美等國宣告朝鮮的內政改革毫無進展。此外，頗具名望的李埈鎔一死，亦有可能得罪民眾。

因此，法務衙門先設立了專門審理王族犯罪的特別法院，四月二十五日開始審判。儘管像這樣倉促設立審理的場所，但只要以朝鮮前近代的法律來審判，李埈鎔等人無論如何也難逃死刑。因此，朝鮮政府接受井上公使的建議，事先設立「在特別法院的審判，本刑得酌量減刑一等或二等的特例」，於五月十日實施。就這樣，五月十三日宣判了李埈鎔等二十多人的判決。李埈鎔因謀反罪被處以絞刑，經減刑一等判處終身流刑；翌日，在高宗的特赦下，刑期減至十年。

順帶一提，據說大院君因李埈鎔被逮捕而大為驚愕，住進了鄰近法院的水果公司，運送吃穿用品。樣態「幾近發狂」的他，朝著法院請求：「若余有罪，望以余代孫受罪。」判決後，大院君本想與李埈鎔一同到流刑地喬洞島，卻遭警務廳阻止，並被幽禁在孔德里的別墅（《明治廿七八年在韓苦心録》、〈前件落着〉）。

朝鮮的「獨立」

九月平壤淪陷，日軍在黃海海戰中獲勝，將清軍逐出朝鮮半島；十一月占領旅順；翌年一八九五年二月，在威海衛之戰逼得北洋艦隊投降。在這一連串過程中，朝鮮接二連三否定與清朝的宗藩關係，像是將對國王的敬稱由「殿下」改為「陛下」，也破壞了迎恩門。如同其名，迎恩門原是用來迎接宗主國明朝及清朝使節的迎賓門。迎恩門附近亦設有接待使節的慕華館，二者都是象徵朝鮮為屬國的建築物。

日清兩國自三月起開始談和交涉，翌月四月簽訂《馬關條約》。該條約第一條確認朝鮮是個「完全獨立自主的國家」，此外關於中朝之間有損「獨立自主」的「朝貢典禮」等，將來會全數廢絕。這是發生在仁祖在三田渡向皇太極投降、誓言奉清朝為正朔之後二百五十八年的事。朝鮮自翌年一月一日起，開始使用獨立的年號「建陽」。

在《馬關條約》簽訂的同時，日本派出四十多名日籍顧問給第二次金弘集政權，強行改革官制：在行政方面，整頓體制，將議政府改編為內閣，八衙門改成七部，由內閣統轄各部；此外，廢除因大院君派與王妃派之間的糾葛而失去機能的軍國機務處；在軍事方面，使軍制一元化，在日本的指導下創設訓練隊（훈련대）；在司法方面，則設置法院，著手將行政與司法分離。

就這樣，隨著近代化法治國家逐漸成形，宮中與府中也跟著分離，國王一改其面貌，變成僅為名義上的統治，對內閣大臣決定的事項做出裁決。在高宗及王妃閔氏看來，像這樣否定君主專制無疑是侵奪王權，因此難以容忍。這種憤怒與焦慮之情，讓他們將矛頭指向企圖透過改革將朝鮮納為保護國的日本，以及欲與日本勾結掌握權力的開化派政權。這時他們仰賴的對象，就是俄羅斯。原因是俄羅斯在《馬關條約》剛簽訂後，便和德、法兩國一同進行所謂的三國干涉，要求日本將取得的遼東半島還給清朝。

趁日本的大陸政策因三國干涉而受挫之際，高宗的首要目標是動搖金弘集政權。高宗認為若是庶政交由內閣的大臣掌管，國王就「毫無用處」，因此他在御前會議上憤而說要退位，還放話說道「汝等建立共和制治國吧」。內閣總理大臣金弘集對此相當恐懼，決定提出辭呈，無可奈何下只好商定由朴定陽接任，但實質上由內部大臣朴泳孝統率新內閣。朴泳孝為了斷絕高宗與歐美公使館的聯繫，於是將負責王宮警備的近衛兵從美國士官訓練的親衛隊撤換為日本士官訓練的訓練隊。高宗便以此為藉口，認為礙眼的朴泳孝露出獠牙、有心懷不軌（謀反）之嫌，在七月時下令逮捕他。朴泳孝被高宗誤認為想借助日本的力量來奪取他和王妃的性命。就這樣，朴泳孝再度下台，逃亡日本。

迎恩門

在這之後，高宗撤換宮內府的人事，親俄派的李範晉為協辦（次官），閔商鎬則擔任宮內府參書官兼外事課長，作為宮中與各國公使館的聯絡窗口。王妃閔氏也透過被聘為宮內顧問的美國准將李仙得（Charles W. Le Gendre）與俄羅斯公使韋貝（Karl Ivanovich Weber）聯絡。根據日本公使館一等書記官杉村濬所述，據說王妃曾向旁人透露：「日本人與閔氏勢不兩立，即便失去些許土地讓與他國，也必須向日本復仇，俄羅斯乃是世界強國，日本根本不能比，且以保護君權為條件，應委託之。」（《明治廿七八年在韓苦心録》）像這樣，整個朝鮮宮中都向俄羅斯靠攏，親俄、親美派的李允用、安駉壽、李完用等人紛紛受到重用，擔任警務使及大臣等要職。

排除更加親俄的王妃

當親俄、親美派勢力逐步增強中，井上馨好不容易才讓金弘集重回總理大臣的寶座，卻在九月時卸任公使一職回到日本。結果宮中否定了內政改革的成果，不僅將徵收自驛屯土（設置於交通要衝的車站周邊土地及政府機關土地）及紅蔘（高麗人蔘）的各項稅收納入王室財產、還無視官制介入官吏的人事等，大舉恢復王權。此外，宮中還擅自任命親俄派的李範晉為農商工部大臣、討論解散訓練隊等等。借用杉村一等書記官的話來說，這個時期宮中對政府的攻擊「實為猛烈至極，恰似洪水破壞提防，一時之間沖垮市邑田宅之勢」（《明治廿七八年在韓苦心録》）。

像這樣，日本在朝鮮的影響力倒退之際，此時到職的新任全權公使，據說是朴泳孝的「摯友」三浦梧樓。三浦公使為了打破現況，便與杉村一等書記官及訓練隊第二大隊長禹範善為首的親日派官僚共同擬定了險惡的計畫：借助日本公使館守備隊及訓練隊的力量發動政變，再度擁立大院君以排除私通俄羅斯的王妃閔氏。日本在政變前夕一直煩惱大院君會陽奉陰違，深知他是個危險人物。但若放任王妃閔氏自由行動，朝鮮就會變成俄羅斯的囊中物，因此只好擁立王妃的政敵大院君。

三浦公使將發動日訂於十月十日。在這之前，杉村一等書記官多次會見朝鮮高官來拉攏贊同者，在政變的七天前得到金允植外部大臣承諾，會支持大院君。金允植表示，現在做什麼決定都要請示王妃，連國王也無法制止，而王妃為了恢復驪興閔氏的權力而奉承討好強國俄羅斯，甚至承諾割讓領土，對此他大加批判。他曾說自己「乃李氏五百年的臣子而非閔氏的臣子，若要擁立大院君，將不辭助一臂之力。」杉村聽到金允植這番話，便委託金允植阻止宮中推動解散訓練隊。

然而恰巧就在這一天，高宗正式決定解散訓練隊，得知這項消息的訓練隊隊員情緒相當激動。對三浦公使而言，政變已是刻不容緩。因此，三浦公使決定提前執行計畫，隔天拂曉時分開始行動。

八日凌晨三點，以宮內府顧問岡本柳之助為首的「壯士」們前往孔德里，用轎子載大院君前往景福宮。出發之際，岡本召集全員，下令「狐狸應臨機處分」，暗示殺害王妃。「壯士」們在西大門外與日本公使館守備隊及訓練隊合流，快步移至王宮正門光化門，用長梯翻越城牆，展開襲擊。

日本公使館守備隊及訓練隊與侍衛隊展開戰鬥時，「壯士」們前往位於景福宮最深處的乾清宮（國王的家人所生活的內廷），闖入王妃的居處。宮女們被拉出房間外，頓時呈現一片悽慘哀號的地獄景象。當中發現一名負傷仰躺、奄奄一息的婦人，「壯士」們正要拿出照片確認長相時，只見該名婦人用雙手摀住臉。這時李耕植宮內府大臣進來阻止，結果此一舉動證明眼前的婦人就是王妃。「壯士」們在斬殺大臣後，便將斷了氣的王妃運送到王宮內的樹林，灑上燈油後點火燃燒（乙未事變）。

以斷髮令為契機，各地爆發叛亂

乙未事變結束後，大院君罷免了親俄及親美派的李範晉、李允用、安駉壽及李完用等人，另外重用親日的金允植、魚允中、徐光範及俞吉濬等人，建立第四次金弘集政權。這個以襲擊王宮的日本為靠山的政權，備受輿論譴責自不用說，為了避免政權瓦解，必須採取慎重的穩健政策。然而，強力主張導入近代文明的俞吉濬內部大臣一上任，便無視舊規，實施斷髮令。自古以來朝鮮就有男性將頭髮留長、在頭頂綁髮髻＊的習慣。斷髮令的意思，就是禁止綁髮髻，強迫剪掉頭髮。想當然爾，整個朝鮮都出現強烈反彈聲浪。伊莎貝拉．博兒將當時的情況記載如下：

整個朝鮮之所以大為動搖、發生多起重大暴動是有原因的。這個原因在我們看來或許覺得荒唐，別的暫且不說，這件事提醒了我們朝鮮人的強烈保守性格，難以捨棄普遍根深蒂固的風俗習慣。其原因在於一八九五年十二月三十日，敕令對「髮髻」的攻擊，這項法令燒遍了整個朝鮮！不管可憎的日本占據優勢、想暗殺王妃，或是國王遭到形同幽禁的待遇也好，朝鮮人全都忍住了，但卻無法忍受對髮型的攻擊。〔中略〕斷髮令引發全體國民反感的原因之一，就是不受尊敬、被一般大眾默認為累贅的僧侶有剃髮，此外，斷髮令也被認為是日本的陰謀，為了讓朝鮮人外觀看起來像日本人，讓他們學會自國的習慣。國民強烈認為這項剝奪朝鮮人特色的敕令是受日本的唆使，因此各地反斷髮令的暴動不僅公然表現出對日本人的敵意，甚至殺人的情況也不少。〔中略〕有父親因二個兒子遵從斷髮令，悲憤過度而服毒自殺。沒想到一個「髮髻」問題竟能從根柢動搖整個社會秩序！（《朝鮮紀行—英国婦人の見た李朝末期—》）

* 譯注：韓文為「상투」。

一八九六年一月中旬，朝鮮各地的在地兩班貴族將農民捲入，主張「攘夷」及「為國母復仇」而發動起義。像這樣，對日本及親日開化派心懷不滿所爆發的叛亂，在韓國等處也稱作「義兵運動」。

2. 大韓帝國的成立

逃往俄羅斯公使館

為了鎮壓地方叛亂，朝鮮政府從漢城出動親衛隊。所謂的親衛隊，指的是與乙未事變有關的訓練隊解散後，以此為主體組成的守備王宮的中央軍。

由於親衛隊前往地方鎮壓叛亂，因此漢城的警備體制急遽減弱。趁此空檔，二月十一日爆發了一起大事件。失勢的李範晉、李允用、李完用等人借助俄羅斯軍官的力量，將高宗及世子從景福宮移送到南下約一公里處的慶運宮(現在的德壽宮)背後的俄羅斯公使館。史稱「俄館播遷」。

在那之後，高宗在漢城各地張貼詔書，上面列舉與乙未事變有關的禹範善等人，下令民眾砍下「亂臣賊子」的首級。任誰一看都知道，詔書上的「亂臣賊子」指的就是親日內閣的成員。因此，前往俄羅斯公使館謁見高宗的金弘集總理大臣在路上被群眾圍毆致死。據說由於被毆打得太慘，連屍體都變形了。閣僚們在得知金弘集慘案後，立刻逃亡海外。不過魚允中選擇留在國內，後來在回鄉的路上遭到襲擊而喪命。

高宗移動到安全的俄羅斯公使館後，煽動反日情結的民眾，成功讓親日內閣陷入瓦解。這可說是親俄及親美派擁立以俄羅斯為後盾的高宗，所發動的一場政變。新內閣由安東金氏的金炳始擔任總理大臣、朴定陽就任內部大臣、李完用就任外部大臣、李允用就任軍部大臣兼警務使，李範晉則就任法部大臣。在這個親俄親美政權下，高宗接連推行了多項違背甲午改革的政策。九月時高宗發布敕令，公布「議政府官制」，將內閣制改回議政府制，並宣言「大君主陛下統領萬機」，強化王權。

逃到俄羅斯公使館的高宗

興建獨立門

俄館播遷前的一八九五年十二月底，激進開化派的徐載弼從美國回國。回國後他馬上資助金弘集政權，著手開展報社。為了近代化，他認為當務之急就是要啟迪民眾。

據說朝鮮最早的近代報紙，是一八八三年由政府機構博文局發行的《漢城旬報》。不過，該報用的是漢字，一般大眾難以閱讀。因此，三年後的一八八六年，在井上角五郎等人的協助下，發行了部分使用韓字的《漢城周報》。該報使用韓字的原因與福澤諭吉有關。為了朝鮮的開化，福澤從很早以前就主張應該漢諺混寫，早在《漢城旬報》創刊時他便委託築地活版製造所鑄造韓字活字。之後井上承購這些韓字活字，用於《漢城周報》。

徐載弼打算發行比使用漢諺混寫更進一步的純韓字報紙。雖然金弘集政權在俄館播遷時就已經瓦解，不過親俄親美派也認識到報紙的重要性，因此報社事業並未受挫。徐載弼以政府預算從日本採購印刷機及活字等設備，於一八九六年四月創辦《獨立新聞》。創刊之初，前三面為韓文版，第四面則為英文版。

徐載弼在短時間內成功創辦報紙，又在創刊後不久的七月與政府高官李完用及安駉壽一同創立獨立協會，並擔任顧問。為了讓朝鮮成為名符其實的「完全獨立自主的國家」，就必須奠定君主的權威，同時創造擁有愛國心與忠誠心的「國民」，因此必須要有能啟蒙大眾的政治團體。以獨立協會為開端，朝鮮在迎恩門遺址興建獨立門，也將慕華館改建後命名為獨立館，以肉眼可見的形式陸續推動一連串脫離清朝獨立的舉措。

獨立門（1905 年左右）

大韓帝國誕生

像這樣，一方面鼓舞民族主義的運動相當活躍，但另一方面，一國之君高宗滯留在外國公館的異常狀態仍然持續。這形同否定朝鮮獨立，連帶造成國威掃地。因此，以獨立協會為首的知識分子開始發聲，要求高宗及早回宮。而在閣僚當中，參與獨立協會設立的親美派李完用等人也主張高宗應及早回宮。

可是，歷經乙未事變的高宗對日本及親日派極度不信任，一直不願回景福宮。因此，他決定將離俄羅斯公使館不遠的慶運宮改建為正宮，並終於在一八九七年二月回宮。另外，伊莎貝拉．博兒也對當時高宗周圍的政治狀況給了以下的猛烈批判：

> 〔國王〕不僅對奉承討好，利用國王的不安及金錢欲來滿足私欲的別有用心之徒，以及逃出王宮之際協助他的側室朴氏與嚴氏言聽計從，還任由利用國王老好人的個性輕易獲

得官職後便賣出或賜給自己家族的寵臣，以及愚劣的馬屁精擺布。儘管擁有充裕的王室經費及廣大的特權，國王卻是這片領土上最貧窮的人。因為在朝鮮，公職者的日常，就是被一大群宛如寄生蟲般的馬屁精包圍著，不斷發出「給我、給我」的央求聲。〔中略〕好心卻優柔寡斷的國王雖是絕對的存在，卻缺乏統治的觀念，成了利用其人品的下流寵臣的玩物，不僅被貪婪的寄生蟲敲詐，有時也成為外國策士的工具。（《朝鮮紀行―英国婦人の見た李朝末期―》）

就這樣，高宗的親信們又進一步將這位「優柔寡斷」的君主拱上台，裝飾起獨立國家的門面。到了十月，沈舜澤議政府議政（首相）率文武百官三度奏請高宗接受皇帝尊號，並提出建言「朝鮮乃從前箕子受封諸侯時的封號，不適合作為堂堂帝國的國號」。原本就很執著於皇帝寶座、常催促親信上疏的高宗，就這樣聽從眾臣意見，改國號為「大韓」，最終即位皇帝。

然而，清朝在簽訂《馬關條約》後並未立刻將舊屬國朝鮮當成對等條約國。一八九九年一月，清朝終於派全權公使到朝鮮，並於九月簽訂《中韓通商條約》。這是「大清國大皇帝」及「大韓國大皇帝」站在對等立場所簽訂的條約。在上述流程中，高宗於八月制定大韓國國制，第一條就宣告「大韓國乃世界萬國所公認，獨立自主的帝國」。也就是說，大韓對外表明自己不再是由受清朝冊封的「王」、而是天子「皇帝」所統治的獨立國家＝帝國。因此，大韓一般被稱作大韓帝國。

即位皇帝，象徵脫離清朝獨立，朝鮮半島的國體出現一大變革，大韓帝國誕生。高宗及身旁的馬屁精巧妙地掌握這個民族主義高漲的好時機，成功讓大權集中在君主手上。在大韓國國制中，不單單宣告「獨立」，還強調「萬世不變的專制政治」，規定皇帝生來就擁有「無限君權」，獨占統帥權、立法權、行政命令權、官制制定權、文武官任免權、條約簽訂權及恩赦權等。就這樣，伊莎貝拉．博兒口中的「總體來說在邁向進步與正義的日本控制下採取的政策」完全大開倒車。專制政治復活了。

獨立協會．萬民共同會vs高宗

獨立協會提倡忠君愛國，因此成立當初，與高宗的關係相當和睦。然而，自一八九七年十月高宗迎聘俄羅斯人阿列克謝耶夫（Yevgeni Ivanovich Alekseyev）擔任財政顧問起，情況開始走樣。俄羅斯要求大韓帝國政府同意俄方租借位於釜山南方的絕影島，以及在漢城設立韓俄銀行分店，獨立協會反對上述俄羅斯的侵奪之舉，於是展開反俄鬥爭。一八九八年三月，在萬民共同會*的支持下，獨立協會逼政府解僱俄羅斯財政顧問及軍事教官，並撤除韓俄銀行分店。此外，七月發生了獨立協會首屆會長安駉壽策劃高宗讓位失敗，結果亡命日本的事件。十月底，獨立協會與部分高官再次舉辦萬民共同會，要求設置議會等激進改革，換句話說就是限制皇帝的權力。想當然爾，高宗開始敵視獨立協會，以守舊派誣告他們企圖建立共和制為藉口，逮捕幹部。

儘管如此，獨立協會的會員仍持續舉辦萬民共同會，以高宗及守舊派為對象，展開政治鬥爭。高宗便利用皇國協會，企圖以武力鎮壓。所謂皇國協會，是指動員褓負商（小販）使用皇室的下賜金所設立的御用團體，由暗殺金玉均而得勢的守舊派洪鍾宇等人所主持。

就在皇國協會召集全國的褓負商、風雨欲來之際，萬民共同會推舉了高永根這號人物出任會長。他曾被王妃閔氏及高宗重用，歷任慶尚左道兵馬節度使等職，還曾任皇國協會的副會長，亦即所謂「體制內」的人。可是，他對淪為高宗麾下暴力團體的皇國協會感到失望，因而退出，反倒轉而贊同獨立協會及萬民共同會的想法。

十一月底，爆發了二千多名褓負商襲擊萬民共同會的流血慘案；十二月，高宗將獨立協會及萬民共同會視為非法組織，下令解散並檢舉會員。高永根等人潛伏地下，以重建獨立協會及萬民共同會為目標，並與恐怖主義分子一同策劃暗殺守舊派，最後化為向高官宅邸投擲炸彈的連續爆炸事件。之後嫌犯被懸賞通緝，陷入困局的高永根逃往日本，在未出席審判的情況下被判處死刑（絞刑）。

高宗的側室所背負的過去

後來高永根忍受不了日本的流亡生活，於是在一九〇二年七月搭乘五洋丸，前往仁川。這項情報立刻傳到韓國朝廷，高宗便下令派遣士兵及巡檢到仁川。高永根只要一登陸就會被逮捕。然而，就在船要駛進仁川時，高永根被駐韓日本公使林權助派去的仁川領事以「登陸相當危險」說服，又返回日本。林公使之所以特地派人要高永根放棄登陸，是因為高宗的側室嚴氏的機密請求。為什麼她會瞞著高宗，向日本公使提出這種請求呢？

嚴氏在高宗剛即位皇帝後的一八九七年十月二十日生下李垠，晉升為從一品貴人；一九〇〇年晉升為側室最高位的嬪，翌年被冊封為淳妃。由於王妃閔氏已經去世，嚴氏可說是離皇后地位最近的女性（王妃閔氏是死後被追封尊號「明成皇后」，而非生前為皇后）。

然而，嚴氏的背後藏有一個沉重的祕密。她在六歲時以下級女官內人的身分入宮，年紀輕

＊ 編註：一種民眾政治集會，又稱官民共同會，是獨立協會的外圍組織。

嚴氏

輕就當上側室候補承恩尚宮。可是，她曾因王妃閔氏嫉妒被逐出王宮，有一段期間流落民間。驚人的是，當時嚴氏被高永根扶養，還生下了「私生子」。在朝鮮，宮女除了把握萬分之一的機會被國王臨幸而納為側室，必須單身一輩子。儘管如此，嚴氏在成為高宗的側室前就已經和高永根有染，還有了孩子。

假如高永根被逮捕，萬一在偵訊過程中洩露了過去的祕密，那麼嚴氏別說是成為皇后了，恐怕還可能被處刑。因此，她一接獲高永根回國的情報，便立刻派遣心腹到林公使那裡，哀求他妨礙高永根登陸，並將他送回日本（〈機密第九三号　高永根還送ニ関スル具申〉）。

死因高永根變成高宗的功臣

高永根返回日本後，寄居在尹孝定家中。尹孝定是獨立協會的前幹部，曾經與安駉壽共同策劃要高宗讓位。後來他跟隨安駉壽亡命日本，在朴泳孝於神戶創辦的朝日新塾擔任教師。而朝日新塾的塾長，就是以訓練隊第二大隊長身分參與乙未事變的禹範善。尹孝定聽到禹範善在酒席上吐露「殺了王妃〔閔氏〕的就是我」後，便計畫暗殺禹範善。他打算拿禹範善的首級求高宗赦免，以順利回國。寄人籬下的高永根也約好共同行動。

然而，這項計畫很快就遇到挫折。原因是高永根疑似與尹孝定的妻子通姦，東窗事發後導致兩人關係惡化。話雖如此，暗殺計畫並沒有停止。高永根打算獨自取禹範善的性命，霸占功勞。因此，他先向日本警察告發尹孝定一夥人的動向，設法讓尹孝定被驅逐出境。尹孝定遂於一九〇三年搭乘前往芝罘的船離開日本。

這時，日本政府當局明知道高永根與尹孝定同謀一事，卻沒有將他驅逐出境。關於其箇中原因，小村壽太郎外務大臣如此說道：「他與嚴妃關係匪淺，今後說不定有利用他的機會。」換句話說，日本外務省得知高永根與嚴氏「關係匪淺」，便在前年七月以阻止高永根回國的方式，賣嚴氏一個人情。日本外務省絲毫沒有打算眼睜睜地放掉高永根這個活生生的證人，是為了日後還有機會「利用」他，才將這張牌放在手邊。

就這樣，高永根接近禹範善，在一九〇三年十一月以短刀將他刺殺。若嚴氏及林公使沒有妨礙高永根回國，免除他受驅逐出境的處分的話，這個暗殺計畫也就不可能執行了。高永根在事件發生後便前往派出所，拿出寫著「乙未年弒國母極逆大賊禹範善復仇」的紙片向警方自首。

其作為彷彿像是向高宗展現他替王妃閔氏報仇雪恨似的。

高永根在第一審被判處死刑，翌年一九〇四年二月在廣島控訴院酌情減為無期徒刑，不過這個判決另有內情。高宗聽到禹範善被殺後，龍心大悅到甚至想祕密舉辦喜宴，還將高永根過去犯下的罪行全都一筆勾消。雖然不清楚高永根的犯案動機是出自「私欲」還是「義心」，至少對高宗來說，高永根是一大功臣。林公使向小村外務大臣進言，若嚴懲這等功臣將會對日韓關係造成不良影響，因此小村也表明了「會告知有關當局在法律範圍內盡可能從寬處置」。然而，第一審的判決卻與小村的意願相左，判了死刑。因此，小村外務大臣在判決的隔天對林公使下了指令，要他暗中報告高宗「為表示對韓國的好意，我會上奏請求特赦減刑一等，以保全其性命」。日本之所以如此在意高宗的臉色，是因為日俄的對立變本加厲，必須將大韓帝國拉攏到自國陣營。無論如何，在外務省強烈的干涉下，高永根才得以逃過死刑（〈高永根による禹範善暗殺の裏面—淳妃嚴氏の密通と陸后問題—〉）。

日俄爆發軍事衝突

十九世紀是西方列強在世界各地擴張領土的帝國主義時代，前面提過，福澤諭吉以「有如火勢蔓延」來形容這場逼近亞洲的危機。而且，他認為若「鄰家」朝鮮被「燒毀」的話，火勢很有可能「延燒」到日本，因此積極支援企圖近代化的朝鮮開化派。像這樣認識到朝鮮半島對於日本的國防有多重要的，不只福澤諭吉一個人。

一八八八年，「日本軍閥之祖」山縣有朋視察西方各國之際，曾拜訪維也納大學的知名國家學者施泰因（Lorenz von Stein），詢問如何保護日本不受逼近北方的俄羅斯侵犯。對此，施泰因提出忠告，要是俄羅斯南下到朝鮮半島，在面向日本海的元山一帶興建冬季也不會結凍的海軍港口，那日本就會進退維谷。從施泰因的這番話，山縣認識到日本主權所及的範圍稱作「主權線」，而朝鮮半島則是掌握「主權線」存亡的「利益線」。他在回國後就任總理大臣，在一八九〇年第一次帝國議會上提出這個看法。

然而，一八九六年二月的俄館播遷事件，使得日本在朝鮮半島的政治勢力被迫倒退，陷入危機。因此，日本與俄羅斯於同年五月簽訂《小村－韋貝協定》，六月簽訂《山縣－羅拔諾夫協定》，勉強維持在朝鮮的軍事立足點。首先是前項協定，日俄兩國相互承認在朝鮮派駐數量相同的軍隊，以保護僑民；後項協定則確認，當「朝鮮國的安寧秩序被打亂，或是擔心發生動亂」時，兩國均可軍事介入。順帶一提，當初山縣所提出的方案曾提到兩國派兵時，將朝鮮「劃分南北後派兵駐屯」，但俄國外交大臣羅拔諾夫（Aleksey Lobanov-Rostovsky）並不贊成事先確認界線位置。到頭來，雙方之間達成協議的部分，僅為兩軍間設有「完全不得占領的空地」以避免衝突。

即使簽訂這些協定，日本在朝鮮的勢力仍然居於下風。這是因為在同一時期，閔泳煥也前去晉見俄皇尼古拉二世及羅拔諾夫，提出包括俄羅斯保護朝鮮國王及派遣俄籍顧問等內容的請求支援書。俄羅斯接受了請求，派遣十幾名俄軍教官到朝鮮，阿列克謝耶夫也擔任財政顧問。

那麼，俄羅斯是否居於絕對優勢？倒也未必。這是因為如同前面所看到的，以獨立協會為首的勢力抗議俄羅斯侵占特權，展開反俄鬥爭。結果，日本的劣勢與俄羅斯的優勢只不過是相對的。由於雙方維持權力平衡，朝鮮半島情勢暫時穩定。

然而，進入二十世紀後局勢一變，日本與俄羅斯終於爆發正面衝突。衝突的契機是清朝的義和團事件。義和團是打著「扶清滅洋」口號的排外團體，一九〇〇年勢力大增，在各地襲擊外國人。清朝政府與義和團聯手向列強宣戰，還包圍了外國公使館。對此，美國、英國、俄羅斯、日本等八國共同出兵占領北京，翌年九月簽訂《辛丑條約》，向清朝索取龐大的賠償金。清朝陷入瀕死狀態，俄羅斯便以受到義和團波及為由，將十幾萬大軍送往北京，持續進行軍事占領。日本害怕俄羅斯南下，於是聯合在世界各地與俄羅斯對立的英國結為英日同盟，來對抗俄羅斯。日俄兩國持續針對滿洲與朝鮮半島的支配進行利害調整的談判，卻無法消除鴻溝。一九〇四年二月六日，日本通知俄羅斯斷交；十日，兩國正式宣戰，日俄戰爭爆發。

大韓帝國保護國化

日俄戰爭一開戰，日本便與大韓帝國於二月二十三日簽訂《日韓議定書》。據此，日本在有危險逼近大韓帝國領土及影響皇室安寧時，將採取應急措施；相對地，大韓帝國則需在各方面協助日本，像是允許徵用戰略上所需的土地等等。八月，雙方簽訂《第一次日韓協約》，規定大韓帝國有義務僱用日本推薦的財政及外交顧問，以及進行外交交涉時需事先與日本協商。根據本約，大韓帝國僱用大藏省主稅局長目賀田種太郎為財政顧問，美國人須知分（Durham White Stevens）為外交顧問。

日軍與俄軍展開激烈戰鬥，儘管出現重大犧牲，仍在一九〇五年一月攻下旅順，三月占領奉天。五月，東鄉平八郎率領的聯合艦隊大勝波羅的海艦隊，掌握日本海的制海權。日本在占優勢的狀況下請求美國的老羅斯福總統（Theodore Roosevelt Jr.）居中調停議和，九月時順利簽訂《樸茨茅斯條約》。俄羅斯雖不答應支付賠款，不過承認日本可以對大韓帝國「執行指導、保護及監理」等事。

簽訂《樸茨茅斯條約》前，日本在七月與美國簽訂《桂太郎－塔虎脫協定》，相互承認美國對菲律賓的統治及日本對大韓帝國的指導地位。此外，日本於八月與英國簽訂《第二次英日同盟條約》，也得到英國承認日本對大韓帝國的保護權。

日本政界重量級人物伊藤博文基於上述列強的承諾，於十一月渡韓，十五日晉見高宗，強迫高宗簽訂目的為保護大韓帝國的《第二次日韓協約》。當國與國之間建立保護關係後，提供保護國（日本）就能干涉保護國（大韓帝國）的統治，特別是掌握外交權，代行外交機能。成了保護國後雖然形式上仍保有主權，但因喪失外交權，在國際上也就喪失了主體性。因此高宗拒絕簽署，認為國家若喪失外交形式，就跟共主聯邦的奧匈帝國或非洲最劣等國家沒兩樣，此外他還表示必須訴諸民意，試圖爭取時間。不過，伊藤卻將計就計，以大韓國國制強調君主專制、皇帝只要親裁政務就行，來先發制人。高宗聽完後一臉狼狽，於是表明會向朴齊純外務大臣下達詔令，要他盡力「交涉妥協」。

十一月十七日下午三點，政府閣僚在仍未達成共識的情況下，於慶運宮召開御前會議。會議上，大臣們主張拒絕簽約，但高宗不同意，下令大臣將協約案修改為對自國有利的內容後再簽約。這時大臣們與伊藤協議，要求將委任日本的範圍限定在外交事務上，並維持皇室的安寧與尊嚴。伊藤同意並修改協約案後，李載克宮內府大臣及李址鎔內部大臣便登內殿，向高宗稟告。高宗看了草案後，下令在條約中明定大韓帝國有能力維持獨立之時將撤銷協約。伊藤同意後，便在修正案的前言加上「直到承認韓國達到富強之時為止」這句話。就這樣確定了《第二次日韓協約》的要旨，由林權助公使及朴齊純外部大臣簽約成立。

另外，堅決反對簽訂協約的韓圭卨議政府參政大臣，在協議途中流淚離席。在西四辻公堯的《韓末外交祕話》中有一段記載：這時伊藤「以宏亮的聲音低語：再繼續鬧脾氣的話，我就宰了你」，這段記載常被引用為《第二次日韓協約》的違法（對個人脅迫）論據。可是，「以宏亮的聲音低語」這句話前後矛盾自不用說，西四辻在序文中本來就有提到「余以在朝鮮流傳的回顧談為骨幹特地纂錄而成，此即所謂朝鮮人的合併觀」。該書所記載的不過只是坊間流傳的流言罷了。

3. 日本主導的日韓合併

舊獨立協會派系與東學教徒的合併

日俄戰爭爆發半年後，宋秉畯在大韓帝國成立親日團體「一進會」。他原本是負責祕密暗殺金玉均的刺客，後來卻認同開化思想，期望與日本結盟邁向近代化。甲午戰爭後他亡命日本，日俄戰爭爆發時擔任日軍的口譯回到朝鮮。之後，他遇見了以前曾在獨立協會擔任總代委員等職的尹始炳，推動標榜開化政策及協會的組織化。他與原獨立協會會員們一同於一九〇四年八月設立維新會，之後將該會改名為一進會。

後來一進會與李容九率領的進步會合併，又一步擴大組織。李容九出生貧農之家，後來信奉東學，成為幹部。一九〇一年，第三代教主孫秉熙為了重建東學而亡命日本，李容九也一起同行，後來他在教主的指示下回到大韓帝國傳教；一九〇四年，李容九組織進步會，糾合東學教徒。這時的東學相當重視與日本的關係，教主孫秉熙接近日軍，不僅提供鉅額軍費，還提倡對日同盟論。此外，為了表示自己非反日勢力，進步會也號召各地同時斷髮。進步會與一進會的想法相近，遂於一九〇四年十二月合併，成立新的一進會。會長為李容九，副會長為尹始炳，地方總長由宋秉畯擔任。一進會廣受儒者、農民、商人等階層的贊同，據說會員人數達約十萬人。日俄戰爭時，一進會積極協助日軍，負責兵員輸送、搬運物資及鋪設鐵路。

一進會於一九〇五年十一月簽訂《第二次日韓協約》之際發布宣言書，贊成大韓帝國成為日本保護國，親日態度變得更鮮明。此一行動招來保守階層強烈反彈。孫秉熙與一進會保持距離，將東學改名為天道教，並將李容九逐出教團；李容九則開創侍天教，主張自己為東學正統。

宮中的近代化

根據《第二次日韓協約》，日本掌握大韓帝國的外交權，因此由新設立的統監來統轄大韓帝國的外交事務。就任初代統監的伊藤博文除了外交，也利用統監一職可祕密晉見皇帝的立場積極干涉朝鮮內政。只是，關於韓國合併一事，伊藤基本上站在反對的立場。這是因為自朝鮮王朝末期以來，大韓的財政就因政治腐敗及社會混亂而瀕臨破產邊緣，若日本與大韓合併的話，會增加日本的經濟負擔。話雖如此，作為日本國防及地緣政治學上的一大問題，絕不能讓西方列強奪走朝鮮半島。在這樣進退兩難的窘境當中，伊藤在大韓帝國的施政改善協議會上，發表下列看法：

日本與其併吞韓國，耗費鉅額經費，學習到自行統治韓國是項愚舉，倒不如引導韓國邁向振興與隆盛之路，使韓國人能夠完全防衛自國，然後與其結盟，以圖我國的安全。（〈韓国施政改善ニ関スル協議会第八回〉）

換句話說，伊藤認為合併韓國會造成日本經濟負擔，是一種「愚舉」。與其如此，他更希望能帶領大韓帝國近代化，培養自衛能力，再透過與其「結盟」來實現保障日本的安全。

為了讓大韓帝國成為日本的防波堤，當務之急就是改善施政。而若要改善施政，宮中改革就不可避免。這是因為大韓帝國並沒有整頓近代化制度，僅承認君主專制，變成了一個皇帝肆意揮霍財政的「家產國家」。比方說高宗將典圜局（造幣局）納為私有，濫發惡質鎳幣，導致市場混亂，爭奪特權的政爭也一直不斷。上任的財政顧問目賀田種太郎及林公使將此視為一大問題，便廢除典圜局，盡早回收鎳幣，換成和日本貨幣同品位的新貨幣，開始整理貨幣。

高宗對於既得權益喪失心生警戒，便在伊藤來韓前的一九〇五年十一月，透過李載克宮內府大臣向統監府提出要求備忘錄，要求別對宮中進行徹底改革。可是，伊藤否決了高宗的要求，一步步地推動宮中改革。首先發布宮禁令，規定除了有一定官職者以外，任何人出入宮中均有義務出示規定的門票。這項規定是為了防止皇帝與巫覡之間進行賣官行為以及與外國人共謀。此外，為了將宮中與府中分離，遂推行改正官制，有關皇室的一切事務及所屬官吏的監督均由宮內府大臣負責執行，並罷免約四千四百名宮中冗員。

高宗讓位

高宗對王權大幅縮小感到相當氣憤，於是在一九〇七年派遣密使到荷蘭海牙舉辦的第二次海牙和平會議，打算向全世界控訴日本侵略大韓的暴行。可是，由於大韓帝國沒有外交權，無法獲准參加會議。也就是說，派遣密使的結果與原先目的完全相反，西方各國反倒承認《第二次日韓協約》的有效性。

伊藤得知派遣密使一事後，非常在意此事是否基於詔令而執行；如果是的話，將是一次掌握稅權、兵權或司法權的好機會。這是因為宮中為徵稅主體，高宗又常濫發特赦造成審判結果無效，時常讓伊藤感到憂慮。伊藤透過內閣總理大臣李完用通知高宗，派遣密使乃公然表示敵意、違反協約之舉，因此日本有權向大韓帝國宣戰。儘管高宗辯解說「與朕無關」，但伊藤舉出密使聲明持有委任狀等事實，斷然表示「說謊也不能取消事實」。

只是，伊藤雖然態度威迫，卻不支持高宗讓位。當李完用說「保持國家與國民足矣，至於皇帝之事無暇顧及」，暗示要讓位時，伊藤提醒他說「本官會再深思」。而在日本國內，元老松方正義及政府閣僚對讓位也採取慎重的態度。明確提出讓位的只有寺內正毅陸軍大臣。

然而，認為高宗是改善施政最大阻礙的李完用，以及忖度日本意圖的大韓帝國閣僚，卻開始著手推動讓位。根據《皇帝讓位前後之重要日記》記載，首先在七月六日，被李完用內閣任命為農商工部大臣的宋秉畯表示，皇帝在過去每次違背對日本的「信義」時，常以一句「與朕無關」將罪行轉嫁到重臣身上，他對此加以批判，並建議皇帝親赴東京謝罪。接著在十七日，眾閣僚一同進宮晉見皇帝，其中一名閣僚以「社稷為重，君為輕」，逼迫高宗退位。由於在前天的閣議上，李完用也說了同樣的話，說這句話的大概是他（《伊藤博文傳》下卷）。社稷是土地神及五穀神，象徵國家，由王舉行祭祀。這名閣僚認為，要守護國家社稷，實際上的王不重要，形式上的（舉行祭祀的地位）才重要。換句話說，國家與高宗這個坐在皇帝寶座的人不必同進退；

為了抑制日本的怒火，可以僅讓高宗離開寶座，而守住皇帝這個地位。高宗聽到這番話大怒，表示「朕死也不退位」，然後閉門不出。

翌日，高宗詢問伊藤，面對閣僚的要求該如何應對。對此，伊藤態度冷淡地說「讓位問題乃是陛下自身的事，日本統監對此沒有回答的必要」，避免直接參與這件事。其後眾閣僚進宮晉見，宋秉畯極端地說「但願皇帝死，陛下一死，國家與宗廟就能存活」。到了半夜，高宗終於回應勸告，發出內容為「軍國大事由皇太子代理」的讓位詔書（《亡国祕密　なみだか血か》、〈統監記録海牙密使事件〉）。

日本兵鎮壓地方民眾

一九〇七年七月，日本與大韓帝國簽訂《第三次日韓協約》。根據條約規定，大韓帝國的審判長、檢察官、各部次官、警務局長、看守長及其他官吏均錄用日本人。接著在八月，大韓帝國的軍隊解散，僅保留宮中守衛的一大隊。在大韓帝國，軍事支出就占了經常歲出的四成，成為財政紊亂的原因，僱用的軍人也欠缺規律，缺乏「義勇奉公之念」。因此，伊藤便著手準備廢除募兵制，實施徵兵制。因高宗讓位而突然繼承皇位的李坧（純宗），也遵照伊藤的想法發出詔書，呼籲「正值國家多難之時，尤應節省冗員、應用厚生之業乃今日當務之急。由於現在的軍隊由傭兵組成，不足以完全防衛國家，因此皇室侍衛除了選置必要者外，其餘暫時解散，他日再根據徵兵法編制軍隊」。

雖說軍隊解散是實施徵兵制的過渡性措施，不過成為改革犧牲者的失業軍人，怒火卻一發不可收拾。他們加入了在大韓成為保護國後重新復燃的反日義兵運動，在各地發動叛亂。日本方面則派出軍隊及憲兵隊徹底鎮壓。在對日本展開批判性爭辯的加拿大記者麥肯齊（Frederick Arthur MacKenzie）的著作《朝鮮的悲劇》當中就記載了詳細過程。

根據麥肯齊所述，在高宗退位及軍隊解散後，漢城居民「並沒有提出抗議」。然而，麥肯齊很快就得知地方上狀況有異。他從自遠方村落到漢城避難的百姓口中，聽到「義兵」起義進行驚人的活動，以及日本兵破壞整個地區等消息。起初，麥肯齊對這些話抱持懷疑。原因是，他說「我在戰爭期間一直與日軍待在一塊。在那個戰場上，各階級日軍的自制與規律一目了然，備受讚賞。他們絕不會做出搶奪及暴虐之舉」。然而，他也得到真實性極高的消息，才想實際前往當地用自己的眼睛見識。

麥肯齊先前往利川，途中目擊到村落化為「骨灰山」的情景。據說他在某村莊休息時，從民眾口中聽到下列情況：

「義兵在那座山上。然後將電線桿連根拔起。義兵從東邊的山上走下來，他們不是我們村子的人，而且跟我們一點關係也沒有。不久日軍來了，雙方發生戰鬥，義兵便撤退了。」

「日軍來到這個村及其他七個村子。你看看四周，一切都化為廢墟對吧。他們對我們口出惡言：『叛亂軍破壞了電線桿，你們卻沒制止他們。所以，你們與叛亂軍同罪。居然說沒有看見他們，你們究竟有沒有長眼啊？叛亂軍來到你們家中，你們還餵飽他們。然後因為叛亂軍逃走了，這次就要來處罰你們。』」

「話一說完，他們就到家家戶戶去沒收想要的東西，然後放火燒房子。有一個老人——那個老人因為母親正在餵嬰兒吃奶，所以待在家中——他看到一名日軍正在燒屋子，便立刻抱住他的膝蓋，哭著說道：「請您放過我！請您放過我吧！」、「求求您別燒了我家，我會死在這裡，請留下這棟房子吧。我年事已高，活不久了。」

「軍人甩開那個老人的手，老人仍苦苦哀求。他呻吟道：『請您放過我吧！』這時軍人舉起槍，將老人射殺。後來我們將那名老人安葬了。」（《朝鮮の悲劇》）

從這段證詞可知，儘管村民不想與破壞電線桿的義兵扯上關係，卻仍遭受日本兵的鎮壓。據說在這個村子裡，有個正在磨鐮刀的男人也被當成義兵遭到槍殺。

麥肯齊表示，他在各地都有聽到日本兵掠奪及強姦婦女的相關證詞。他在開場白說「我不認為這類荒唐行為為數眾多。這種行為，應該只限於部隊中的例外分子所為」，接著他批判道，「可是，這群人不管人數有多少，都帶來了重大影響。整體而言，朝鮮人對婦女的純潔抱有極高的理想。因此，儘管這類暴行數量不多，但所引發的恐怖，結果卻導致許多人躲往山上」。

據麥肯齊所述，堤川被破壞得最為慘重。日本兵將整個城市的物資全都燒毀，以儆地方百姓。他實際目睹化為一片焦土的城鎮後，將當地悽慘的狀況記錄如下：「就連一面牆、一根梁柱、一罐味噌甕也都完全不留」、「堤川從地圖上被抹去了」。

李垠留學東京

一九〇七年八月二日，純宗將年號從光武改為隆熙；九月七日，冊立十一歲的異母弟李垠為皇太子。伊藤暫時回日本，於九月十六日進宮城*晉見天皇，向明治天皇密奏嘉仁親王（日後的大正天皇）訪問大韓帝國。一般認為，這是為了讓已得到純宗私下答應的李垠能順利實現

* 譯注：日本天皇的皇宮。一八八八年至一九四八年稱作「宮城」，一九四八年正式更名為「皇居」。

東京留學，先按部就班，先由日本的皇太子訪問大韓帝國。明治天皇擔心大韓帝國治安仍然很糟，於是以有栖川宮威仁親王一起同行為條件，批准此行。

十月十日從東京出發的嘉仁親王於十六日抵達仁川，住進下榻的統監官邸。翌日訪問純宗，代明治天皇贈送大勳位菊花章頸飾。

十一月十九日，純宗根據統監的建議下詔，命李垠前往東京留學，伊藤擔任教育皇太子的太子大師。若是將日韓合併視為預定發展的結果來看，這次的留學往往被解讀為「人質」。不過，曾任朝鮮總督府司法部長官及李王世子顧問的倉富勇三郎，對當時伊藤的想法作出了以下證言：

伊藤公並無打算合併韓國，因此當初並沒有讓他〔李垠〕永久居住在東京的打算。純粹是基於讓他成為親善日本的韓國君主吧。（《倉富勇三郎日記》一九二二年十月二十八日条）

伊藤將重點放在改革，推動大韓帝國的宮中近代化，讓君主親近西方列強但不阻礙日本。雖然將大韓帝國併入日本版圖就能泯除不安，但得有背著經濟重擔的覺悟才行。所以應該如此看待：為了解決這種進退兩難的困境，伊藤才會讓皇太子到東京留學，將下任皇帝培育為親日且能理解立憲主義的英明君主，以便在與大韓帝國分開的狀態下，合理確保日本的「利益線」。而擔任李垠輔佐的高義敬也作證，伊藤認為讓皇太子待在大韓帝國的宮中無法學習適當的教養，因此得到李完用的同意後便密奏純宗，實現留學東京。

伊藤博文及李垠

純宗

本來，伊藤應該對第二代皇帝純宗相當期待。可是，在朝鮮王朝末期親眼見過純宗的伊莎貝拉．博兒曾透露感想：「不光是我，任誰看來（純宗）完全就是個身障者。」而且，純宗曾被捲入一八九八年的宮中政爭，不慎喝下毒咖啡，結果併發胃潰瘍及腎萎縮，變得無法生育。瑞典記者格雷布斯特（Willy Grebst）在一九〇四年面見純宗時，曾敘述其感想：「身材微胖，臉色蒼白浮腫，毫無生氣，嘴唇厚而肉感，低鼻，粗眉之間很多皺紋。兩眼泛黃，神經質地不斷眨眼，視線片刻不停地環顧四周。無論如何，整體看來給人的印象像是頭眉頭深鎖的豬，感覺像在看什麼奇怪的怪物般。」姑且不管那些歧視措辭，從上述記述可知，純宗身體有狀況。因此，可以說伊藤的期待自然轉移到下個世代，也就是皇太子李垠的身上。而純宗則是在年幼的李垠成人前的臨時繼承人。

邁向日韓合併

伊藤於一九〇七年設立副統監一職，任命能理解自身對韓方針的曾禰荒助擔任，並「企圖」在適當時機將統監地位讓給曾禰。這是因為西園寺公望等人表示「對韓國固然很好，但為了我國憲政，應該待在內地」，催促伊藤回國，伊藤也不能一直待在國外。一九〇九年五月，大韓帝國的皇室財產已經整理完畢，宮中改革有眉目後，伊藤遂於六月十四日辭任統監。

繼承伊藤之位的第二代統監曾禰承襲其溫和保護路線，與在大韓帝國內部倡導「日韓合邦論」的一進會也保持距離。可是在十月二十六日，伊藤被安重根暗殺後，情勢有了改變。山縣有朋成為最高實權人物，以他為首，寺內等陸軍軍閥開始主導強硬對韓政策。

山縣認為朝鮮人「缺乏進取氣象，偏安姑息（只求眼前的安樂），有飽食則眠的習性」，抱有「要幫助該國成為名符其實的獨立國家，實為至難之業」的偏見。因此，山縣選擇的不是伊藤所期望的、在日本保護下推動近代化等長遠政策，而是在西方列強搶走大韓帝國前、由日本完全掌握大韓帝國統治權。為了國防，選擇忽視經濟上的風險。

一九一〇年五月三十日，寺內正毅陸軍大臣代替罹患胃癌的曾禰，兼任第三代統監。六月下旬到七月上旬期間，他在永田町的首相官邸舉辦合併準備委員會，根據統監府的小松綠及外務省的倉知鐵吉所擬的原案，討論大韓帝國皇室、閣僚的待遇、合併後的國稱以及一般國民的地位等等。

倉知接受小村外務大臣的指示，擬定關於大韓帝國皇室待遇的方針。日韓合併後尊稱純宗為大公殿下，高宗及皇太子李垠等則尊稱為公殿下，並參酌日本皇族及華族的事例，備妥特別禮遇方案。大公尊稱是外務省考量明治天皇的身分後特別想出的方案，將純宗置於日本皇太子之下、親王之上的地位。統監府的小松從倉知口中聽取擬定文件的經過後，在大公的旁邊附註為「Grand Duke」，可以看出小松有意識到西洋的身分制度。

合併準備委員會依據上述方針，封純宗為世襲的大公，封高宗為僅限一代的大公。此外，基於寺內統監的方針，為了避免讓他們的生活急遽變化，便將大公家的歲費定為與大韓帝國皇室支出同額的一百五十萬圓。當時日本總理大臣的年俸約一萬二千圓，以及一九二七年時十一宮家的皇族歲費總計未滿八十萬圓，由此可知這筆金額有多龐大。這項待遇案於七月八日通過閣議。

合併的初步談判

日韓合併之際，寺內統監特別重視的，是透過簽訂國際條約，來建立日韓雙方的「共識」，以免西方列強事後找碴。因此，日方才會保障擁有條約簽訂權的純宗及其親族，給予準皇族地位的厚待方案。

一九一〇年七月二十三日，寺內統監攜帶合併準備委員會擬定的合併方案登陸仁川。可是在二十五日，他僅對純宗及高宗進行新上任問候，之後則在一旁靜觀。

與統監府的寂靜相反，大韓帝國政府內部出現極大的變化。前年底遭暴徒襲擊、在溫陽過著療養生活的李完用，因應寺內統監來韓而於二十九日回到漢城；翌日，他解除朴齊純的署理（代理）任務，回到總理大臣的崗位上。李完用於三十一日輕裝造訪翠雲亭，與朴齊純內部大臣及趙重應農商工部大臣一同進行祕密協議。

另一方面，日本國內也有動靜。在東京展開「日韓合邦」運動的宋秉畯趁此機會移動到下關，準備前往大韓帝國。社會上見此情況，傳出將成立親日內閣、簽訂日韓合併條約的傳聞。可是，寺內反倒對宋秉畯的動向相當敏感，便阻止他入韓。原因是不能讓典型的親日派浮現在檯面上，使得「簽訂共識性國際條約的意義遭到抹殺」（《朝鮮併合之裏面》）。

寺內的目標是與現任李完用內閣進行談判，實現日韓合併。因此，為避免隨便提起合併一事而遭到拒絕，他打算在半年到一年內伺機談判。然而八月四日，李完用的私設祕書李人稙訪問小松統監府參與官，使得統監府與大韓帝國政府急速接近。

根據李人稙跟小松所說的話，李完用將皇室的待遇視為「一大難題」，他說既然純宗沒有主動表示退位，自己身為人臣，豈能向皇帝提出會使數千年來的社稷斷絕的合併案。這時的統監府，還沒取得李完用內閣答應合併談判的承諾。因此小松為促使李完用內閣對合併一事下定決心，認為得解釋日本方面所準備的條件是最好、也是唯一的辦法。他一邊與歐美的殖民政策相對照，一邊告知李完用內閣日本對大韓皇室的處置方針。也就是舉出法國將馬達加斯加女王流放孤島、美國將夏威夷王國的女王貶為公民等例子來說明；相較之下，日本保障純宗獲得皇族待遇，並支付與現在等額的歲費。

李人稙則回應，李完用聽到這個條件，應該就不會承受不了重壓而拋下內閣不管。小松在著作《日韓合併的內幕》（《朝鮮併合之裏面》）中，對當時的心境描述如下：「我方提出的合併條件，遠比對方所設想的寬大，不禁頗有快感。」

之後又過了三、四天，李人稙再度拜訪小松。他說李完用對合併案不置可否，僅說「事情拖太久的話，可能會出現意外的阻礙，盡快收拾時局方為上策」。就李完用的立場來看，正當他擔心宋秉畯組閣後可能會無條件同意日韓合併而疑神疑鬼之際，聽到這份出乎意料「寬大」的合

李完用

併案，自然想趁能讓對方稍微讓步時開始談判。李人稙僅告知這件事後便離開房間，小松向寺內統監報告李完用的答覆，並補充說明，啟動談判的時機已然成熟。寺內決定邀請李完用到統監官邸，八月十三日發電報給桂太郎總理大臣，說「先前接獲密令解決時局，下週起將開始著手。若順利進行沒有阻礙的話，一切將在下週末獲得解決」。

大韓帝國方面提出兩個條件

開始進行正式合併交涉是在八月十六日。寺內跟造訪統監官邸的李完用及趙重應寒暄幾句之後，便告知邀他們來的原因是為了合併交涉。因此他說明，並不是要以威迫來解決時局，以調整「達成共識的條約」形式來表明兩國的意思較為妥當。他將寫有大綱的備忘錄拿給李、趙二人。

看完備忘錄後，李完用說他之前操心不已，只能靠推測來思考日韓合併的形式，唯一的希望就是保留「韓國」的國號與「王」的尊稱。李完用還強調，尤其是王的尊稱，是讓宗室祭祀能永存、緩和人心所必要。可是，寺內卻以依照一般國際關係來看，日韓合併後沒有保留王位的理由，將來也會殘留禍根為由而拒絕。此外，寺內還說明日本所準備的「大公」稱呼，在西方乃是不亞於王的尊稱。李完用聽了之後，為預防洩漏機密，暫且只跟趙重應單獨協議，然後告訴寺內，會透過趙重應大臣傳達政府的意見，僅待了三十分鐘後便離開。

當天下午九點，趙重應再度造訪統監官邸。雖然他大致上對合併案並無異議，但還是希望能保留國號，至於王的稱呼也是從「隸屬」清朝時代起就有的，因此希望能夠繼續承襲。此外，趙重應也告訴寺內，李完用認為關於上述二點若雙方無法達成共識，簽訂條約恐有困難，催促日方盡快妥協。

由於寺內必須讓日韓合併以「達成共識」的形式成立，因此他不能隨便拒絕大韓帝國的要求。而且，在八月十三日的時間點，他已經跟日本政府預告將會在下週末前「解決時局」，因此千萬不能在此讓交涉決裂。可是關於國號，若是依照要求承認「韓國」的話，會讓人誤以為日本內部又出現別的「國家」，可能會成為獨立的導火線。因此寺內告訴趙重應，若國號為「朝鮮」就予以承認。這是根據之前占領臺灣時保留舊稱的前例，經合併準備委員會及閣議通過決定的方案。趙重應聽到這個方案後善意回應「能保留朝鮮之名實屬萬幸」。與冊封時代相同的傳統稱呼受到承認，應該很高興吧。另一方面，關於王的稱呼，若是承認「王」的尊稱可能會有自稱「朝鮮王」的危險，因此寺內提議冠上大韓帝國皇室的「李」姓，稱作「李王」。趙重應對此雖感到不滿，但已沒有再進一步要求退讓的可能，只好不情願地答應了。

李完用將趙重應帶回的合併案過目後，於翌日十七日派遣使者前往統監府明言，如果日本政府接受這個懸案的話，他就會負責整合閣議。因此，日本為了與李完用內閣實現日韓合併，只得順從大韓帝國的要求，保留國號與王的稱呼。李完用與趙重應利用日韓雙方達成「共識」實現合併作為交涉的王牌，在國號及王的稱號這種攸關國家名分的問題上，巧妙地誘導統監府讓步。李趙二人認為即使因合併被奪走主權，只要維持國號與王的稱號，就能保住「自主」的名分。以現代來看，似乎這是毫無意義的行為，不過考慮到不久前大韓帝國仍置於清朝的冊封之下，這可說是相當合理的判斷（《朝鮮王公族—帝国日本の準皇族—》）。

寺內所詠唱和歌的真正意義

八月二十二日下午二點，純宗親臨內殿，宣示「統治權讓與」的要旨，並將親筆署名蓋上國璽的全權委任狀授予李完用。下午四點，李完用造訪統監官邸出示全權委任狀，寺內查閱後予以承認，告訴李完用說「能如此靜肅圓滿地解決時局，乃日韓雙方之幸，也是最值得祝賀之處」。其後，二人簽訂《日韓合併條約》。

在那之後不久，寺內舉辦了晚宴。眾所皆知，當時他看見升上南山山峰的夏月後，便詠唱了這首和歌：「小早川、加藤、小西若在人世，會如何看待今宵之月哉？」現在，這首和歌如同下文一樣常被視為象徵侵略，而飽受批判。

這三人就是豐臣秀吉侵略朝鮮時派遣的武將，小早川隆景、加藤清正及小西行長。寺內一邊在腦中描繪著沒能成功占領朝鮮的豐臣秀吉朝鮮侵略戰爭，一邊心想，這三名武將會如何看待日韓合併呢？想必會覺得我幹得好吧，因而詠唱這首和歌。可見明治的政治家及軍人，將明治政府的朝鮮政策視為豐臣秀吉朝鮮侵略戰爭的延續。（《しんぶん赤旗》二〇〇七年十二月二十二日）

這樣的解釋很難說是一針見血。關於寺內詠唱和歌的插曲，在親信小松的著作《日韓合併的內幕》中就有介紹，只要讀過原典就能明白這首和歌的真正意義。

首先，小松為了說明寺內詠唱這首和歌的背景，提到了羅馬的尤利烏斯・凱薩（Gaius Iulius Caesar）在短時間內就攻下本都的澤拉戰役。只是，他並非要讚賞凱薩的豐功偉業，反倒引用孫子兵法「不戰而勝」為上上策來貶低凱薩，認為即便是在短時間內，不是只要用兵奮戰就稱得上是優秀的戰略。因此關於日韓合併，小松如是說道：

日韓合併不啻是我國的空前大事，實乃世界級難事。要不動一兵一卒，也不灑一滴血，並且在偶然之下，與凱薩短短時日內大奏奇功相同的時日內，亦即開始談判日與簽訂條約日之間正好僅隔五天，就解決如此重大的事件。

日本亮出大韓帝國厚遇方案來進行條約交涉，純宗相對保障了自己一族的身分，並將統治權讓與天皇。小松對於日韓合併能像這樣透過簽約達成「共識」，不流一滴血就實現合併，感到相當自豪，而寺內的和歌毫不隱晦地表現出這點，因此小松特地加以介紹。換句話說，寺內並沒有「將朝鮮政策視為豐臣秀吉侵略朝鮮戰爭的延續」。倒不如說正好相反，可以說寺內其實是在批判豐臣軍的小早川、加藤及小西仰賴武力卻失敗。就好比伊索寓言中的北風與太陽般，拿豐臣軍與自己來做對比。

另外，小松不單只有老王賣瓜讚揚統監府的功績，他也不忘讚賞站在大韓帝國第一線負責談判的李完用與趙重應。他將日韓合併比擬為江戶城無血開城，以「與將德川三百年天下歸還天朝的勝安房〔海舟〕一樣處於困境」這句話慰勞李趙二人。李完用與趙重應為了將百姓從朝鮮王朝末期以來一直持續的暴斂橫徵及社會荒廢中救出，而苦惱不已，擔起了將國家交由他國統治這個任誰都避之唯恐不及的不光彩工作。儘管如此（不，應該說正因如此），在現代韓國才會被貼上「親日反民族行為者」（賣國賊）的標籤，避若蛇蠍。

日本的經濟性負擔

日韓合併時，俞吉濬曾投稿雜誌《朝鮮》，以「朝鮮人今日最擔憂的就是飢餓」這句話，呼籲日本「先富斯民」。日本政府考慮到當地困境，於是發行三千萬圓的臨時恩賜公債，將其中約一七四〇萬圓的公債用為職業介紹、教育、備荒的資金，分配給朝鮮十三道，亦實施減免地稅。如前所述，伊藤博文曾擔憂日韓合併將會增加日本的經濟性負擔，其擔憂成了現實。

一九一〇年，日本的歲出總額不到五億七千萬圓，其中提撥一千二百萬圓給大韓帝國的經營費。日韓合併後無法停止撥出這筆經費，單靠朝鮮總督府的歲收不足維持的部分則持續從一般會計提撥補貼。其金額在一九一一年及一九一二年各為一二三五萬圓，雖曾計畫在往後每年減少一至二百萬圓的額度，然而自一九二〇年以後提撥金額不減反增，一九三九年時金額達到一二九〇萬四三一三圓。與臺灣被編入日本後僅過了十年，經濟上便發展到不需提撥補充金的情況形成對比。

因為日韓合併，日本也背負了大韓帝國的借款。一九一〇年，大韓帝國計有四五五九萬一〇六圓的債務，其中日本政府的無息墊付款及金融資金債共計一四七八萬二六二三圓因日韓合併而不用償還，其餘借款的償還義務由朝鮮總督府接手。其他因貨幣整理所產生的一一七二萬六七三八圓負債，則被編入日本的貨幣整理資金特別會計，由日本政府負擔。

日韓合併時，報紙上到處可見「比起因日韓合併帶來的良性影響，不如說帶來的不良影響更大」（《萬朝報》一九一〇年八月二十九日）、「若想增加我國國庫的補充金，就不得不避之」（《東京經濟雜誌》一九一〇年十月八日）等批判。在金融界及出版界，批判日韓合併增加日本財政負擔的聲浪並不少。（《朝鮮王公族―帝国日本の準皇族―》）

4. 抗日獨立運動的各個面向

以高宗國葬為契機爆發三一運動

日韓合併九年後，一九一九年一月高宗在德壽宮逝世，日本政府決定在京城（合併後的漢城）舉行國葬。相當於告別式的「葬場祭之儀」設定在三月三日，二月底各地民眾為了參觀葬禮，開始陸續集中在京城。

在前一年，一九一八年美國威爾遜總統（Thomas Woodrow Wilson）構思了第一次世界大戰後的國際秩序，提倡包含民族自決在內的十四點和平原則。所謂民族自決，是指各民族有權基於自己的意志來決定命運，不受其他民族及國家干涉。只是，這個聲明的設定對象是歐洲民族，基本上與朝鮮無緣。話雖如此，這對朝鮮的獨立運動人士而言是一道希望之光。他們把握住民眾因高宗國葬群聚京城的好機會，計畫發起動員大眾的獨立運動。旅居東京的朝鮮學生也於一九一九年二月八日發表《二八獨立宣言》，為實踐獨立而回到朝鮮。

高宗的葬禮

這時在京城，延禧專門學校及京城醫學專門學校的學生頻繁召開各校代表會議，計畫在舉行國葬之際起事。其他方面，天道教教主孫秉熙亦團結了基督教及佛教等宗教團體，企圖朗讀獨立宣言書。以天道教為中心的宗教團體所構想的獨立宣言書，強調「不流於排他感情（中略）一切行動均尊重秩序，行事光明正大」，否定了不惜暴動也要馬上實現獨立。他們的計畫是在京城中心的塔洞公園宣讀獨立宣言書，僅向朝鮮民眾、日本及歐美展現獨立意志，亦即表演性質的計畫。因此，他們以「意見淺薄」蔑視血氣方剛的學生，不考慮與學生合作。非但如此，一察覺到學生的動靜後，這群人深怕被搶走功勞而感到焦慮，於是在二月底，天道教幹部權東鎮遂前去訪問宇都宮太郎朝鮮軍司令官，故意向他洩漏「國葬時難保不會出現什麼狀況，需多加留意」。結果，宗教團體搶先學生一步，在三月一日宣讀獨立宣言書，也為了避免騷動，將宣讀場地從塔洞公園改成一間名叫泰和館的料亭。當天有三、四名學生來到泰和館，威脅道：「學生們在塔洞公園集合，為什麼你們不來？不來的話就用手槍射殺你們。」孫秉熙則回應：「年輕人想靠暴力引發騷動是無法成就大事的。我們無法與你們共事，隨你們怎麼行動吧。」

另一方面，在塔洞公園希望訴諸武力的人士在宣言獨立後，便煽動群眾。以此為契機，群眾一邊吶喊「獨立萬歲」，一邊示威遊行，開啟了所謂的三一運動（萬歲運動）。群眾並沒有遵守宗教團體構思的「非暴力原則」，而是手拿鐮刀及棍棒，接二連三地襲擊警察署及公所，殺害官吏。另一方面，日本方面也出動軍隊鎮壓群眾，眾多百姓因此犧牲。而在京畿道堤岩里，也發生了日軍隊將約三十名居民關進教堂裡進行屠殺的悽慘事件。

另外，在京城從事出版業的釋尾春芿，記錄了三一運動開始約一個月後的朝鮮社會情勢：

近來，煽動騷擾者以不管是誰都行，凡加入騷擾團高喊萬歲者便發給五十錢，藉此勸誘浪人及勞工，因此近來的騷擾團學生人數減少，看似勞工的成員逐漸增加。而高呼朝鮮獨立萬歲的呼喊聲也變成一聲五十錢，感覺似貴不貴。（《朝鮮併合史》）

舉行示威遊行時，透過收買來灌水參加人數並不稀奇，而在韓國被視為神聖之舉的三一運動也是一樣。

大韓民國臨時政府與李承晚

日韓合併後，大多數獨立運動人士都前往夏威夷、沿海州及上海等地，為了建立自主政府而奔走。因此，以三一運動為契機，在國內外建立了臨時政府。其中特別值得注意的，是成立於上海的大韓民國臨時政府。現在韓國憲法的序言中明文規定，大韓國民繼承了「大韓民國臨時政府的法統」，可見這個政府的存在相當重要。

大韓民國臨時政府是在三一運動發起後的一九一九年四月成立。眾多獨立運動人士集結在上海召開臨時議政院會議，制定國號為「大韓民國」，並推選李承晚擔任內閣首班，即國務總理。關於國號，據說除了「大韓民國」，還有「朝鮮共和國」、「高麗共和國」等方案。新韓青年團的呂運亨等人反對使用與日本合併後瓦解的「大韓」為國號，不過也有人認為，拿回被奪取的國號使用可彰顯獨立的意義，再仿效中國在辛亥革命後改稱「民國」，就變成了「大韓民國」臨時政府。在俄羅斯海參崴成立的大韓民國議會以及京城組成的地下組織漢城政府，不久後都併入了大韓民國臨時政府。

說到這裡，被推舉為大韓民國臨時政府（臨政）首班的李承晚，究竟是何許人也？他是世宗的哥哥讓寧大君第十六代孫子，一八七五年出生於黃海道平山。他直到二十歲才就讀傳教士亞篇薛羅（Henry Gerhard Appenzeller，아펜젤러）創立的培材學堂，埋首學習英語，轉眼間就吸收各項知識，半年後成為該校的英語老師。一八九五年十二月底，自美國返國的徐載弼組織了獨立協會。一八九八年，徐載弼為了彈劾俄羅斯侵占特權而舉辦萬民共同會，李承晚也有參加。同年四月，李承晚創辦《每日新聞》並擔任主筆，替獨立協會發聲，批判守舊政府。也因此，他在高宗開始鎮壓獨立協會時遭到逮捕，在獄中度過五年七個月。

深諳英語的李承晚於一九〇四年被釋放後，被送到美國。這是因為他被任命為密使，受託向美國總統請求出面阻止日本的侵略。可是，美國於翌年一九〇五年與日本簽訂《桂太郎－塔虎脫協定》，因此李承晚的任務失敗。他就這樣繼續滯留美國，在普林斯頓大學撰寫國際關係的論文取得博士學位，在日韓合併後返回朝鮮。

年輕時的李承晚

李承晚於滯美期間受洗，回國後暫時任職於基督教青年會（YMCA）。可是，他受一〇五人事件（寺內總督暗殺未遂事件）牽連差點遭到檢舉，因此於一九一二年再度赴美。之後，一九一九年上海成立了臨時政府，對李承晚的外交手腕寄予厚望，便擁戴他擔任首班。

成立之初，臨時政府採議院內閣制，首班的頭銜原為國務總理。可是，長期在美國活動的李承晚對總統制有強烈的堅持，寄給各國的信件中也擅自自稱「總統」。因此，由於他的強烈主張，臨時政府很早就進行改憲，轉換為總統中心制。

專攻國際關係的李承晚，以外交為主的獨立運動為理想，對武裝鬥爭抱持懷疑態度。原因是武裝鬥爭不僅耗費高額成本，光靠脆弱的臨時政府的力量想跟日軍競爭，也完全不切實際。李承晚的這種想法，被重視武裝鬥爭以博取國際關注的派閥批為「失敗主義」。就這樣，逐漸失去向心力的李承晚決心返美，便於一九二一年離開上海。

金九的崛起與恐怖主義

一九二五年，臨時政府議政院對一直不回上海的李承晚發動彈劾。之後，由金九帶領臨時政府。

金九於一八七六年出生於黃海道海州，年紀輕輕就信奉東學。他是血氣方剛的武鬥派，王妃閔氏遭到殺害的隔年，他在平壤附近的鵄河浦殺害長崎出身的商人土田讓亮，搶奪財物。金九在自傳中，關於土田如此記載道：「他若不是殺害國母的三浦梧樓，肯定也是其同夥。」將自己的犯行正當化。不過他的說詞根據相當薄弱：因為土田化名「鄭」氏，操著朝鮮話，身上穿著白色周衣（衣長較長的朝鮮式外套），所以他便斷定「若是普通的日本商人或製造商，不可能會像這樣變裝及化名」。接著他又像是補充說明般，描述在周衣下方「看到軍刀的刀鞘」。換句話說，金九因過度妄想，對一般平民犯下了強盜殺人的罪行。他的殺害方式也相當殘忍，據說他突然將站在石階上的土田踢落到石階下，然後走下石階踩住其首級，用刀從頭砍到腳尖後，「用手掬其鮮血一飲而盡」。（《白凡逸志—金九自叙伝—》）

金九被逮捕後判處死刑，後來經高宗特赦獲得減刑，其後逃獄。三一運動爆發後，他便亡命上海，成為臨時政府的警務局長，一九二六年就任國務領（地位相當於取代總統的新首班）。金九認為恐怖主義是獨立運動的有效手段，一九三一年組織了以殺害日本機要為目標的韓人愛國

李奉昌

金九

團，擔任團長。

在這之後，金九參與了多起恐攻事件。一九三一年底，韓人愛國團李奉昌潛入日本，翌年一月朝著從閱兵式回來的昭和天皇車隊投擲手榴彈（櫻田門事件）。可是，由於他將宮內大臣搭乘的馬車錯認為御料車*，因此手榴彈在離昭和天皇有些距離之處爆炸。而且據說爆炸威力不大，僅只有馬匹遭碎片割傷的程度。

犯下大逆罪的李奉昌，十月在市谷刑務所遭處死刑。他在犯行前寫下「屠殺敵國首魁」的宣誓文，現在被登錄為韓國的文化財。在日本看來他或許是名「恐怖分子」，可是在韓國看來他卻是「義士」，被視為英雄。

* 譯注：日本皇室用特別車輛。

一九三二年四月，這次是韓人愛國團的尹奉吉。他奉金九的指示，在上海日本人街的虹口公園發起恐攻事件。這天舉辦慶祝天長節的儀式，尹奉吉朝著站在台上的高官投擲炸彈（虹口公園爆炸事件）。上海派遣軍司令官白川義則及居留民團行政委員會會長暨醫師河端貞次死亡，駐上海公使重光葵的右腳重傷，第三艦隊司令長官野村吉三郎則右眼失明重傷。尹奉吉在上海派遣軍的軍法會議上被判處死刑，十二月於金澤遭到槍決。

金九於一九四〇年就任臨時政府主席。同年臨時政府遷至重慶，設立「韓國光復軍」，宣布「打倒日本帝國主義，作為同盟國軍隊的一員，以抗戰為目的」。現在的韓國，有不少人認為韓國光復軍是「同盟國軍隊的一員」。原因是一部分韓國光復軍曾受英國大使館的請求，被派到印度緬甸戰線的緣故。可是，他們實際上並沒有參加戰鬥，僅有九名成員從事日語廣播及文書翻譯。到頭來，韓國光復軍並沒有與日軍交戰，而臨時政府也沒被國際社會的承認，就這樣迎來了終戰。

朝鮮人共產主義者的動向

抗日獨立運動的主要參與者，並不是臨時政府，而是與日軍實際交戰過的共產主義者。

關於共產主義者的組織化，首先是一九一八年，原大韓帝國軍人李東輝在伯力組成韓人社會黨。他在翌年移動到上海，就任臨時政府的國務總理，接著於一九二〇年成立共產團體。這個團體的成員包括韓人社會黨的幹部，呂運亨等臨時政府相關人士也有參加。可是，由於李東輝的心腹侵占了俄羅斯政府提供的援助金，使眾人失去信任，臨時政府關係人士因此紛紛退出。翌年一九二一年，李東輝召開了僅自己派系參加的會議，將團體名稱改為高麗共產黨（上海派），並辭去臨時政府的職位，與之斷絕關係。

除此之外，布爾什維克黨黨員金哲勳等人在伊爾庫次克組織了俄羅斯共產黨韓族部，一九二一年改稱高麗共產黨（伊爾庫次克派）。上海派與伊爾庫次克派分別以民族解放及社會主義革命為目標，二派方向不同，相互對立，時而爆發武裝衝突。

屬於伊爾庫次克派的金在鳳及朴憲永等人回到朝鮮，一九二五年四月在京城的一家中華料理店祕密組成朝鮮共產黨。可是，根據翌月實施的治安維持法，朝鮮共產黨成了鎮壓對象，主要幹部遭到逮捕。朴憲永在公審過程中假裝精神錯亂，因病保釋，然後直接逃亡海外，一九二八年到一九三二年於蘇聯的國際列寧學校求學。其後，他企圖經上海進入朝鮮從事革命工作，再度被逮捕。

在當局的鎮壓下，朝鮮人共產主義者的活動場所從朝鮮遷至中國東北，一九二六年設立朝鮮共產黨滿洲總局。然而，各黨派不斷爭奪主導權，「火曜派」、「馬列派」及「漢城．上海派」＊三大集團各自組織滿洲總局，相當混亂。「火曜派」以北滿洲，「馬列派」以南滿洲，「漢城．上海派」則是以東滿洲為中心展開活動。

第三國際（在俄羅斯共產黨的號召下，全世界的共產黨及左派勢力在莫斯科創立的組織）於一九二八年十一月舉辦的執行委員會幹部會議中，取消承認朝鮮共產黨國際分部，接著在翌月提出的「十二月綱領」中嚴加斥責並清算反覆不斷的派閥黨爭。有鑑於此，朝鮮共產黨著手重新建黨，後來又因一九二九年十一月第三國際指示的「一國一黨原則」而遭受打擊。基於這項原則，居住中國的朝鮮人共產主義者儘管不滿，卻仍不得不加入中國共產黨，一邊為中國革命而工作，一邊以朝鮮獨立與革命為目標。

年輕時的金日成

金日成的抗日鬥爭

在中國共產黨滿洲省委員會的指導下，朝鮮人共產主義者被歸入東北人民革命軍，與中國人一同展開抗日鬥爭。日後成為北韓領導人的金日成也是其中一員。金日成一九一二年生於平壤郊外的古平面南里（萬景台），少年時期前往滿洲。一九三一年加入中國共產黨，由於懂中文而被提拔為幹部，自此出人頭地。金日成的本名是金成柱，從他加入中國共產黨時，就開始使用「金日成」這個化名。

一九三六年，東北人民革命軍改編為東北抗日聯軍，金日成所屬部隊（一百人）被編為第二軍第三師，由金日成擔任師長。接著第一軍與第二軍合為第一路軍，金日成部隊變成第六師。翌年六月，金日成率領部隊入侵朝鮮北部，襲擊戶數約三百戶的普天堡，並在公所等處放火，搶奪物品。這場襲擊被《東亞日報》大篇幅報導，使得金日成的大名傳遍整個朝鮮。

一九三九年十月，關東軍派遣飛機實施掃蕩作戰，抗日游擊隊慢慢被逼入絕境。這時，據說金日成被懸賞一萬圓獎金。儘管處境如此艱難，金日成部隊仍舊攻打日軍，立下戰功。一九四〇年三月，金日成部隊對總數約一百四十人、因急於求成窮追不捨的前田部隊設下埋伏，然後同時射擊，造成一百二十餘人死亡，只是死的幾乎都是朝鮮人。即使金日成部隊嘶喊勸降，前田部隊也無人回應，據說有人高喊「天皇陛下萬歲」後就死了（《北朝鮮現代史》）。

在那之後，第一路軍暫時解體，金日成領悟到大勢已去，便擅自率隊逃往蘇聯。一九四〇

* 編註：又稱「漢上派」。原文「ソウル・上海派」直譯應為「首爾・上海派」。二次大戰結束後，原本日治時期更名京城的首都漢城，以韓語固有詞更名為「서울」，日文拼音寫為「ソウル」，但官方中文譯名仍長期維持「漢城」稱呼，直至二〇〇五年。此處之後的首都名稱均以「首爾」稱之。

年底，第二路軍、第三路軍也進入蘇聯領土，東北抗日聯軍的隊員被收容在黑龍江旁的維亞茨科耶的北密營，以及伏羅希洛夫（今烏蘇里斯克）的南密營。金日成的長子金正日就出生在南密營。一九四二年八月，東北抗日聯軍被編制為蘇聯軍第八十八特別狙擊旅團，自此金日成等人便穿上蘇聯的軍服。

一九四五年八月，以美蘇為首的同盟國逼迫日本投降，朝鮮半島獲得解放。換句話說，金九等人的臨時政府及金日成等共產主義者都不是朝鮮獨立的主角。而且，被同盟國解放，並不意味著馬上獨立。朝鮮半島先由美、英、中、蘇四國託管，被置於美蘇軍政統治下。朝鮮獨立運動一直缺乏能調和意識形態的領袖，在美蘇軍政統治下仍舊延續這個脈絡，各大派閥在理想與現實的夾縫中展開激烈的主導權之爭。這關係到一九四八年大韓民國（南韓）與朝鮮民主主義人民共和國（北韓）的建國，朝鮮半島也因此南北分治。

第五章　朝鮮半島的分裂

1. 戰後的主導權之爭

關於戰後協商

一九四三年十一月底，美國總統小羅斯福（Franklin Delano Roosevelt）、英國首相邱吉爾（Winston Churchill）以及中國國民政府主席蔣介石在埃及開羅召開會議，確認同盟國會奮戰到底直到日本無條件投降等等。會議上也有討論關於朝鮮獨立的問題，只是開羅宣言的內容在草案階段原本擬為「日本戰敗後，盡可能及早讓該國成為自由獨立的國家」，但最後則改成消極的文字表現：「**遲早**會讓朝鮮自由與獨立。」

開羅會議後數日，這次是小羅斯福、邱吉爾及蘇聯人民委員會主席史達林（Joseph Vissarionovich Stalin）在伊朗的德黑蘭齊聚一堂，召開首腦會議。史達林對日本的態度與蔣介石正好相反，從這時起，美國在遠東戰場的主要夥伴從中國換成了蘇聯。這件事對戰後朝鮮半島的命運，亦即獨立與分治，帶來極大的影響。此外，小羅斯福曾在德黑蘭會議提出下列議案：由於朝鮮人缺乏運作、維持獨立政府的能力，因此應該將朝鮮置於「四十年監護制」之下控管。此議案內容並沒有被記在議事錄上，不過根據小羅斯福的證詞，史達林也同意這點（《朝鮮分断の起源—独立と統一の相克—》）。

美英蘇三國首腦為商討戰後處理的基本方針，於二戰末期的一九四五年二月四日至十一日，在克里米亞半島的雅爾達再度會談。小羅斯福與史達林為了議論遠東的政治問題，於會議期間的八日下午舉行非正式聚會。在這次聚會中，小羅斯福同意將滿洲的權益及南庫頁島、千島群島割讓給蘇聯，作為蘇聯答應對日宣戰的回報。根據這場密談，儘管史達林已與日本簽訂日蘇互不侵犯條約，但仍與小羅斯福簽訂密約，承諾在德國投降後的二至三個月內對日宣戰。

在這場非正式的聚會中，小羅斯福也提到朝鮮問題，他提議由美國、蘇聯及中國代表共同託管朝鮮二十至三十年。後來這個方案在英國加入後，彙整為四國託管案。對於小羅斯福的這項提案，史達林的回答是「託管期間愈短愈好」。他判斷若是朝鮮獨立，就會有更多民眾支持共產蘇聯，因此希望朝鮮託管期間愈短愈好。實際上，終戰後不久的首爾就出現過「蘇軍進城」的誤報，當時街上到處擠滿大喊「解放軍萬歲」、「蘇軍萬歲」的群眾。

美國轉換方針

然而這個時期，蘇聯將接管自德國的波蘭領土視為國家安全保障的重要地區，打算在該國扶植親蘇容共政權。另一方面，庇護波蘭流亡政府的英國對於蘇聯的這種態度抱持警戒，嚴加批判。美英蘇三國首腦在雅爾達會談的主要目的，是討論「波蘭問題」。會議中，蘇聯與英國的對立相當激烈，但最後達成協議，同意在更廣泛的民主基礎下重組波蘭臨時政府，並盡快實施自由不受他國控制的全民普選。然而，史達林卻在雅爾達會議的翌月，將不遵照蘇聯意思的十六名政治領袖囚禁起來。美國對蘇聯的舉動心生警戒，深怕日本投降後朝鮮可能會發生同樣的事態，而加強警戒。

就這樣，在美蘇開始產生裂痕的四月十二日，過去一直對蘇聯採取姑息態度的小羅斯福因腦出血驟逝。而小羅斯福的去世也改變了美國的外交政策。由副總統繼任總統的杜魯門（Harry S. Truman）缺乏外交經驗，只得仰賴閣僚及官僚協助。當時，美國國務院幹部嚴加批判小羅斯福的對蘇妥協路線，因此杜魯門政權下的美國改採強硬對蘇政策。

而且杜魯門在就任總統後，就接到史汀生陸軍部長（Henry Lewis Stimson）的報告，能破壞整個都市的新型炸彈（原子彈）即將完成。只要能得到原子彈，就能憑自己的力量逼日本投降，也就不用將遠東權益交給拖到最後關頭才對日宣戰的蘇聯。美國的目標不是和蘇聯一同擊敗日本，而是搶在蘇聯對日宣戰前，先擊敗日本。

可是，美國並沒有充裕的時間。原因是五月德國投降後，蘇聯便考慮在八月準備對日宣戰。七月十六日，原子彈試爆成功的消息傳到焦慮的杜魯門耳中。當時美英蘇三國首腦正在波茨坦舉行最後一次的戰時首腦會談，據說杜魯門在二十四日全體會議結束後，以站著交談的方式「若無其事」地告訴史達林原子彈試爆的消息。史達林聽完雖然表現得「若無其事」，但內心應該相當焦慮。若是蘇聯不能趕在日本投降前宣戰的話，祕密約定的遠東權益就會泡湯。

在北緯三十八度劃定分界線

七月二十六日，美英中三國首腦，杜魯門、邱吉爾及蔣介石聯名發表《波茨坦宣言》，要求日本「無條件投降」，鈴木貫太郎首相對此「不予評論」。十一天後的八月六日，美軍在廣島投下原子彈，蘇聯則將計畫提前，在八月八日向日本宣戰，翌日九日午夜十二點（外貝加爾標準時間）開始進攻滿洲。這一天，美國為催促日本投降，在長崎丟下了第二顆原子彈。日本陸軍仍繼續主張本土決戰，不過在天皇的「聖斷」下，日本於八月十四日決定接受《波茨坦宣言》。翌日十五日中午，錄有天皇本人聲音的「終戰詔書」透過廣播，向包括朝鮮及臺灣在內的日本全國各地放送。

然而終戰當時，美國認為朝鮮是日本不可分割的一部分，因此樂觀預測，假使美國能單獨占領日本，那朝鮮的最終占領也會委託美國辦理。離朝鮮最近的美軍部隊位於離日本約一千公里遠的沖繩，想立刻登陸朝鮮半島相當困難。另一方面，蘇軍也已經在九日開始向滿洲發動進攻。如果蘇軍繼續南下占領整個朝鮮的話，就會由蘇聯單獨受理在朝日軍的投降。為了避免這種情況，美國在朝鮮半島上劃定一條美蘇分界線，以確保美軍抵達時有一定的占領地區。

負責劃定分界線的是博內斯蒂爾三世（Charles Hartwell Bonesteel III）上校及魯斯克（David Dean Rusk）上校。這二位三十多歲的年輕將領站在美國的立場，當然想盡可能將線往北方劃，好擴大美軍占領的南方領域，可是要是做得太明顯，可能會遭到蘇聯方面拒絕。因此，博內斯蒂爾看了看掛在牆上的小型遠東地圖，僅花了三十分鐘就擬好方案，以北緯三十八度線為分界，美軍負責地區包含首爾，將朝鮮半島幾乎分成二等分。

八月十五日，杜魯門向英蘇中提出包含了上述內容的「一般命令第一號」(General Order No. 1) 最終草案，史達林也意外地沒提出異議。他大概是認為蘇聯最大的目標就是確保旅順及大連所在的遼東半島；至於擬議採信託統治*的朝鮮半島，只要能保有與俄國接壤的北半部即可吧。

* 編註：trusteeship，又稱託管統治。

此外，由於遭到日軍抵抗，蘇聯至今只能占領朝鮮半島北端，因此美國提出二等分方案，正合蘇聯之意。就這樣，至此埋下了朝鮮半島南北分治的種子。

美軍太平洋陸軍總司令麥克阿瑟下令，由位在沖繩的美軍第二十四軍占領北緯三十八度以南的朝鮮，受理日軍投降手續。美軍第二十四軍軍長霍奇中將（John Reed Hodge）於十八日被任命為駐朝鮮美國陸軍司令，二十八日設置駐朝鮮美國陸軍司令部軍政廳（United States Army Military Government in Korea〔USAMGIK〕，簡稱美軍政廳），作為美國陸軍駐守朝鮮的重要機關。

美軍原定九月七日進駐首爾，因天候不佳，於八日登陸仁川港，九日徵用半島旅館設置司令部。投降文件的簽約儀式於九日下午在朝鮮總督府第一會議室舉行。美國方面由霍奇中將及金凱德上將（Thomas Cassin Kinkaid）作為麥克阿瑟的代理，日本方面則由上月良夫及山口儀三郎代表北緯三十八度線以南朝鮮的日本陸海軍，最後由朝鮮總督阿部信行分別簽署，以示認可。受降儀式結束後，麥克阿瑟的布告以七日為發文日期，向朝鮮人民宣告，朝鮮半島以北緯三十八度線為界，由美國占領南半部，建立軍事統治權。十二日，第七師師長阿諾德少將（Archibald Vincent Arnold）在駐朝鮮美國陸軍司令的指揮下，就任美軍政廳長官。

朝鮮總督府的應對

我們把時間稍微拉回一點，蘇聯對日本宣戰後，便經由滿洲攻進北朝鮮，八月十二日占領了靠近國界咸鏡北道的雄基與羅津，翌日開始攻擊主要港灣清津。在不容樂觀的情況下，朝鮮總督府最擔心的就是蘇聯一口氣攻入首爾，造成許多隨聲附和、姦淫擄掠的事件。有關朝鮮北部實際發生的事件，總督府官房總務課長山名酒喜男記錄如下：

> 人民委員會不僅接收行政權，還接連做出奪取各道內的重要工廠、事業單位及金融機關等設施，將日本員工趕出、革職、占據住宅等暴行，不僅如此，更過分的是蘇聯兵甚至對婦女做出凌辱之舉，這些天地不容的禽獸暴行令人悲痛，沒有比這更過分的了。
>
> 根據北朝鮮的逃亡者所述，避難日僑的住家、家財、存款及現金等全都遭到掠奪，幾乎只剩身上的衣服，他們只能靠乞討維生，不幸四處流浪，由於藥品及糧食不足，陸續出現餓死及病死者，也不知如何處理這些屍體，處在無以名狀的情況。（《朝鮮総督府終政の記録》）

宋鎮禹

呂運亨

為了避免首爾也陷入這種景況，總督府亟欲尋求朝鮮重要人士的協助，設法維持治安。總督府一開始鎖定的目標對象，是畢業於明治大學、曾歷任東亞日報社社長等職的民族主義者宋鎮禹。總督府曾多次與宋鎮禹接觸，據說在八月十三日的交涉中，生田清三郎京畿道知事還答應宋鎮禹「會委以維持治安的必要權限」。可是，宋鎮禹卻不願答應。因為他認為，應該由重慶的大韓民國臨時政府建立新政權，不能不等臨時政府回國，就讓其他勢力朝著建國行動。

由於右派的宋鎮禹拒絕協助，總督府改與中間偏左的呂運亨接觸。呂運亨在參加設立臨時政府後便投身於高麗共產黨，亦與孫文、毛澤東等中國的革命家有交流。他在上海被捕後，直到一九三二年為止一直過著牢獄生活；出獄後就任朝鮮中央日報社社長。可是，以孫基禎選手的日章旗抹消事件為契機，朝鮮中央日報社於一九三七喪失了報紙發行權*，戰時也因違反治安維持法遭到檢舉。總督府認為如果是擁有上述輝煌經歷的獨立運動人士，同時也是報人的呂運亨的話，應該有辦法統制朝鮮民眾。

呂運亨與宋鎮禹不同，對臨時政府評價不高。因為他認為，臨時政府只是在國外成立的獨立運動團體之一，沒必要等臨時政府回國後才建立政權。因此，八月十五日，呂運亨答應總督府希望他協助維持治安的邀請，當天便組成朝鮮建國準備委員會（簡稱建準），就任委員長。副委員長由朝鮮日報前主筆、歷任副社長及社長的民族主義者安在鴻擔任。

從該組織的名稱「建國準備」就能明白，呂運亨等人的目標不只是維持治安而已。翌日十六日，呂運亨很快就做出超出總督府請求協助範圍內的行動了。

首先在下午一點，呂運亨委員長對著聚集在徽文中學廣場的五千多名群眾呼籲：「在這裡我們將踏出民族解放的第一步，痛苦難受的過去全都忘了吧。然後，我們必須在這塊土地上建設真正合理理想的樂園。」接著在下午三點十分，安在鴻副委員長透過京城中央放送局的麥克風向大眾宣告：「我們這些代表各界的同志們，將在此組成朝鮮建國準備委員會，關於新生朝

---

* 譯注：《朝鮮中央日報》刊登了一九三六年柏林奧運會男子馬拉松冠軍孫基禎掛在胸前的日章旗被刪除後的照片，故自同年九月五日起無限期停刊，社長呂運亨也被總督府逼迫辭職，一九三七年十一月發行許可自然失效，該報也隨即被停刊。

鮮的重建問題，正著手具體實際的準備工作。」他也提到正規軍的編制、一般行政接收以及糧食物資的分配事宜（《朝鮮同胞에게告함》）。安在鴻的這番宣告，會讓人誤以為朝鮮總督府現在馬上就要解散，成立新政府。因此，總督府說服安在鴻解散建準，可是安在鴻卻不予回應。

建準的左傾與「朝鮮人民共和國」的建立

為了獲得國內的廣泛支持，呂運亨不拘泥於左派或右派，打算全面推動建國運動。這一點從他拉攏右派民族主義者安在鴻為夥伴，就能明白。然而進入九月後，建準突然急速左傾。原因在於呂運亨與朴憲永聯手之故。

關於朴憲永，在第四章已經介紹過，他是一九二五年四月在京城一家中華料理店祕密組成的朝鮮共產黨的成員之一。後來他流亡蘇聯，在國際列寧學校求學，一九三三年準備重建政黨時在上海被捕，服刑六年。朴憲永被釋放後，在一個名叫「京成共產集團」的地下組織擔任領導；一九四三年起，他潛伏在全羅南道光州市一家磚瓦工廠當工人。終戰後，朴憲永回到首爾招兵買馬，八月二十日召開朝鮮共產黨重建準備委員會，並通過「一般政治路線相關暫定提綱」。根據此一方針，重建派的共產主義者開始滲透建準。隨著建準愈來愈左傾，安在鴻便脫離建準，另外組成國民黨。

與朴憲永合作的呂運亨在九月六日、美軍預定進駐日的前一天宣布建立「朝鮮人民共和國」。這是為了搶在美軍及海外獨立運動團體進入南朝鮮前宣布建立新國家，以造就既成事實。

安在鴻

朴憲永

選定這天建立的朝鮮人民共和國，成員包括五十五名中央人民委員及二十名候補委員，大部分都是共產主義者，而李承晚、金九、金日成等海外獨立運動人士的名字也未經本人同意就加入其中。宣布後所發表的閣僚名單如下：主席李承晚、副主席呂運亨，國務總理為許憲。而在同一時期，朴憲永也重建朝鮮共產黨，就任中央責任書記。

另一方面，右派的核心人物宋鎮禹也開始行動，集結勢力。九月四日，右派政黨及團體代表八十二人在鍾路召開新黨發起總會，政黨名稱定為「韓國民主黨」。八日，韓國民主黨的一千多名發起人發表「打倒朝鮮人民共和國」的聲明書，明確表示支持臨時政府。十六日，一千六百名發起人聚集在天道教紀念館，舉行韓國民主黨創立大會，除了推舉人在國外的李承晚、金九、徐載弼等七位獨立人士為「領袖」外，也從各道選出八名「總務」。首席總務由宋鎮禹擔任。韓國民主黨的成員及其親屬當中，有不少在日本殖民時代曾受過高等教育的知識分子、地主及資產家，左派勢力抨擊這些人為「親日派」（叛徒、賣國賊），並譴責應該將這些人排除在新國家建設之外。因此對韓國民主黨的右派勢力而言，朝鮮人民共和國乃是一大威脅，是應該打倒的對象。就這樣，終戰後僅過了一個月，南朝鮮的政治勢力便明確分裂成左右二派，彼此對立激烈，無法相互妥協。

美軍政廳與韓國民主黨合作

如前所述，美軍在九月七日占領南朝鮮後，對朝鮮人民共和國瞧也不瞧，便展開軍政統治。美國原本就非常警戒在朝鮮半島上出現親蘇政權，因此不可能承認與眾多共產主義者有關的朝鮮人民共和國。

美軍政廳一方面敵視朝鮮人民共和國，另一方面與韓國民主黨建立良好關係。這是因為韓國民主黨親美、保守且好對付，而且黨員當中有許多懂英語的知識分子。而站在韓國民主黨的立場，想要對抗朝鮮人民共和國，與美軍政廳合作是不可或缺的。這是因為朝鮮人民共和國有民眾的廣大支持，建立了全國組織網；另一方面，以地主及資本家為中心的韓國民主黨，在農村地區更是缺乏大眾基礎。

美軍政廳在九月十四日以前將總督府的日本人幹部全數解任，並任命朝鮮人擔任美軍軍官幹部的輔佐官。此外，為了諮詢包括人事在內的各種問題，美軍政廳也召集各界重要人士，任命為軍政長官顧問。這種措施是為了加深人們對行政及人事「公正」的印象，但實際上任命的軍政長官顧問相當偏頗。十一名顧問當中除了呂運亨及曺晚植外，其餘九名不是韓國民主黨的黨員就是其支持者。而且曺晚植還住在北朝鮮。呂運亨對顧問成員的組成相當不滿，便辭掉軍政長官顧問一職。

就這樣，美軍政廳的要職全被韓國民主黨的有力人士占據。而且在十月十日，阿諾德軍政長官發表聲明，宣布北緯三十八度線以南的唯一政府只有美軍政廳，全面否定既不具權威也無實體的朝鮮人民共和國。由此明顯可以看出美軍政廳與韓國民主黨合作，視朝鮮人民共和國為敵。

李承晚歸國

美國國務院不太樂見李承晚及金九等海外知名獨立運動領導人提早回國。因為美國國務院擔心，深受民眾歡迎的他們會發揮政治影響力，妨礙軍政，所以相當警戒。此外，站在美國的立場，則打算實現戰時與蘇聯共同託管朝鮮的約定，一段時間後再根據民族自決原則，在朝鮮半島建立統一國家。在這個時間點，北緯三十八度線只不過是美蘇兩國為了受理日軍解除武裝與投降所劃定的分界線，並沒有打算永久維持這條線。可是，如果美國支持像臨時政府這樣的特定獨立運動團體，就會給蘇聯在北朝鮮擁立共產團體、建立親蘇政權的藉口了。這可能會阻礙美蘇的共同行動，甚至造成信託統治構想失敗。因此，美國才會遲遲不肯同意一舉一動都可能產生政治意義的知名獨立運動人士歸國。

話雖如此，站在美軍政廳的立場，為了進一步推動信託統治，就得一邊抑制共產勢力，一邊策劃統合南朝鮮的左右派。可是，美國仰賴的韓國民主黨被左派譴責是「親日派」，加上支持基礎相當脆弱，不足以擔綱這項重任。這時，霍奇接受麥克阿瑟的建議，決定擁戴李承晚為「民族英雄」，利用他強大的向心力。此舉大概是考慮到若這號人物能同時獲得韓國民主黨及朝鮮人民共和國擁戴成為領袖，就能統合左右二派。

李承晚

儘管李承晚曾獲選為臨時政府的首任大統領，可是在二戰結束時，他只是個駐美代表。相較於時任主席金九，李承晚較容易以「個人」身分被利用。因此，麥克阿瑟與霍奇才會讓李承晚比金九優先回國（《朝鮮分断の起源——独立と統一の相克》）。

李承晚於十月四日從華盛頓出發，途經舊金山、檀香山、關島、東京等地，十六日抵達首爾。自一九一二年渡美以來，李承晚睽違三十三年回到祖國*，如今已經是七十一歲高齡。翌日十七日，朝鮮人民共和國的呂運亨及許憲、韓國民主黨的宋鎮禹等人爭先搶後地拜訪下榻朝鮮酒店的李承晚。不論左派還是右派，都拼命想拉攏這個老政治家加入自己陣營。

李承晚在回國後的廣播演講中呼籲各政黨共同合作，很快地就在二十三日朝著實現這項呼籲開始行動。他在朝鮮酒店召集各政黨團體，各派二名代表，共計約二百名，針對邁向獨立實現的戰線統一聽取意見。在朝鮮共產黨、韓國民主黨等的代表陳述意見之後，最後由國民黨的安在鴻彙整全體意見，由各黨各派一名代表組成獨立促成中央協議會（獨促會），並提案推舉李承晚擔任會長。這項提案獲得全場一致通過。

就這樣，由於李承晚的歸國，誕生了超越黨派的獨促會，水火不容的韓國民主黨與朝鮮共

---

* 編註：嚴格來說，李承晚一九〇四年十一月就搭船赴美，中間只回來韓國一年半，就再次出國。可以說，整整四十一年的時間他幾乎都在國外，沒能深刻體認這段時期韓國人被日本殖民的感受。這也影響了他日後的政治選擇。

產黨看似也要攜手合作、形成統一戰線了。然而，李承晚基本上反共，從還是大韓帝國時代起，他就一直是個警戒並抗議俄羅斯侵奪利權的反蘇主義者。因此，他一方面與韓國民主黨建立緊密關係，一方面也否定朝鮮共產黨的主張。舉例來說，就算朴憲永要求先排除「親日派」再團結，李承晚也堅決不答應。因為這麼做的話，就會削弱李承晚的政治基礎、也就是韓國民主黨的力量，讓朝鮮共產黨為首的左派占優勢。結果，朴憲永與李承晚反目，雙方對立不斷加深。

李承晚的反共言論阻礙總團結

李承晚統合左右兩派的構想以失敗告終，美軍政廳需要找新的政治領導人來擔任這個角色。就這樣，金九終於能回國了。只是站在美軍政廳的立場，如同否定朝鮮人民共和國一樣，美國也無法承認臨時政府為南朝鮮的正統政府。因此，金九不是作為臨時政府的主席，而是以「個人」的資格於十一月二十三日回國。而且這天與金九一起在金浦機場下飛機的，只有副主席金奎植等十四名而已。原因是美軍政廳大概是為了避免臨時政府的重要人士齊聚一堂回國，只派了一架中型輸送機到上海的緣故。

金九採取的行動是超越左右對立，以民族「總團結」為目標。霍奇抓住這個時機，在十一月三十日與呂運亨接觸，提出了左右兩派都能滿意的腹案。在取得呂運亨答應協助的回覆後，霍奇便於十二月六日起陸續與金九、李承晚、呂運亨、安在鴻、宋鎮禹分別進行會談。十一日，阿諾德軍政長官與朴憲永進行極機密會談，由於不久後將舉辦美英蘇外交部長會議，阿諾德便威脅朴憲永，在這之前若無法在南朝鮮組成政黨聯盟的話，就無法獨立，藉此催促朴憲永合作。朴憲永在翌日十二日的記者會上表示可由左右兩派各半、組成權力平衡的聯盟，這顯示了各政黨及團體互相讓步，仍有邁向「總團結」的可能。

由左到右依序為李承晚、金九及霍奇

然而在十七日傍晚，李承晚透過漢城（首爾）中央放送局播放了反蘇反共的政見，導致「總團結」的可能性化為雲煙。他以波蘭與中國為例，批判「共產主義激進分子」正在破壞國家的獨立，並斷定朝鮮也發生同樣情形。他還說之前費了不少時日拉攏共產主義者，主張今後只會跟願意合作者一起合作。對此，朴憲永於二十三日發表聲明，譴責李承晚是「民族的叛徒，親日派的救世主」，並撤銷與獨促會的一切關係（《朝鮮分断の起源―独立と統一の相克―》）。

李承晚是一名國際政治學者，他預測世界局勢將進入冷戰，因此才會對為了「總團結」而姑息朝鮮共產黨及蘇聯的金九踩煞車。此外，面對能統合左右兩派者才適合當領導人的風潮，李承晚也感到焦慮。無論如何，雖然李承晚與金九同是右派，不過二人所嚮往的國家形象與政治觀卻截然不同。他們一方面受到美蘇動向的影響，一方面也圍繞著領袖的寶座展開激烈的政治鬥爭。

2. 遙遠的獨立

朝鮮共產黨北朝鮮分局的創設

蘇聯於八月八日對日宣戰後，便急著趕在終戰前越過滿洲，攻進朝鮮北部。雖說戰後的朝鮮預定交由美蘇中英四國託管，但為了在這些成員當中稍微提高發言權，占領一部分朝鮮領土就相當重要。如前所述，美國在十五日提出的朝鮮半島二等分方案，對蘇聯而言時機正好，史達林很快就接受了。

奉命占領北朝鮮的蘇聯第二十五軍奇斯佳科夫（Ivan Mikhailovich Chistyakov）上將，選擇平壤作為司令部的設置地點。而在平壤，民族主義者曺晚植早在奇斯佳科夫抵達前便召集同志，組成平安南道建國準備委員會。曺晚植生於一八八三年，他在就讀宣教型崇實中學期間成為基督徒。一九〇八年到日本留學，先後就讀正則英語學校及明治大學，回到朝鮮後成了五山學校的老師。一九一九年，他辭去校長職位參加三一運動，後服刑一年，出獄後他全力投入民族教育；一九二三年，與宋鎮禹等人組織民立大學期成會；一九三二年，就任朝鮮日報社社長。眾所皆知，他為甘地（Mohandas Karamchand Gandhi）的「非暴力不合作運動」所傾倒，將之當成民族運動的模範。

在平安南道建國準備會成立的同一時期，玄俊赫等人也在平壤組成了朝鮮共產黨平安南道地區委員會。這時，蘇軍於八月底從建國準備委員會及共產黨內部派出相同人數的成員，以對等合作方式設立了自治行政機構。組織名稱也顧慮到民族主義者，避免使用「人民委員會」，取名為「平安南道人民政治委員會」。蘇聯採取在東歐實施過的方式，即在當地共產黨協助下確保領導權，並推舉民眾支持的領導人出面，組成民族統一戰線。為了在北朝鮮也沿襲這套方式，像曺晚植這樣的人物是不可或缺的，於是平安南道人民政治委員會的委員長由曺晚植擔任，副委員長則由玄俊赫及建國準備委員會的吳胤善擔任。然而，玄俊赫在翌月從蘇聯司令部搭卡車回去的路上遭到不明人士槍擊，命喪黃泉。

占領行政的負責人羅曼年科（Andrei Alekseevich Romanenko）少將於九月下旬抵達平壤。從這時起，蘇聯於北朝鮮的實質軍事政府「民政廳」(Soviet Civil Administration, SCA）開始運作，由羅曼年科就任長官。

羅曼年科的行動方針，是根據蘇聯最高統帥部以史達林名義於九月二十日發布的關於占領北朝鮮的基本指令。內容以條列方式規定如下：⑴不得在北朝鮮創設蘇維埃政權的各項議會及其他機構，亦不得導入蘇聯的秩序。⑵協助建立一個基於廣泛的反日民主政黨與團體聯盟的資產階級民主政權。⑶不得妨礙反日民主團體及政黨的組建，並援助其活動。換句話說，史達林雖然表面上同意信託統治，但實際上希望在北朝鮮建立一個由蘇聯主導的統一戰線式資產階級民主政權，同時也特別警戒這一政權在外界看來會被視為完全蘇聯化的體制。從東歐諸國的前例來看，史達林所說的「廣泛的民主政黨與團體聯盟」，其核心實際上仍是共產黨，這一點毋庸置疑（《北朝鮮ハンドブック》）。

羅曼年科打算十月開始將基本指令的內容付諸實行，但做起來並不容易。原因在於，朴憲永等共產主義核心勢力在美軍占領地區的首爾組織了朝鮮共產黨中央委員會，但在北朝鮮卻沒有以民族統一戰線為中心的共產黨組織。

曺晚植

因此，羅曼年科先嘗試在北朝鮮成立能遵照蘇聯的意思做出適當行動的共產黨組織。基於這項嘗試，十月十三日創設「朝鮮共產黨北部朝鮮分局」。這天，北朝鮮的共產主義者在民政廳幹部的見證下舉辦「西北五道黨責任者及熱誠者大會」，會中討論黨的重建問題。金日成主張在北朝鮮成立共產黨組織，但吳淇燮等人則提出一國一黨原則加以反對。吳淇燮是日治時代留在朝鮮活動的國內共產主義者，他支持首爾的朝鮮共產黨。討論的結果，眾人一致認同朝鮮共產黨中央責任書記朴憲永的領導能力，故在得到朝鮮共產黨中央的許可後達成妥協，朝鮮共產黨於二十三日正式承認北部朝鮮「分局」。

以金日成為最高領導人的體制

其實早在十月八日，金日成與朴憲永便在羅曼年科的見證下，在開城北方的蘇聯軍警備司令部祕密會面。當時，金日成與羅曼年科提議在平壤設立朝鮮共產黨中央，由朴憲永擔任領導。沒想到，朴憲永並不接受這個提案。原因是，他認為若要在朝鮮建立獨立國家，就得以首爾為中心。如果當時朴憲永答應這項提案，坐上北朝鮮領導人寶座的或許就不是金日成了。

那麼，金日成是在怎樣的情況下掌握北朝鮮的政治權力呢？如同第四章所見，他在一九四二年從屬於被編入蘇聯軍的第八十八特別狙擊旅團，與游擊隊隊員夥伴一起受訓，以期與日本作戰。可是，最後卻沒能發揮訓練的成果。第八十八特別狙擊旅團收到出動命令時，已經是一九四五年九月二日了；金日成搭乘漁船改造的蘇聯船普加喬夫號抵達北朝鮮的元山港時是十九日，抵達平壤時已經是二十二日。只不過在現在的北韓，金日成率領朝鮮革命軍凱旋歸來的政治神話已然深植人心。

根據蘇聯第二十五軍的軍官所述，金日成在八月中旬前對於返回母國並不積極，比起不擅長的政治，他更嚮往軍事，而且希望回到莫斯科執行軍務（《モスクワと金日成—冷戰の中の北朝鮮　一九四五～一九六一年—》）。像這樣，原本對成為國家領導人毫無興趣的金日成，卻遵照蘇聯軍政當局的意思行動，對十月十三日朝鮮共產黨北部朝鮮分局的創設貢獻良多。翌日十四日，在平安南道人民政治委員會主辦歡迎蘇軍的「平壤市民眾大會」上，他以「民族的英雄」、「金日成將軍」的身分登台，僅次於曺晚植之後。

金日成（右）與羅曼年科

不過在這個時間點，金日成尚未正式登上北部朝鮮分局最高領導人的地位。他在十一月新義州的反共學生起義中率先收拾動亂；到了翌月的第三次擴大執行委員會，他終於就任北部朝鮮分局的責任書記。自此以後，北部朝鮮分局實質上已脫離首爾的朝鮮共產黨而獨立。

另外在北朝鮮，也有其他共產主義勢力返回，包括以前曾在中國共產黨領導下活動的金科奉、武亭等延安派共產主義者，以及俄籍不擅朝鮮語的許嘉誼（本名是亞歷克賽·伊萬諾維奇·許哥而，Alexei Ivanovich Hegai）等蘇聯派共產主義者。對於以蘇聯為後盾的金日成來說，如何處理延安派是一個棘手的問題，然而在第三次擴大執行委員會上，武亭被任命為幹部部長，許嘉誼被任命為勞動部長，表現出對他們的重用。就這樣，形成了一個由游擊隊派（金日成）主導、並得到延安派及蘇聯派支持的黨內體制。

莫斯科外長會議與臨時政府的反託管運動

一九四五年十二月，美英蘇三國的外交部長為了協議戰後處理事宜，在莫斯科舉行會議。這場會議中，美國將朝鮮問題列為議題，並提出三階段計畫：首先由美蘇占領當局共同管理朝鮮，接著將管理權移交給美蘇中英四國託管的信託統治體系，最終則建立獨立的朝鮮政府。對此，蘇聯雖然表面上同意信託統治，但提出了一項強調政府建立的追加方案。該方案的內容是，先設置由美蘇兩軍司令部代表組成的美蘇聯合委員會，由該委員會與朝鮮內部的民主政黨與社會團體進行協商，再逐步建立臨時民主政府。

反託管運動

美國方面認為，這種方式能促進美蘇在朝鮮半島的合作行動，並有助於南北朝鮮的統一管理，因此接受了蘇聯的方案。可是，數個月後美國才明白，蘇聯方案中提到的「民主」概念，指的是支持蘇聯及共產黨，至少不能是「反蘇反共」。因此，這導致在成立臨時民主政府時，可以根據此協議來排除反共勢力，這成了阻礙美蘇合作行動的主因（《朝鮮分断の起源—独立と統一の相克—》）。

在這場會議中通過的莫斯科協定，決議在設置臨時民主政府之前，需將朝鮮半島交由美蘇中英四國託管長達五年的時間。關於信託統治的期間，當初美國主張十年，後來考量蘇聯的意見改為最長五年。託管期間比雅爾達會議時提出的縮短不少，儘管如此，期盼立刻獨立的朝鮮民眾無論如何也無法接受這個方案。尤其是南朝鮮，許多民眾將信託統治理解為與殖民統治並無兩樣，只是統治者從日本換成美蘇中英四國而已，因此產生極大的反彈。

對信託統治的態度最為強硬的，是金九等幹部。他們早在十二月二十八日便召集各界代表及新聞記者召開非常對策會議，決定成立反對信託統治（反託）國民總動員委員會，發起民族性反託管運動。金九一改過去的慎重態度，在會議一開頭就用「獨立運動」來形容這次的運動，並在聲明書中呼籲：「為了贏得五千年的主權及三千萬人的自由，我們要擁護自己的政權活動，抨擊外國的託管勢力（中略）站起來，同胞們！」（《民衆日報》一九四五年十二月三十日）他還擁立權東鎮擔任國民總動員委員會的委員長。說起權東鎮，就是一九一九年與孫秉熙等人一同簽署三一獨立宣言書的天道教幹部。金九等人企圖將反託管運動與三一運動連結來動員全國民眾，不僅要阻止信託統治，同時也將占領南朝鮮的美軍驅逐出去，以實現「獨立」。然而，在前面第四章也有提到，權東鎮這個人曾在三一運動前夕曾去拜訪朝鮮軍司令官宇都宮太郎，向他洩漏：「〔李太王〕國葬之際難保不會出現什麼狀況，需多加留意。」金九等人對這件事毫不知情，可以說這個人選讓國民總動員委員會的前途蒙上了陰影。

該與美軍政廳為敵還是友？

韓國民主黨的宋鎮禹雖然支持臨時政府，卻反對它否認美軍政廳、主張直接行使主權的激進立場，主張五年的信託統治是一個實際可行的方案。因為他認為，臨時政府若與美軍政廳發生衝突，共產黨就會從中得利。可是，十二月二十九日晚至三十日凌晨，宋鎮禹在一次激烈的討論會中沒能說服臨時政府，反倒被貼上「贊託派」（贊成信託統治）的標籤，遭到嚴厲批判。三十日一早，結束激烈爭論後回府的宋鎮禹，在睡夢中遭到槍擊身亡。這起事件的幕後黑手不明，不過以此為契機，韓國民主黨自此與臨時政府保持距離，改與李承晚建立更緊密的合作關係。

臨時政府於三十一日發表布告文，下令從屬於全國行政廳的朝鮮職員都要聽從臨時政府指揮。接著在同一天，也啟動了國民總動員委員會主導的首爾市民示威遊行。據說朝著美軍政廳前進的人潮「讓人聯想到己未萬歲〔三一運動〕」，而在街角拿著擴音器的人員則不斷呼喊著「萬歲」（《朝鮮分断の起源―独立と統一の相克―》）。

美軍政廳將臨時政府的行動視為一種政變。大發雷霆的霍奇於一月一日與金九會談，暗示要將他逐出國外，以控制臨時政府。結果，臨時政府無法抵抗美軍政廳的施壓，於是在當天內透過廣播表明反對的是信託統治而非軍政，呼籲民眾停止罷工，返回職場。

獨促會的李承晚也強硬反對信託統治，獲得民眾的支持。不過，李承晚絕對不會與美國為敵。他與金九等人訴諸民族情感、企圖從美軍政廳手中奪權的作法正好相反，他以尊重美軍政廳的正統性為前提，展開反託管運動。在十二月三十一日的記者會上，李承晚一方面擁護民眾的反託管示威遊行，另一方面也強調美國乃是將我們從日本手中解放的「恩人」，若是遺忘這位

「獨立的朋友」，就會妨礙獨立。他要將政治鬥爭推展到對自己有利的局面，因此獲得美國的支持比什麼都重要。

排除異議成立北朝鮮「政權」

朝鮮人民共和國及朝鮮共產黨等南朝鮮的左派分子，一開始也反對信託統治。然而到了新年的一九四六年一月二日，朝鮮人民共和國中央委員會卻突然採納「針對莫斯科外長會議決定中央委員會之決定要旨」，表明贊成信託統治。朝鮮共產黨也在黨報《解放日報》的號外發表了內容幾乎一模一樣的聲明，聲稱莫斯科外長會議的決定對世界民主主義的發展是一大進步，並譴責展開反託管運動的「金九一派」欺瞞大眾，誤導大眾與民主主義敵對。其實在一九四五年十二月底，朴憲永越過北緯三十八度線到平壤與羅曼年科及金日成進行會談，自此改變了對信託統治的應對態度。換句話說，左派之所以會強調「民主」並全面支持信託統治，是遵照蘇聯的旨意。

至於在蘇聯軍政統治下的北朝鮮，朝鮮共產黨北部分局、朝鮮獨立同盟、朝鮮勞動組合全國評議會北朝鮮總局等政治團體，也於一月二日發布了支持莫斯科協定的共同聲明。只不過在這個時間點，並非北朝鮮所有勢力都贊成信託統治。以平安南道人民政治委員會委員長曺晚植為首的朝鮮民主黨就強硬反對。比方說一月五日，在蘇聯軍政當局主導召集的平安南道人民政治委員會緊急會議上，共產黨方面委員要求通過支持莫斯科協定的聲明，議長曺晚植拒絕進行表決。結果，曺晚植被抨擊為「反民主」，會議結束後就被帶到高麗酒店，軟禁起來。

一個月後的二月八日，在蘇聯軍政當局的指示下，金日成等人成立了「北朝鮮臨時人民委員會」。委員長是金日成，副委員長由金枓奉擔任。這是一個北朝鮮的中央主權機關，也是由黨所領導的「政權」。金日成在報告中強調：解放後的北朝鮮，出現了許多「自由」成立的大眾性政黨及社會團體，它們都是以「民族統一戰線」為基礎，目標是盡早建立獨立國家，因此北朝鮮臨時人民委員會才得以成立。而且他還附加說明，此一機構的成立是基於莫斯科協定，是為了促進未來將要建立的臨時民主政府，因此有必要成立。正因如此，金日成等共產勢力才會極力排除反對莫斯科協定的曺晚植等民族主義者，並且趕在美蘇聯合委員會召開前，搶先於南朝鮮成立這樣的「政權」。

左派同意託管的理由

三月二十日，美蘇聯合委員會在首爾的德壽宮開會。美國方面由阿諾德少將代表，蘇聯方面則為什特科夫（Terenty Fomich Shtykov）上將。開會前的三月五日，英國前首相邱吉爾在美國密蘇里州的富爾頓舉行「鐵幕」演講，此時期讓人開始強烈意識到東西冷戰的到來。

蘇聯方面的什特科夫在會議一開頭就強調，美蘇聯合委員會的任務是援助建立臨時民主政府，因此應該優先討論這個議題。在此基礎上，能夠成為臨時民主政府協商對象的「民主」政黨及社會團體，必須支持莫斯科外長會議的決定，不能抱持反蘇聯立場。換言之，這就是蘇聯所詮釋的「民主」概念；唯有滿足這項條件的團體，才有資格與美蘇聯合委員會進行協商。

美國方面當然不能接受蘇聯這種單方面的主張。因為根據這項條件，在莫斯科外長會議上反對信託統治的右派，將被排除在臨時民主政府的協商對象之外，使得左派掌握主導權。因此，美國方面提出反駁表示，南朝鮮的民眾支持的是反對信託統治的政黨，所以這些政黨也該被納入協商對象。

就這樣，美蘇聯合委員會會談觸礁了。為了尋求妥協，美蘇雙方決定，只要政黨或團體簽署一份包含「遵守美蘇聯合委員會決定」等內容的宣言書，就可納入協商對象。對此，以朝鮮共產黨為首的左派馬上就簽署了，但右派卻遲遲不肯提交宣言書。因為他們認為，若是與美蘇聯合委員會合作建立政府，就等同於屈服於信託統治方案。然而霍奇說服他們，簽署宣言書並不代表必須支持信託統治。最終，除了已經表態支持的李承晚之外，金九等人也提交了宣言書。

可是，李承晚及金九等右派參加建立臨時民主政府的協商，這對蘇聯方面相當不利。因此，蘇聯方面便抨擊霍奇的說詞，認為宣稱「簽署宣言書並不代表支持莫斯科外長會議的決定

（信託統治）」的說法是一種欺瞞，並主張：過去曾反對信託統治者，不應被允許參與討論建立臨時民主政府。對此，美國方面則提出「言論自由」乃是民主主義的基本原則加以反駁，認為反對莫斯科外長會議決定的政黨及團體也應該納入協商對象。結果，第一次美蘇聯合委員會於五月六日無限期休會，蘇聯代表則於九日離開首爾。

大邱大暴動

在第一次美蘇聯合委員會決裂的五月，南朝鮮發生了「朝鮮精版社偽造紙鈔事件」。這起事件是十四名朝鮮共產黨相關人士涉嫌為籌措黨的活動資金而偽造紙鈔，後遭到逮捕。朝鮮共產黨接收了日治時代印製朝鮮銀行券*的近澤印刷，之後改名為朝鮮精版社，並發行黨報《解放日報》。可是，朝鮮精版社除了發行黨報外，還疑似利用留下的紙鈔原版偽造了一千二百萬圓。朝鮮共產黨否認犯案，主張一切都是警察的陰謀。然而，美軍政廳卻在五月十八日將《解放日報》處以停刊處分；九月，對朴憲永等共產黨幹部發出逮捕令。自此，共產黨員在南朝鮮難以繼續從事合法活動，朴憲永等人便越過北緯三十八度線，逃到北朝鮮。以第一次美蘇聯合委員會決裂為契機，美軍政廳對左派的態度也從懷柔轉為威壓。

美軍政廳這種強硬的態度，在南朝鮮引發了大規模暴動。這時的南朝鮮，由於政治混亂使得經濟極度惡化，糧荒及米價高漲成了一大問題。市場上買不到穀糧，各地都出現餓死者。在社會如此不安下，美軍政廳對共產黨的鎮壓，挑起了支持左派的學生及勞工的不滿，因此各地頻繁發起反美活動與罷工。

九月二十四日，首爾有一萬五千名鐵路工會成員加入罷工，要求解除對共產黨幹部的逮捕令及改善民眾待遇。其後出版、電信、電話、電力等重要產業的工會也跟著罷工，使得首爾呈現癱瘓狀態。

此一浪潮在十月一日也影響到大邱，一萬五千多名勞工及學生聚集在大邱站前示威。警察在鎮壓示威活動時開槍，造成死傷。示威隊伍的怒火一發不可收拾，數千名群眾包圍大邱市廳及警察署，甚至對警官及家屬、保守派要員等施以暴行。這場暴動在十月三日時延燒到慶尚北道一帶，接著擴大到慶尚南道、全羅南北道、京畿道及江原道。美軍政廳發布戒嚴令，出面鎮壓，終於在十一月中旬平息暴動。警方死者三十三名、傷者一百三十五名，示威隊伍死者十七名、傷者二十五名，被逮捕者達三千七百名。在這之後，左派支持者開始不時在全國各地發動反美、反軍政游擊戰（《分断後の韓国政治―一九四五～一九八六年―》）。

* 編註：朝鮮日治時期所使用的貨幣，正式名稱是朝鮮圓。

3. 建國的理想與現實

民主基地論與北朝鮮勞動黨的成立

在北朝鮮，自從第一次美蘇聯合委員會陷入癱瘓起，「民主基地」論就開始抬頭。該理論主張，北朝鮮應該強化自身權力，成為民主主義的根據地，幫助南朝鮮的民主政黨及社會團體，肅清親日及反動勢力，並由北朝鮮主導實現統一。

在這一構想的基礎上，一九四六年八月底，北朝鮮勞動黨成立。其主要推動者是蘇聯。這是因為七月時，史達林曾祕密召見金日成及朴憲永到莫斯科，提議將北朝鮮共產黨與朝鮮新民黨合併。北朝鮮共產黨原本是朝鮮共產黨北部朝鮮分局，於一九四六年五月改名，而朝鮮新民黨則是延安派的金科奉於二月在平壤組成的政黨，在首爾也有設立組織。金日成帶著史達林的提案回到北朝鮮，於八月二十八日至三十日召開合黨大會，正式成立北朝鮮勞動黨。金科奉擔任委員長，金日成擔任副委員長，但無關職位，實際上掌握最高權力的當然是金日成。這一點從金科奉在報告結束時大喊「我們的領導者金日成將軍萬歲！」，就可明顯看出。

因應北朝鮮勞動黨的成立，朴憲永於十一月將朝鮮共產黨、南朝鮮新民黨及朝鮮人民黨（呂運亨於一九四五年十一月成立的政黨）合併，組成南朝鮮勞動黨。他在這個時間點已經越過北緯三八度線前往北朝鮮，因此他在北方遙控南朝鮮勞動黨，領導南朝鮮的革命鬥爭。

李承晚的「南朝鮮單獨政府」構想

另一方面在南朝鮮，右派的李承晚以第一次美蘇聯合委員會決裂為契機，開始主張建立南朝鮮單獨政府。李承晚首度發表這個構想，是在一九四六年六月三日於全羅北道井邑所舉行的演講上。這個以南北分治為前提建立單獨政府的構想，遭到許多輿論的反彈，美軍政廳也正式表明反對。這是因為美軍政廳尚未放棄重新召開美蘇聯合委員會，透過該委員會來解決朝鮮問題。主張反蘇反共反莫斯科協定的李承晚，遂成了眼中釘。

在這個時間點，美軍政廳積極支援的是中間偏右的金奎植及中間偏左的呂運亨推動的左右合作運動。該運動最終在十月時達成七項合作原則，並以組成左右合作委員會的形式取得成果。這七項原則規定了透過左右合作建立臨時政府、發表要求重新召開美蘇聯合委員會的聯合聲明，以及無償將土地分配給農民等等。可是，由於左右二派的中心政黨朝鮮共產黨及韓國民主黨反對這七項原則，對合作委員會也持消極態度，因此這個組織並沒有做出什麼顯著成果。翌年七月，呂運亨被右翼青年暗殺，左右合作運動因此實質上劃下句點。

李承晚無視美軍政廳的反對，在南朝鮮各地一邊進行遊說，一邊推動成立單獨政府運動。

一九四六年十二月，他還為了向美國高官表達自身想法而遠渡美國。可是，美國政府相關人士並未與李承晚這位既非南朝鮮代表、又堅持主張反蘇反共路線的人進行交涉。

然而，到了翌年一九四七年，世界情勢開始朝對李承晚非常有利的方向發展。杜魯門總統對共產主義在歐洲各國逐漸擴大的狀況抱持警戒，於是在三月十二日的國會聯席會議上進行演講，宣布援助正在抵抗共產勢力威脅的希臘及其鄰國土耳其。「杜魯門主義（Truman Doctrine）」即是為了維護美國的安全而支援自由主義陣營，呼籲必須防堵共產主義。以此為契機，美國將政策轉為對蘇強硬路線。

美蘇聯合委員會的再開與決裂

儘管美國政府雖轉換政策為對蘇強硬路線，美軍政廳仍持續尋求重啟美蘇聯合委員會。四月，應霍奇的請求，美國國務卿馬歇爾（George Catlett Marshall, Jr.）寄信給蘇聯外交部長莫洛托夫（Vyacheslav Mikhaylovich Molotov）請求重啟聯合委員會。可是，馬歇爾在信中表示，如果蘇聯不合作，美國將準備在其占領區南朝鮮採取獨立的措施，展現強硬的態度。其後，馬歇爾與莫洛托夫書信往來好幾回，第二次美蘇聯合委員會終於決定在五月二十一日於首爾重啟。

然而，第二次美蘇聯合委員會與一年前的第一次美蘇聯合委員會遭遇了相似的問題，亦即選擇參與臨時民主政府樹立協商的政黨和社會團體時出現對立，會議很快就陷入停滯。而且美軍政廳在八月中旬以涉嫌計畫破壞活動為由，拘捕了大量南朝鮮勞動黨及左派團體成員。蘇聯方面抗議美國這種鎮壓左派的行動是妨礙聯合委員會運作的行為，但美國方面則反駁這是內政干涉，更要求蘇聯解放被囚禁在北朝鮮的曺晚植。

第二次美蘇聯合委員會已經完全陷入僵局，美國於是提議在華盛頓召開美蘇中英四國會議。可是，蘇聯政府拒絕這項提議，美國於是決定將朝鮮問題提上聯合國議程，請求聯合國祕書長將朝鮮問題排入大會。雖然蘇聯與波蘭反對，朝鮮問題仍在九月時被列入大會議題。就這樣，透過美蘇兩國解決朝鮮問題的途徑被斷絕了，蘇聯方面代表團於十月離開首爾。

聯合國通過南朝鮮單獨選舉案

李承晚主張的建立南朝鮮單獨政府構想，使得曾與他在反託管運動一同奮戰的右派陣營產生了動搖。代表右派臨時政府的金九等人認為阻止信託統治實現「獨立」固然重要，但同時也認為祖國的「統一」是不可或缺的。因此，他們無法贊同以南北分治為前提的建立南朝鮮單獨政府構想。如此，原本僅僅是贊成信託統治的左派及反對的右派之間單純的對立，進一步在右派中又分裂出支持單獨政府與統一政府的不同勢力。

在這樣的情況下，第二次美蘇聯合委員會決裂，美國將朝鮮問題提交給聯合國。在十一月十四日的聯合國大會上通過了美國的提案（蘇聯未參加投票），決定在聯合國的監督下實施南北朝鮮總選舉，為此設立聯合國韓國問題臨時委員會（The United Nations Temporary Commission on Korea, UNTCOK），並派往朝鮮。委員團的成員有澳洲、加拿大、中國、薩爾瓦多、法國、印度、菲律賓、敘利亞、烏克蘭等九國。

李承晚趁此機會，高聲呼籲即刻在南朝鮮舉行選舉。對此，美軍政廳一邊注意避免被李承晚掌握主導權，一邊支援他。由於美國政府轉換政策為對蘇強硬路線，美軍政廳只得放棄過去對中間派的支援，而開始與反共的李承晚緊密合作。就這樣，李承晚得到南朝鮮最強的後盾，在政爭中逐漸占據了有利地位。另一方面，雖然金九提出警告，假使只有南部舉行選舉的話將會造成南北分治，但他也認為，若能透過聯合國建立政府，就能夠擺脫信託統治，因此對情勢抱持較樂觀的態度。

聯合國韓國問題臨時委員會的委員團於一九四八年一月上旬抵達首爾，十二日召開第一次全體會議，八國代表（烏克蘭支持蘇聯，拒絕參加）與事務局二十七名人員開始活動。只不過，在這個時間點尚未得到蘇聯的同意，首先為了爭取美蘇兩軍的合作，議長寄信給美蘇兩軍的司令官，決定親自拜會兩位司令官。可是，蘇聯方面的司令官拒絕收下信件。情況逐漸明朗，聯合國韓國問題臨時委員會無法在北部執行任務。

隨後，委員團開始聽取朝鮮政治領導人的意見。可是在南朝鮮，受邀參加會談的只有李承晚、金九、金奎植等少部分人士。左派人士在美軍政廳的打壓下只得潛伏地下，無法聽取他們的意見。此外，蘇聯及北朝鮮拒絕讓委員團進入北部，因此委員團沒能前往平壤與金日成等人見面。

在這樣的情況下，委員團得出結論，無法靠自己的力量無法解決朝鮮問題，並將多個提案報告交給聯合國。其中，第一案是建議在委員會已達成任務的南朝鮮實施單獨選舉。根據這一提案，美國的聯合國代表於二月底舉行的聯合國小總會上提議讓南朝鮮單獨舉行選舉，以贊成三十一票，反對二票，棄權十一票的投票結果表決通過。投下反對票的二國為加拿大與澳洲，而蘇聯陣營則抵制會議，未參與投票。李承晚及韓國民主黨對於這個結果均表示歡迎，開始為五月十日的選舉做準備。

被北朝鮮利用的金九

對此，要求建立統一政府的金九及金奎植，開始尋求南北政治領導人進行會談，並自主解決朝鮮問題的途徑。在聯合國即將通過南朝鮮單獨選舉案的二月中旬，金九寄信給北朝鮮的金日成與金科奉請求會談（南北政治協商）。金九選擇與北部的共產主義者合作，以便對抗李承晚。

北朝鮮對金九等人信件的回應較慢，直到一個多月後的三月二十五日才透過平壤廣播電台宣布，為了朝鮮的統一自主獨立，將自四月十四日在平壤舉行「全朝鮮諸政黨社會團體代表者聯席會議」，並呼籲南朝鮮所有反對單獨選舉及單獨政府的民主政黨及社會團體共襄盛舉。此一消息也透過信件傳達給南朝鮮勞動黨等十七個政黨與社會團體，以及金九及金奎植等十五名人士。

金九很早就決定要去北朝鮮，金奎植則遲遲不肯表態。因此，聯席會議延至十九日才舉行。在南朝鮮一〇八名知名文化人發布連署支持南北政治協商的聲明後，金奎植終於下定決心，出發前往平壤。

聯席會議辦在平壤的牡丹峰劇場。十六個政黨、四十個社會團體的代表，共計五百四十五名參加，到二十六日為止一共召開五次。其後，自二十七日起由金日成、金科奉、朴憲永、許憲、金九及金奎植等十五名人士舉行南北要人會談，擬定建立統一政府方案，並於三十日發表共同聲明。其要旨如下：

一、美蘇兩軍即時撤退是解決朝鮮問題的唯一方法。

二、南北領導人需確認，即使美蘇兩軍撤退也不會發生內亂。

三、美蘇兩軍撤退後，召集出席聯席會議的所有政黨及社會團體舉行全朝鮮政治會議，建立臨時政府。並舉行統一選舉，組織立法機構，制定憲法，建立統一的民主政府。

四、簽署本聲明的所有政黨及社會團體不承認南朝鮮單獨選舉，亦不支持透過該選舉成立的政府。

金九及金奎植在南朝鮮單獨選舉五天前，也就是五月五日回到南朝鮮，並報告南北政治協商的結果。可是他們的行動對於阻止南北分治並沒有發揮任何效果。金九等人的行動不過是為了否定南朝鮮單獨選舉，並展示北朝鮮才具有正統性，最終只是被蘇聯與北朝鮮所利用。其實，北朝鮮表面上批判南朝鮮單獨選舉將導致分裂，但早在前年二月時，北朝鮮就已經組織了立法機構「北朝鮮人民會議」(金科奉擔任議長)及行政府「北朝鮮人民委員會」(金日成擔任委員長，是發展自北朝鮮臨時人民委員會的機構)，並於十一月開始根據蘇聯憲法進行憲法制定工作。而且，蘇聯的史達林還在一九四八年四月二十四日，北朝鮮舉辦聯席會議的同時，在別墅召集莫洛托夫外交部長等親信，討論在南朝鮮選舉結束後，根據北朝鮮憲法建立政府的國家建設計畫。就在南北兩邊的現實主義者各自與美國及蘇聯串通，悄悄朝著建立單獨國家推進的過程中，像金九這般沒能洞悉世界情勢的理想主義者，就只能淪為配角陪襯舞台而已。

大韓民國與朝鮮民主主義人民共和國

一九四八年五月十日，在聯合國韓國問題臨時委員會的監督下，舉行了南朝鮮單獨選舉。有百分之九十五以上的選民、相當於七百八十四萬多人投票，選出一百九十八名國會議員。由於左派陣營以及與南北政治協商有關的金九等人聯合抵制選舉，因此除了無黨籍議員外，大多由支持李承晚的勢力大韓獨立促成國民會（由獨促及反託管國民總動員委員會合併而成）及韓國民主黨拿下議席。這些當選的國會議員組成了任期兩年的制憲議會，並於五月三十一日開會，七月十二日制定憲法。然後，透過國會議員的間接選舉，李承晚被選為總統，八月十五日宣布成立「大韓民國」（南韓）。

金日成（左）與金九

另一方面，北朝鮮也於八月二十五日實施最高人民會議選舉。最高人民會議採取包含南朝鮮代表在內的形式，選出了五百七十二名代議員，其中有三百六十名是從南朝鮮選出的。九月八日，通過憲法；九日，宣布成立「朝鮮民主主義人民共和國」（北韓）。內閣首相由金日成擔任，內閣第一副首相兼外務相由朴憲永擔任，金科奉則擔任對外國家元首角色的最高人民會議常任委員會委員長。原本在南北朝鮮各有指導部的勞動黨，以北朝鮮勞動黨吸收南朝鮮勞動黨的形式暗中統一為朝鮮勞動黨，金日成就任委員長，朴憲永及許嘉誼就任副委員長。

大韓民國政府成立典禮

懷抱著民族統一夢想的金九，在選舉後仍繼續從事在野活動。然而一九四九年六月，他在用作私宅兼辦公室的首爾京橋莊被安斗熙暗殺。安斗熙曾加入極右恐怖組織白衣社，在南韓建國後任職陸軍砲兵少尉。一般認為，這起事件是受白衣社主導者廉應澤（廉東振）的指示，但具體詳情仍不明。

4. 韓戰的歸結

策動邁向統一

自北韓建國後，蘇聯便於一九四八年十月開始撤軍，年底前撤軍完畢。美國也沒理會李承晚的挽留，自一九四九年五月開始撤軍，並在七月前撤離南韓，僅留下約二百名軍事顧問團。

這段期間，北韓一直伺機發動「解放南方」（即對南攻擊），持續強化軍事力量。一九四九年三月，金日成訪問蘇聯，簽訂《蘇朝經濟文化合作協定》，獲得包括沿岸防衛隊及海軍建設在內的經濟援助承諾，並請求史達林同意對南攻擊。可是，史達林以北韓軍隊並無絕對優勢、美蘇已就北緯三十八度線達成共識、須由南方先發動攻擊才能取得正當性等理由，制止北韓。

然而，金日成並沒有放棄對南攻擊，他向中國共產黨的毛澤東請求移交曾參與中國革命的滿洲朝鮮人部隊，以壯大軍力。毛澤東答應了，將這二個師的部隊編入北韓軍隊。

其後，局勢逐漸朝對金日成有利的方向發展。一九四九年八月底，蘇聯成功進行核試驗，打破美國壟斷核武，使得美國無法在蘇聯周邊採取大膽的行動。同年十月，中國共產黨推翻國民黨政權，成立中華人民共和國。美國被迫重新評估遠東政策。一九五〇年一月，美國國務卿艾奇遜（Dean Gooderham Acheson）在國家記者俱樂部（National Press Club）發表演說，闡述所謂的「不後退防衛線」＊：

這個防線周邊從阿留申群島到日本，再到琉球。我們在琉球列島擁有重要的防衛諸基地，必須繼續保持……防衛周邊自琉球到菲律賓群島。（『アチソン回顧録』第一卷）

所謂不後退防衛線，是指某範圍內的地區遭到軍事侵略時，美國將毅然反擊的界線。艾奇遜在演講中暗示南韓與臺灣不在這道防衛線內。一般認為，這番發言是史達林同意北韓對南攻擊的主因之一。也就是說，南韓並未涵蓋在不後退防衛線內，表示即使朝鮮半島爆發戰爭，美國也不會介入。四月，史達林在克里姆林宮與金日成會談，提到國際局勢的變化降低了美國介入的可能性，因此以毛澤東的支持作為條件，同意北韓南進統一。

因此，金日成於五月訪中，與毛澤東會談。毛澤東對美國是否真的不介入持懷疑態度，並質疑金日成是否真的需要中國軍隊的支援。可是，金日成誇大了成功的可能性，並回應不需要中國軍隊的支援。毛澤東認為既然史達林都同意了，自己沒有立場拒絕。加上中國剛剛與蘇聯

＊譯注：Acheson Line，又稱「艾奇遜防線」。

簽訂《中蘇友好同盟互助條約》，在蘇聯面前無法抬頭，因此只能支持北韓的對南攻擊計畫。金日成則向史達林報告，毛澤東非常支持計畫。

韓戰爆發與美國的應對

這段期間，金日成又進一步增強兵力，不僅請中國移交朝鮮人部隊，還提前向蘇聯請求提供軍事裝備與借款。一九五〇年四月，一萬七千名滿洲出身的朝鮮兵前往北韓。五月底，軍事裝備全數抵達，十個步兵師團當中有七個師團已經做好戰鬥準備。在這個時間點，北韓與南韓的戰力差距大幅拉開，兵力約二十萬對約十一萬，戰車為二百四十二對〇，飛機則為二百一十一對二十二。

六月二十五日拂曉時分，北韓軍突然越過北緯三十八度線進攻南韓，韓戰爆發。翌日，金日成發表演說，宣稱擊退了來自南韓的全面侵略並持續南進，捏造開戰的理由。北韓軍勢如破竹，攻陷開城及議政府，並在二十八日迅速占領首爾。南韓政府放棄首爾，經過大田及大邱，最後以釜山作為臨時首都。

美國得知韓戰開戰後，立刻譴責北韓「侵犯和平」，並向聯合國安理會提交決議案，要求北韓立刻停戰及撤回到北緯三十八度線。雖然這項決議案以贊成九票，反對〇票，棄權一票（南斯拉夫）通過，卻沒有發揮任何效果。於是在二十七日，安理會又再度提出決議案，要求聯合國會員國在可能範圍內支援南韓，擊退武裝攻擊，並恢復該地區的和平與安全，最後以贊成七票，反對一票（南斯拉夫）的結果通過。根據此決議，杜魯門總統下令美軍出動，駐日美軍隨即前往朝鮮半島。原先預測美國不會介入的史達林與金日成完全猜錯。另外，這時蘇聯抗議聯合國的中國代表權問題而抵制安理會，因此無法行使否決權。

美軍先遣隊第二十四師團從釜山登陸北上，於七月五日與強行渡過漢江南下的北韓軍在京畿道烏山狹路相逢。可是，美軍沒能阻擋北韓軍的攻勢，被迫撤退到大田設下防線，但仍遭到突破，師團長迪安（William Frishe Dean）被俘。另外在韓戰期間，日本人也以運輸、掃雷及通譯等方式參戰，甚至有證言證實，在大田之戰中，日本人持槍與美軍一同奮戰（《朝鮮戦争を戦った日本人》）。

七月起，聯合國安理會開始進行有關武裝援助韓國的討論；七日，以贊成七票、反對〇票、棄權三票（埃及、印度及南斯拉夫）的結果通過決議，決定在美國指揮下組成聯合國軍。根據這項決議，由麥克阿瑟就任總司令；七月二十五日，在東京設立聯合國軍司令部。就這樣，美國以主導聯合國軍的形式正式參與韓戰。

中國參戰

儘管聯合國軍決定參戰，南韓方面仍然戰況不利。聯合國軍與南韓軍在八月上旬退到洛東江的橋頭堡，雖遭到北韓軍團團包圍，仍不斷投入援軍，死守最後的堡壘釜山。麥克阿瑟為了打開僵局，遂於九月十五日毅然實施仁川登陸作戰，攻打北韓軍長到不能再長的補給路線，開始反擊。聯合國軍持續追擊北韓軍，於二十八日收復首爾。

陷入困境的金日成，決定直接向蘇聯與中國請求軍事支援。史達林勸中國方面派兵支援，不過毛澤東態度卻很慎重，遲遲不肯行動。當聯合國軍越過北緯三十八度線開始北上後，金日成於十月十一日逃離平壤，宛如被豐臣軍追趕的宣祖一樣向北逃亡。只不過金日成與宣祖不同，他越過鴨綠江逃到滿洲的通化，是實質上的逃亡（《モスクワと金日成―冷戦中の北韓―》）。

對中國而言，由西方陣營的南韓統一朝鮮半島相當不利。這是因為，中國若是失去北韓這個緩衝地帶，長達一千三百公里的中朝國界將成為東西冷戰的最前線，為了這道極為緊張的防線得耗費龐大的預算與勞力。因此，毛澤東決定軍事支援北韓，遂任命彭懷德擔任司令官，於十九日開始將多達十二個師團的龐大兵力送到朝鮮半島。只是，為避免擴大成中美全面戰爭，用的不是事實上的國軍「中國人民解放軍」的名義，而是改用「中國人民志願軍」的名義參戰。

在這之後，中朝聯軍建立聯合司令部，北韓軍納入中國軍的指揮下。而南韓方面，七月中

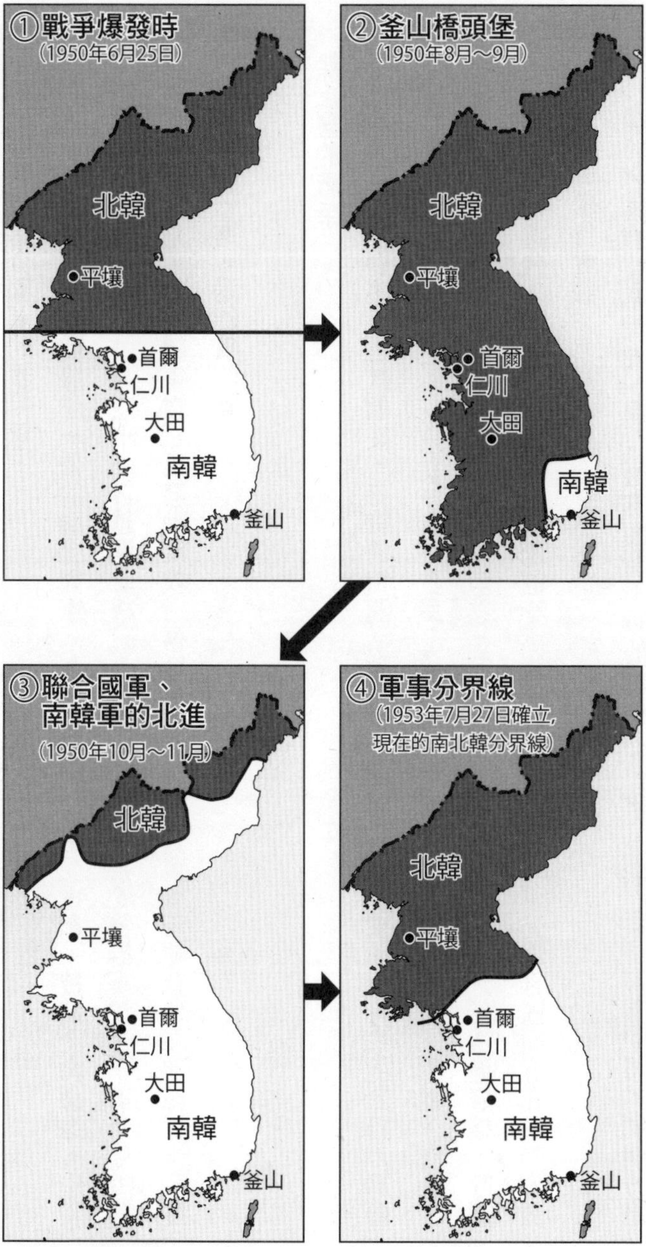
①戰爭爆發時
(1950年6月25日)
北韓
平壤
首爾
仁川
大田
南韓
釜山
②釜山橋頭堡
(1950年8月～9月)
北韓
平壤
首爾
仁川
大田
南韓
釜山
③聯合國軍、
南韓軍的北進
(1950年10月～11月)
北韓
平壤
首爾
仁川
大田
南韓
釜山
④軍事分界線
(1953年7月27日確立,
現在的南北韓分界線)
北韓
平壤
首爾
仁川
大田
南韓
釜山
韓戰的戰況推移

旬起也將軍隊的戰時作戰指揮權轉讓給聯合國軍總司令，因此韓戰轉變成以朝鮮半島為舞台、中朝聯軍對抗聯合國軍的國際戰爭。

占領平壤後北上到鴨綠江一帶的聯合國軍，在中國參戰後遭受重創，被迫全面撤退。中朝聯軍收復平壤後，在十二月三十一日越過北緯三十八度線南進，並於翌年一九五一年一月四日占領首爾。可是，聯合國軍在三月發動反攻，再度奪回首爾；其後，兩陣營便在北緯三十八度線附近展開一進一退的攻防戰。

無止盡的戰爭

戰事進入相對平穩的狀態後，停戰的相關活動在幕後逐漸活絡起來。六月二十三日，蘇聯駐聯合國代表馬利克（Yakov Aleksandrovich Malik）透過廣播提議停戰及相互撤軍。對此，在麥克阿瑟後接任聯合國軍總司令的李奇威（Matthew Bunker Ridgway）將軍也在三十日透過廣播，呼籲中朝聯軍應派遣代表開始進行協商。韓國的李承晚總統反對停戰，可是聯合國同意在中朝方面選定的開城舉行會談；七月十日，會談開始。

關於會談的首席代表，聯合國方面為美軍的喬伊（Charles Turner Joy）海軍中將，中朝方面為北韓的南日上將。南韓代表也作為聯合國軍代表團的一員同席，不過只有首席代表才有發言權，因此無法陳述意見。會談中，主要的議題是軍事分界線的劃定及戰俘遣返問題。關於軍事分界線的劃定，聯合國方面主張在兩軍對峙的接觸線上，中朝方面則主張在北緯三十八度線上劃定分界線。此外，關於戰俘遣返方面，聯合國方面主張一對一的等數交換（後來改成依照戰俘自由意志的自願遣返），中朝方面則堅持強制全部遣返。

十月，會談地點遷至板門店。十一月，中朝方面接受聯合國的軍事分界線案，舉行草簽協定。可是，關於戰俘遣返問題雙方互不相讓，始終沒有共識，到了一九五二年仍不斷重複激烈討論與交涉中斷，遲遲無法停戰。

不過到了一九五三年後，狀況有了改變。一月，對戰爭終結持樂觀態度的艾森豪（Dwight David Eisenhower）就任總統；三月，史達林在蘇聯去世。美國一邊隱約透露會使用核武，一邊在五月底時向中朝方面提出停戰的最終方案。關於戰俘問題，中朝方面大幅讓步達成協議；六月八日，簽訂戰俘交換協定。

就這樣，停戰談判會議進入最終階段，沒想到在十天後，一直提倡「北進統一」並反對停戰的李承晚，竟擅自釋放二萬七千多名反共戰俘（拒絕返回北韓的反共士兵等），局勢一度緊張。關於這點，有一種看法認為，李承晚釋放這些俘虜並非單純想破壞停戰協定，而是採取強硬姿態向美國爭取讓步，為實現軍事同盟鋪路，以確保停戰後的安全保障。想盡早退出韓戰的美國

舉行停戰談判會議的兩陣營

對於李承晚的舉動感到困惑，為了抑制李承晚的進一步干擾，雙方承諾締結《美韓共同防禦條約》。

到了七月，金化地區爆發最後一場大戰後，二十七日，雙方在板門店舉行停戰協定的簽字儀式。當天十點整，由美軍的哈里森（William Kelly Harrison Jr.）中將代表聯合國軍，北韓的南日上將代表北韓，雙方簽訂停戰協定。二人簽署完畢後，沒有行禮打招呼也沒有握手就離開簽約會場。其後，聯合國軍總司令克拉克（Mark Wayne Clark）在汶山，朝鮮人民軍最高司令官金日成在平壤，中國人民志願軍司令官彭懷德在開城簽署了停戰協定，停戰正式成立。在汶山，南韓代表崔德新也在場，不過他只是站在克拉克的背後看他簽名而已（《第二의 板門店은 어디로》）。換句話說，南韓雖是戰爭當事國，卻沒人簽署停戰協定。於是北韓以此為由，在之後針對「和平協定」的議論將南韓排除在外。可是，南韓政府則以只是因為南韓軍被編入聯合國軍、沒必要個別簽字為由，主張南韓的確是當事國。

東西長達二百四十八公里的軍事分界線劃定在兩軍對峙的接觸線上，比北緯三十八度線稍微斜了點（西側偏南，東側偏北）。軍事分界線各自向南北建立寬二公里的非軍事區。韓戰至今仍未宣布「終戰」，南韓與北韓之間沒有國界。

結語

在朝鮮王朝，掌握新政權的勢力往往會規定「正道」，並重新建構歷史。「反正」一詞如實地表現出這種價值觀，意思是將錯誤的狀態扭轉歸正。第十代國王燕山君及第十五代國王光海君分別在「中宗反正」及「仁祖反正」這二次政變中被廢，因此不被承認為正統的國王，也沒有廟號。

始於宣祖時代的黨爭與這種價值觀有深刻的關係。各黨派深信自家陣營道德上的〈正道〉，罵對方是「小人」，勝利的一方打著正義的旗幟懲罰敗方，敗者則再次挑戰，試圖重新奪回正義。這種無法容忍妥協的黨爭開始萌發時，朝鮮正面臨著文祿．慶長之役這個重大外患。

一五九〇年，作為慶祝豐臣秀吉統一天下的使節被派遣到日本的正使黃允吉及副使金誠一，兩人於一年後覆命時，回報的意見完全相反：西人黨的黃允吉警告朝廷，秀吉一定會出兵；相對地，東人黨的金誠一則提出異議，稱看不出來有出兵的徵兆，並批評黃允吉不該動搖人心。最終朝廷採納了副使而非正使的意見。這是因為在二人離開朝鮮期間，政權已從西人黨轉移到東人黨手上，更多人支持金誠一的觀點。這種以自家陣營的〈正道〉為優先的黨爭，阻礙了對外患的適當應對，結果朝鮮領土遭到日軍殘暴進攻，變成一片荒蕪。

之後，朝鮮接連面對後金的外力壓迫。繼承宣祖之位的光海君與後金結盟，為國家安全著想，重視事大崇明的西人黨卻批判光海君的外交態度，將光海君逼到被廢位。西人黨擁立的仁祖也非一味崇明，而是致力於持續與後金交涉，建立和平關係。可是，他無法接受皇太極即位皇帝。因為若是承認了，將會自我否定「仁祖反正」的大義名分，進一步動搖崇明排金的基礎。執著於過時的理念而引發的政變，最終引來了丙子戰爭的外患，使朝鮮成為清朝的屬國。

不久後，朝鮮宮中逐漸沉迷於有關禮節的教條性議論，不斷發生肅清愈演愈烈的黨爭。在激烈的政爭漩渦中屢次差點喪命的英祖，以及自己父親死於非命的正祖，都採取蕩平策來抑制黨爭的弊害。特別是正祖，他透過峻論蕩平策，明確區分忠逆，只錄用聽命自己的人來強化王權。這種政策抹煞了意見的多樣性，結果造成了王室外戚壟斷權力的勢道政治。

進入十九世紀後，外戚安東金氏與豐壤趙氏只顧爭奪政權，對異樣船的出現則關緊門戶。由於政治嚴重腐敗，貪官汙吏肆意壓榨百姓，造成民亂不斷，社會秩序崩潰。

豐壤趙氏出身的神貞王后為了切斷安東金氏的勢道政治，於是聯合王族李昰應（興宣大院君），讓他的兒子（高宗）即位。然而，以攝政身分掌握實權的李是應也是個頑固的排外主義者，甚至在全國各地興建斥和碑，持續拒絕歐美的開國要求。最終，朝鮮在現代化過程中大幅落後。

高宗將父親拉下權力的寶座後，這次換成王妃的家族驪興閔氏掌握政權，朝鮮終於打開門戶。其後，各派系各自以清朝、日本及俄羅斯為後盾，展開激烈的權力鬥爭，發動甲申政變及俄館播遷等政變，政權的變化讓人眼花撩亂。就這樣，政爭引起的社會混亂招來了外患，使得朝鮮半島變成周邊國家的戰場，一九一〇年被日本合併。

一部分朝鮮人抵抗日本統治，目標爭取獨立，但由於主張和立場的不同無法團結一致。這種情況在二戰後的美蘇軍政統治時期也是一樣，新國家建設的主導權爭奪引發了激烈的政爭。在全球進入冷戰的背景下，名為統一的理想破滅，遵循美國及蘇聯意願的現實主義者推動了單獨國家的建立。

朝鮮半島就像兩條蛇交纏的商神杖（希臘神話中商神赫密斯所拿的手杖）一樣，政爭與外患相互吸引，形成螺旋結構，一邊緊緊束縛著，一邊交織出歷史。

像這樣，內外均處在嚴峻環境下的朝鮮半島，要維持名符其實的「獨立」並不容易，實際上這一時期極為短暫。朝鮮王朝在建國之初，向明朝朝貢並行臣下之禮；一六三七年，朝鮮被清朝軍事占領後被納入其控制之下。自此以後，儘管朝鮮在一定程度上獲得了「自主」，但依舊甘居屬國的地位，直到二百五十八年後的一八九五年，日清簽訂《馬關條約》後，朝鮮才終於被確認為「完全獨立自主的國家」。一八九七年，高宗雖即位皇帝建立大韓帝國，可是大韓帝國在一九〇五年成了日俄戰爭中獲勝的日本的保護國，五年後遭到合併。日本的殖民統治於一九四五年結束，但這並不意味著朝鮮獨立，因為以北緯三十八度線為界，以南由美國占領，以北則由蘇聯占領。三年後的一九四八年，南部在美國軍政統治下建立大韓民國（南韓），北部在蘇聯軍政統治下建立朝鮮民主主義人民共和國（北韓），朝鮮半島就此實現「獨立」。雖然很難定義主動採取事大外交政策的明朝冊封時代的朝鮮，但至少名符其實的「獨立」期間，僅限於一八九五年（或一八九七年）到一九〇五年。換句話說，過去屢遭外敵侵略仍維持統一的朝鮮半島，如今的南北分治局面確實罕見；但同時，七十多年來能一直維持「獨立」，也是非常罕見的。

那麼，朝鮮半島的「獨立」又是因何而來，又是因何而失去呢？最主要的因素，就是周邊國家的權力平衡。

朝鮮王朝第一次陷入滅亡危機時，是文祿．慶長之役。由於朝鮮朝廷的疏忽及日軍閃電般的攻勢，開戰約二十天漢城就被攻陷了。在敵前逃亡的宣祖拋下了開城與平壤北上，下令光海君代行政務，自己則打算越過鴨綠江逃亡。儘管朝鮮被逼到這種地步，但直到最後都沒有向日本投降。這是因為宗主國明朝參戰，擊退日軍，提出議和交涉的緣故。然而，朝鮮雖是被害的當事國卻無法參加交涉，反而在明朝的獨斷下，面臨必須將漢江以南割讓給日本的危機。最終，議和交涉失敗，雙方戰事再起，但後來秀吉在這期間去世，日軍於是撤退。

在文祿·慶長之役中，日本與明朝的力量相對均衡，朝鮮免於受外敵的統治。可是，東亞又有其他勢力逐漸拓展，即努爾哈赤領導的後金。就在明朝因文祿·慶長之役造成國力疲憊，而日本轉向鎖國之際，只剩後金（清朝）一枝獨秀，圍繞著朝鮮周邊的大國權力平衡於是崩潰。朝鮮被即位為清朝皇帝的皇太極攻打，歷經四十多天的圍城戰後終於投降。若沒有明朝的協助，朝鮮馬上就會被擊垮。

進入十九世紀，宗主國清朝歷經鴉片戰爭、第二次鴉片戰爭及太平天國之亂等內憂外患，陷於水深火熱之中。隨著西方列強逐步蠶食領土，清朝終於加強對屬國朝鮮的干涉。這是因為日本仿效西方推行富國強兵政策，清朝對之產生警戒，認為有必要保護攸關首都北京安全的朝鮮半島。加強對屬國朝鮮干涉的清朝，以及將朝鮮視為獨立國家的日本，兩國間的對立日益深刻，終於爆發了中日甲午戰爭。戰敗的清朝在《馬關條約》的開頭中，承認朝鮮為「獨立自主的國家」。

就這樣，清朝對朝鮮的一強支配結束後，這次換成日本透過內政改革來干涉朝鮮的政治。可是，高宗及王妃閔氏為了維持權力平衡而接近俄羅斯，使得日本無法一強獨大。在這期間，高宗即位為皇帝，改國號為「大韓」，在大韓國國制中強調「自主獨立的帝國」、「萬世不變的專制政治」，並規定統帥權、立法權、行政命令權、官制制定權、文武官任免權、條約簽訂權及恩赦權，乃是與生俱來擁有「無限君權」的皇帝所專有。

日本認為朝鮮半島與對自國的存亡至關重要，因此相當警戒俄羅斯，深怕朝鮮半島被奪走。換句話說，日本與清朝一樣，都將朝鮮半島視為國防上的重要地區。當俄羅斯以義和團事件為契機，往滿洲派遣大軍並持續軍事占領時，日本與英國簽訂同盟，企圖阻止俄羅斯繼續南下。為大韓帝國帶來安定的日本與俄羅斯相互對峙，緊張局勢到達極限；一九〇四年，兩國宣布開戰，日俄戰爭就此爆發。翌年簽訂《樸茨茅斯條約》，俄羅斯承認日本對大韓帝國可「執行指導、保護及監理之措施」，朝鮮半島的權力平衡就此被打破。大韓帝國成為日本的保護國。

首任統監伊藤博文對會造成日本經濟負擔的日韓合併案持否定態度。他認為應讓大韓帝國在日本的保護下推動近代化，並維持其獨立性，藉此強化日本的安全。因此，日本與大韓帝國並沒有馬上合併。然而在伊藤遭到暗殺後，山縣有朋等陸軍軍閥開始主導對韓政策，認為即使承擔經濟上的風險也要確保國防安全。一九一〇年，日本與韓國合併。這時，日本提供了禮遇大韓帝國皇室的方案，成功引導純宗簽訂條約，輕而易舉地達成了國際上的「共識」。假如，大韓帝國沒有在擁有「無限君權」的皇帝統治下統一，或是中央政府以外的勢力與列強結盟，那麼這樣的合併就不會這麼容易實現。

日本於一九四五年結束對朝鮮的統治。只不過，這並非獨立運動的結果，而是因為日本在與同盟國的戰爭中落敗之故。與中日甲午戰爭時一樣，宗主國的盛衰榮枯與朝鮮的命運息息相關。

美國計畫在蘇聯參與對日戰爭之前結束戰爭，於是在八月六日於廣島投下原子彈。對此，原本打算等德國投降後再準備參與對日戰爭的蘇聯，遂於八月八日對日本宣戰，比當初預定的時間還早；翌日九日，蘇聯連忙發動八月風暴行動。這是因為若不在日本投降前參戰的話，就無法獲得遠東權益。

蘇聯軍經過滿洲攻入朝鮮北部時，美軍還在沖繩，根本不可能馬上登陸朝鮮半島。因此，美國在北緯三十八度劃定界線，與蘇聯共同占領朝鮮半島。這條分界線並非永久性的，而是計劃先經過一段時間的信託統治，最終促成統一國家的建立。然而，莫斯科外長會議決定的信託統治方案遭到朝鮮民眾及右派政黨的強烈反彈，再加上冷戰時期美蘇對立加劇，使得這條界線日益鞏固。最終在一九四八年，南北韓各自建國，朝鮮半島就此南北分治。

正如小此木政夫先生所指出的那樣，如果德國早幾個月投降，原子彈晚幾個月完成，或是反過來，德國晚幾個月投降，原子彈早幾個月完成的話，美蘇軍隊就不會在朝鮮半島遭遇到，而能避開分割占領吧，可以說「對朝鮮半島的民眾而言，戰爭在最糟糕的時機結束了」（《朝鮮分断の起源─独立と統一の相克─》）。

另一方面，假如美國與蘇聯沒有分割占領朝鮮，而是由其中一強支配朝鮮的話，那麼朝鮮的「獨立」又會如何發展呢？

若是由美國單獨占領朝鮮的話，朝鮮或許會依照民族自決的原則，朝著建國邁進。不過，根據雅爾達會議及莫斯科外長會議中所表達的意見來推測，信託統治期間至少十年，甚至可能長達二、三十年。從終戰時美軍的亞果上校（後來成為警務局長）與山名酒喜男朝鮮總督府總務課長的談話，可以窺見美國無意讓朝鮮提前獨立。據說山名問亞果：「朝鮮人將美軍視為帶來獨立福音的救贖者，相當歡迎，您覺得如何？」亞果聽完後「只是苦笑不語」。從亞果的態度看來，山名如此敘述道：「也就是說該上校很清楚，朝鮮人雖然具備政治民族的特質，但要建立統一的行政秩序與發展，單靠朝鮮人的力量是很難實現的。」（《朝鮮総督府終政の記録》）假設為了「建立統一的行政秩序與發展」而由美軍長期支配朝鮮，朝鮮的民眾及政黨大概會群起反彈，不斷爆發激進的「獨立運動」而加深對立。此外，考慮到冷戰日益升級的時代背景，擁有大量左派支持者的朝鮮想脫離美國的占領應該不是件容易的事。

相反地，換作是蘇聯單獨占領的話，朝鮮可能會朝著建立一個衛星國般的國家發展。而所建立的國家，當然是以共產黨為中心的親蘇政權。只是，在左右對立強烈的朝鮮，想實現這點並不容易。若只限於北半部的話還有可能，若要擴大到朝鮮全域，就必須得跟龐大的反共勢力為敵。在無法像分割占領那樣左右派區隔共存的情況下，想要建立親蘇容共政權，得花費相當的時間，而且反共勢力也會不斷發動激烈的「獨立運動」，進而招致蘇聯的軍事介入，甚至引發大規模殺戮與驅逐。最終建立的國家，也很難擺脫對蘇聯的依附，難以自主行動。

當然，儘管歷史最忌諱探討假設（if），不過我們基於朝鮮半島的漫長歷史來想像一下，假如美國與蘇聯雙方沒有相互對峙並限制對方行動，也沒有因分割占領而使左右派區隔共存的話，我想朝鮮半島應該會離「獨立」很遙遠吧。

總之，朝鮮半島自一九四八年起分裂成南韓與北韓，各自〈獨立〉。一旦分裂後，想要解除分裂狀態而「統一」，就至少得否定其中一方的「獨立」。一九五〇年，北韓軍越過北緯三十八度線攻打南韓，正是這種嘗試的具體展現。南韓瞬間陷入存亡危機，眼看就要被北韓「統一」了。然而，美軍以主導聯合國軍的形式正式介入韓戰，並成功發動仁川登陸戰，戰局逆轉，南韓反過來攻打北韓。於是乎，換成北韓陷入存亡危機，眼看就要被南韓「統一」了。不過，中國的參戰再次扭轉戰局，戰線最終回到一開始的北緯三十八度線附近。

假如韓戰只是南韓與北韓之間的戰爭，那麼其中一方可能會喪失「獨立」，導致朝鮮半島南北「統一」。然而，由於美國與中國參戰，這種情況並未發生。可以說，圍繞著朝鮮半島的大國勢力均衡，不僅阻礙了南韓或北韓的「統一」，同時也確保了雙方的「獨立」。

後記

我是在二〇一九年七月收到新潮選書編輯部三邊直太先生寄到大學的信。信中提到，幾天前他讀了我以共同著作形式出版的《認識韓國》中的歷史篇，由於篇幅不長覺得很遺憾，也提到他想讀到更詳盡的通史，希望我能執筆。

這是個相當寶貴的提案，但其實當初我原本想婉拒。因為在通史的領域已有不少學界前輩優秀的著作，而且通史就算辛苦寫完，也可以預見會遭到「缺這缺那」的批判。此外，再加上我也不擅長寫作，想暫時逃離被截止日期追著跑、喘不過氣的生活。

不過，信中也有提到「先不論您是否答應執筆，我都想跟您見個面……」所以我決定跟三邊先生見面，直接聽他說。因為過去我也有緣認識好幾位編輯，每次都從他們身上學到不少思考方式及工作態度。然而，這個判斷是錯誤的。我在研究室與三邊先生見面，他將筆者過去的著作完美地歸納要點，接著淡淡地訴說為什麼希望我寫一本關於南北韓為何分治的通史。我在不知不覺間被他冷靜中透出熱情的態度所打動，才會興起一股想跟他一同共事的念頭。或許是「希望您寫」、「我寫不出來」的攻防戰持續二小時以上的緣故吧，我的腦袋開始恍神，等到察覺的時候，發現自己反倒主動提議把焦點放在「政爭」與「外患」上，將朝鮮王朝到現代南／北韓分治這段歷史彙整成書的形式。

話雖如此，我並非臨時起意才提出這個方案。從以前起，在我心中的某個角落，就一直希望從長遠的角度，而不是分割成數個主題來描寫朝鮮半島的歷史。這個契機，來自以前與在首爾留學期間變熟的延世大學研究所研究生的談話。當時對話的脈絡是如何，我已經記不太清楚了，不過在談到獨立門的話題時，由於我問那位研究生知不知道這座門的興建意味著脫離清朝獨立，我們因此起了一點口角。那位研究生反駁，韓國（朝鮮王朝）過去又不是中國（清朝）的屬國，沒有理由脫離中國獨立。筆者對韓國人的歷史認識相當感興趣，之後也到處詢問延世大學及首爾大學約十名學生，問他們獨立門是脫離哪國獨立時所興建的。除了一名學生沒什麼自信地回答說「我記得……應該是清朝吧？」以外，其餘的全都回答「日本」。這是我在距今約二十年前所進行的簡易「調查」，不過在現在我想調查結果也不會有太大變動。因為每逢紀念三一運動的三一節時獨立門前都會舉辦盛大的活動，受到這種印象影響的人應該不少。另外，為了本人的名譽，我補充說明，前面提到的那位研究生後來詳細調查過獨立門興建時的歷史後，承認是自己搞錯，還幫忙介紹朋友及後輩等協助我進行調查。

在韓國，政客及媒體時常批判日本人對歷史毫不關心，還大聲呼籲日本人要學習「正確的」歷史。的確，大多日本人學習歷史並非為了將自己的人生與世界局勢聯繫，而是為了考試只死背年表，這樣的現狀令人嘆氣。就這個意義上，韓國方面的批判確實有理。可是，筆者根據留學時的體驗，知道韓國人所深信不疑的「正確的」歷史，其實只是缺乏事實根據的理想形象。

三一節時行進到獨立門前大喊萬歲的文在寅總統伉儷（當時）。©YONHAP NEWS / Aflo

由於這件事，我才開始萌生必須把一六三七年清朝占領朝鮮、一八九五年清朝在馬關條約承認朝鮮獨立的事實不要含糊帶過，必須將朝鮮王朝的建國、主張自主獨立的大韓帝國的成立、日本主導的日韓合併、二戰後的美蘇占領朝鮮，以及南韓／北韓的建立這一連串的流程，寫進朝鮮半島歷史的念頭。

朝鮮半島一直是掌握周邊國家存

出自興趣畫的鉛筆畫

亡的緩衝地帶，也可說是各國勾心鬥角的漩渦中心。這樣的漩渦不是只有發生在遠東。因此，筆者認為認識朝鮮半島的歷史，有助於理解世界的趨勢。只是，在敘述這段歷史時，不僅要著眼於被理想化的「陽光」面，當然也要著眼於「陰暗」面。我由衷感謝三邊先生給我機會實現這個構想。

撰寫原稿跟畫圖很像。即使仔細觀察對象（資料），在腦中浮現畫面，一旦將腦中的畫面騰在紙上時就會失真。好幾次擦掉後再重畫、描繪細節，還是沒辦法滿意。最後只好在某處妥協，無可奈何放下畫筆。而且完成的作品會隨觀眾所在位置的不同，看起來也會有不同。觀眾不一定會按照作者所想從正面欣賞，也有觀眾喜歡斜著欣賞。從這些觀眾的角度來看，構圖看起來可能會偏左或偏右。我很清楚這幅作品還未臻成熟，我也還想重畫。若各位能體察筆者的心情，盡可能不要只站在特定位置觀看，也能從別的角度來欣賞的話，將是筆者的榮幸。

參考文獻

研究書籍・論文

赤木完爾〈朝鮮戦争をめぐる中朝関係の歴史的経緯と現代への含意〉（《政策オピニオン》No.70，二〇一七年十二月）

朝井佐智子〈東邦協会の親隣義塾支援に関する一考察〉（《法政論叢》第四八巻一號，二〇一一年）

李成茂著，李大淳監修，金容權譯《朝鮮王朝史》上巻（日本評論社，二〇〇六年）

李成茂著，李大淳監修，金容權譯《朝鮮王朝史》下巻（日本評論社，二〇〇六年）

伊藤亞人等監修《朝鮮を知る事典》（平凡社，一九八六年）

稲葉繼雄〈井上角五郎と『漢城旬報』『漢城周報』―ハングル採用問題を中心に〉（《文藝言語研究 言語篇》第一二巻，一九八七年九月）

井村喜代子〈占領政策の展開―戦後日本資本主義論のために(1)―〉（《三田学会雜誌》第七二巻二

號，一九七九年四月）
海野福壽《韓国併合》（岩波書店，一九九五年）
大沼久夫〈米国による占領統治比較研究─沖縄・日本本土・南朝鮮─〉《共愛学園前橋国際大学論集》第一八號，二〇一八年三月）
大畑篤四郎〈金玉均の政治亡命と日本〉《早稲田法学》第五一號，一九七五年）
岡本隆司《属国と自主のあいだ─近代清韓関係と東アジアの命運─》（名古屋大学出版会，二〇〇四年）
岡本隆司《世界のなかの日清韓関係史─交隣と属国、自主と独立─》（講談社，二〇〇八年）
岡本隆司《中国の誕生─東アジアの近代外交と国家形成─》（名古屋大学出版会，二〇一七年）
岡本隆司《清朝の興亡と中華のゆくえ─朝鮮出兵から日露戦争へ─》（講談社，二〇一七年）
小此木政夫編著《北朝鮮ハンドブック》（講談社，一九九七年）
小此木政夫《朝鮮分断の国際的起源─独立と統一の相克─》（慶應義塾大学出版会，二〇一八年）
吳忠根〈朝鮮分断の国際的起源─原則の放棄と現状の承認─〉《国際政治》第九二號，一九八九年十月）
糟谷憲一〈「韓国併合」一〇〇年と朝鮮近代史〉《朝鮮学報》第二一九輯，二〇一一年四月）

加藤聖文《「大日本帝国」崩壊―東アジアの 1945 年―》（中央公論新社，二〇〇九年）
加藤陽子《それでも、日本人は「戦争」を選んだ》（朝日出版社，二〇〇九年）
加納敦子〈韓国建国神話の虚妄―これが光復軍の対日「戦闘」の実態だ―〉（《正論》二〇一六年四月號）
川原秀城編《朝鮮後期の社会と思想》（勉誠出版，二〇一五年）
川村湊《妓生―「もの言う花」の文化誌―》（作品社，二〇〇一年）
姜建榮《開化派リーダーたちの日本亡命―金玉均・朴泳孝・徐載弼の足跡を辿る―》（朱鳥社・星雲社，二〇〇六年）
姜德相《呂運亨評伝 2　上海臨時政府》（新幹社，二〇〇五年）
姜德相《呂運亨評伝 4　日帝末期暗黒時代の灯として》（新幹社，二〇一九年）
北島萬次《秀吉の朝鮮侵略》（山川出版社，二〇〇二年）
金光旭〈国連外交におけるユニラテラリズムの萌芽―朝鮮問題の国連移管を事例に―〉（《現代韓国朝鮮研究》第三號，二〇〇三年十一月）
金光來〈星湖李瀷の学問的背景(1)―家系と生涯と著述―〉（《韓国朝鮮文化研究》第一四號，二〇一五年）

金聖甫等著，李泳采監譯《写真と絵で見る北朝鮮現代史》（コモンズ，二〇一〇年）
金贊汀《北朝鮮建国神話の崩壊—金日成と「特別狙撃旅団」—》（筑摩書房，二〇一二年）
金用淑著，大谷森繁監修，李賢起譯《朝鮮朝宮中風俗の研究》（法政大学出版局，二〇〇八年）
金容贊〈近代朝鮮におけるネイション形成過程の二つの潮流に関する一考察—大韓帝国の成立と国権恢復運動をめぐって—〉（《立命館国際研究》第二三巻三號，二〇一一年）
木村幹《朝鮮／韓国ナショナリズムと「小国」意識—朝貢国から国民国家へ—》（Minerva 書房，二〇〇〇年）
木村幹《高宗・閔妃—然らば致し方なし—》（Minerva 書房，二〇〇七年）
木村誠、吉田光男、趙景達、馬淵貞利編《朝鮮人物事典》（大和書房，一九九五年）
金文子《朝鮮王妃殺害と日本人—誰が仕組んで、誰が実行したのか—》（高文研，二〇〇九年）
權寧俊〈朝鮮人共産主義運動と中国共産党の対朝鮮人政策—1920 年代初頭から抗日戦争時代まで—〉（《国際地域研究論集》第一號，二〇一〇年）
桑野榮治〈高麗末期の儀礼と国際環境—対明遥拝儀礼の創出—〉（《久留米大学文学部紀要》第二一號，二〇〇四年三月）
桑野榮治《李成桂—天翔る海東の龍—》（山川出版社，二〇一五年）

齋藤直樹〈朝鮮戦争の休戦会談と休戦合意についての一考察〉（《慶應義塾大学日吉紀要・人文科学》第二八號，二〇一三年）
佐伯弘次《対馬と海峡の中世史》（山川出版社，二〇〇八年）
坂口安吾《オモチャ箱・狂人遺書》（講談社，一九九〇年）
佐佐木春隆《朝鮮戦争／韓国篇（下）—漢江線からの休戦まで—》（原書房，一九七七年）
佐佐木春隆《朝鮮戦争前史としての韓国独立運動の研究》（國書刊行會，一九八五年）
篠原啓方〈三田渡碑（大清皇帝功德碑）の予備的考察〉（《東アジア文化交渉研究》第十號，二〇一七年三月）
下斗米伸夫《モスクワと金日成—冷戦の中の北朝鮮 1945-1961—》（岩波書店，二〇〇六年）
新城道彦《朝鮮王公族—帝国日本の準皇族—》（中央公論新社，二〇一五年）
新城道彦、淺羽祐樹、金香男、春木育美《知りたくなる韓国》（有斐閣，二〇一九年）
新城道彦〈高永根による禹範善暗殺の裏面—淳妃嚴氏の密通と陸后問題—〉（《国際交流研究》第二三號，二〇二一年三月）
鈴木開〈朝鮮丁卯胡乱考—朝鮮・後金関係の成立をめぐって—〉（《史学雑誌》第一二三編八號，二〇一四年）

砂本文彦《図説　ソウルの歴史─漢城・京城・ソウル　都市と建築の六〇〇年─》（河出書房新社，二〇〇九年）
武田幸男編《朝鮮史》（山川出版社，二〇〇〇年）
立花丈平《清太祖ヌルハチと清太宗ホンタイジ─清朝を築いた英雄父子の生涯─》（近代文藝社，一九九六年）
田保橋潔《近代日鮮関係の研究》（朝鮮總督府中樞院，一九四〇年）
陳祖恩著，大里浩秋監譯《上海に生きた日本人─幕末から敗戦まで─》（大修館書店，二〇一〇年）
月脚達彦〈独立協会の「国民」創出運動〉（《朝鮮学報》第一七二輯，一九九九年七月）
冨谷至編《東アジアの死刑》（京都大學學術出版會，二〇〇八年）
中川雅彦〈朝鮮民主主義人民共和国建国期における地方政権機関─人民委員会の形成と金日成体制の成立─〉（《アジア経済》第四一巻六號，二〇〇〇年六月）
中野等《文禄・慶長の役》（吉川弘文館，二〇〇八年）
並木頼壽、井上裕正《中華帝国の危機》（中央公論社，一九九七年）
朴永圭著，神田聰、尹淑姫譯《朝鮮王朝実録【改訂版】》（電影旬報社，二〇一二年）

朴永圭著，金重明譯《韓国大統領実録》（電影旬報社，二〇一五年）
原田環〈乙未事件と禹範善〉（河合和男等編《論集朝鮮近現代史》明石書店，一九九六年）
平木實〈朝鮮時代初期における王位継承争いと「投壺」〉（《立命館文學》第六一九號，二〇一〇年十二月）
平田賢一〈「朝鮮併合」と日本の世論〉（《史林》第五七巻三號，一九七四年五月）
平山龍水〈朝鮮問題の国連への上程—直接交渉による解決の放棄—〉（《筑波法政》第一四號，一九九一年三月）
黃尚翼著，金美代子譯〈朝鮮時代の出産—王妃の出産を中心に—〉（金賢珠、朴茂瑛、李妍淑、許南麟編《朝鮮の女性（1392-1945）—身体、言語、心性—》CUON，二〇一六年）
藤原和樹《朝鮮戦争を戦った日本人》（NHK出版，二〇二〇年）
布魯斯・康明思（Bruce Cumings）著，鄭敬謨、林哲、加地永都子譯《朝鮮戦争の起源 1 1945年-1947年 解放と南北分断体制の出現》（明石書店，二〇一二年）
布魯斯・康明思（Bruce Cumings）著，鄭敬謨、林哲、山岡由美譯《朝鮮戦争の起源 2 1947年-1950年 内戦とアメリカの覇権》上巻（明石書店，二〇一二年）
布魯斯・康明思（Bruce Cumings）著，鄭敬謨、林哲、山岡由美譯《朝鮮戦争の起源 2 1947

年～1950年　内戦とアメリカの覇権》下巻（明石書店，二〇一二年）
松谷基和《民族を超える教会—植民地朝鮮におけるキリスト教とナショナリズム—》（明石書店，二〇二〇年）
松本信廣〈社稷の研究〉《史学》第二巻一號，一九二三年十一月）
水野俊平《朝鮮王朝を生きた人々—その隠されたエピソード—》（河出書房新社，二〇一二年）
宮嶋博史《両班—李朝社会の特権階層—》（中央公論社，一九九五年）
村上尚子〈第二次世界大戦後の朝鮮独立問題とカナダ—UNTCOKの活動を中心に—〉《総合研究》第七號，二〇二一年三月）
森平雅彦《モンゴル覇権下の高麗—帝国秩序と王国の対応—》（名古屋大學出版會，二〇一三年）
森萬佑子《朝鮮外交の近代—宗属関係から大韓帝国へ—》（名古屋大學出版會，二〇一七年）
森萬佑子《韓国併合—大韓帝国の成立から崩壊まで—》（中央公論新社，二〇二二年）
森山茂德《日韓併合〈新装版〉》（吉川弘文館，一九九五年）
矢木毅《韓国の世界遺産　宗廟—王位の正統性をめぐる歴史—》（臨川書店，二〇一六年）
山内弘一《朝鮮からみた華夷思想》（山川出版社，二〇〇三年）
尹景徹《分断後の韓国政治—一九四五～一九八六年—》（木鐸社，一九八六年）

尹貞蘭著、金容權譯《王妃たちの朝鮮王朝》(日本評論社，二〇一〇年)
尹龍澤〈憲法的文書を中心として見た韓国憲法前史（上）—開国から上海の大韓民国臨時政府の樹立まで—〉(《言語文化研究》第二號，一九八四年一月)
尹龍澤〈憲法的文書を中心として見た韓国憲法前史（下）—開国から上海の大韓民国臨時政府の樹立まで—〉(《言語文化研究》第三號，一九八四年一月)
尹龍澤〈朝鮮民主主義人民共和国憲法史についての一素描〉(《言語文化研究》第一七號，一九九三年一月)
李成市、宮嶋博史、糟谷憲一編《朝鮮史 1—先史〜朝鮮王朝—》(山川出版社，二〇一七年)
李成市、宮嶋博史、糟谷憲一編《朝鮮史 2—近現代—》(山川出版社，二〇一七年)
六反田豊《朝鮮王朝がわかる》(成美堂出版，二〇一三年)
六反田豊〈定陵碑文の改撰論議と桓祖庶系の排除—李朝初期政治史の一断面—〉(《九州大学東洋史論集》第一五號，一九八六年十二月)
柳芝娥〈米軍の南朝鮮進駐と韓日米側の対応（一九四五年を中心に）〉(《史苑》第六六巻一號，二〇〇五年十一月)
柳洪烈著，金容權譯《近代朝鮮における天主教弾圧と抵抗》(彩流社，二〇一三年)

和田春樹《北朝鮮現代史》（岩波書店，二〇一二年）
阿納托利・托庫諾夫（A.V. Torkunov）著，下斗米伸夫、金成浩譯《朝鮮戦争の謎と真実―金日成、スターリン、毛沢東の機密電報による―》（草思社，二〇〇一年）
이종각《자객 고영근의 명성황후 복수기》（동아일보사，二〇〇九年）
이영훈《세종은 과연 성군인가》（백년동안，二〇一八年）
大韓民國國防部戰史編纂委員會編《韓国戦争史Ⅰ 解放과 建軍》（大韓民國國防部戰史編纂委員會，一九六七年）

史料

亞森・格雷布斯特（William A:son Grebst）著，高演義、河在龍譯《悲劇の朝鮮―スウェーデン人ジャーナリストが目撃した李朝最期の真実―》（白帝社，一九八九年）
伊莎貝拉・博兒（Isabella Lucy Bird）著，時岡敬子譯《朝鮮紀行―英国婦人の見た李朝末期―》（講談社，一九九八年）
〈1 明治36年9月16日から明治36年12月2日〉、〈2 明治36年12月3日から明治37年2月21日〉（《在本邦韓国亡命者禹範善同国人高永根魯允明等ニ於テ殺害一件》外務省外交史料館）

〈一身上ノ義ニツキ悃願ノ件〉、〈京城訛伝ニ関スル件〉（外務省編《日本外交文書》第一九巻）
〈伊藤特派大使内謁見始末〉、〈韓国皇帝御希望趣意書〉、〈韓国施政改善ニ関スル協議会第八回〉（市川正明編《韓国併合史料》第一巻，原書房，一九七八年）
井上角五郎《漢城廼残夢》（春陽堂，一八九一年）
月秋山人編《朝鮮同胞에게告함─自主獨立과우리의進路─》（朝鮮政治經濟研究會，一九四五年）
宇都宮太郎關係資料研究會編《日本陸軍とアジア政策　陸軍大将宇都宮太郎日記》第三巻（岩波書店，二〇〇七年）
〈禹範善殺害ノ陰謀露顕ノ件〉、〈禹範善殺害ニ付キ韓廷ニ於テ祝宴ノ件〉、〈韓国刺客情報ノ件〉、〈刺客減刑運動ノ件〉、〈刺客処置ニ関スル件〉（外務省編《日本外交文書》第三六巻一冊）
F・A・麥肯齊（Frederick Arthur MacKenzie）著，渡部學譯注《朝鮮の悲劇》（平凡社，一九七二年）
《王公族録》（宮內廳宮內公文書館）
大藏省主計局內財政調查會編《国の予算─その構造と背景─》（柏葉社，一九五〇年）
小田省吾等編《昌徳宮李王実記》（李王職，一九四三年）
小田省吾等編《徳寿宮李太王実記》（李王職，一九四三年）
韓國學中央研究院「韓国民族文化大百科事典」https://encykorea.aks.ac.kr/

〈韓国併合ニ関スル閣議決定書・其三〉（《韓国併合ニ関スル書類》國立公文書館）
《韓国併合ニ関スル書類　着電》（國立公文書館）
《韓国併合ニ関スル書類　発電》（國立公文書館）
〈韓帝ヨリ統監へ譲位並治安維持ニ関シ勅旨伝達ノ件〉、〈日韓協約ニ関スル文書送付ノ件〉、〈海牙ニ於ケル韓帝密使ノ姓名資格等問合並対韓措置ニ関スル件〉、〈密使海牙派遣ニ関シ韓帝へ厳重警告並対韓政策ニ関スル廟議決定方稟請ノ件〉（外務省編《日本外交文書》第四十巻一冊）
〈機密第九三号　高永根還送ニ関スル具申〉〈統監府記録海牙密使事件〉（《李太王実録資料》第一巻，宮內廳宮內公文書館）
旭邦生〈宋秉畯と語る〉（《朝鮮》朝鮮雜誌社，第四四號，一九一一年十月
金九著，梶村秀樹譯注《白凡逸志—金九自叙伝—》（平凡社，一九七三年）
〈金玉均謀殺ノ顛末〉（《韓国併合史研究資料》第八一巻，龍溪書舍，二〇一〇年）
宮內廳編《明治天皇紀》第一一巻（吉川弘文館，一九七五年）
倉富勇三郎日記研究會編《倉富勇三郎日記》第二巻（國書刊行會，二〇一二年）
黑田甲子郎編《元帥寺内伯爵伝》（元帥寺内伯爵傳記編纂所，一九二〇年）

〈京城甲申ノ変情報ノ件（一）〉（外務省編《日本外交文書》第一七巻）
京城府編《京城府史》第一巻（京城府，一九三四年）
《京電ハイキングコース案内》第三輯（京城電氣株式會社，一九三七年）
〈現地降伏文書 韓国〉（《戦後条約書》外務省外交史料館，一九四五年九月九日）
古筠記念會編《金玉均伝》上巻（慶應出版社，一九四四年）
《皇帝譲位前後の重要日記》（韓國學中央研究院藏書閣）
國史編纂委員會〈朝鮮王朝実録〉https://sillokhistory.go.kr
國史編纂委員會〈承政院日記〉https://sjw.history.go.kr
國史編纂委員會《要視察韓国人挙動》（國史編纂委員會，二〇〇一年）
黑龍會編《東亜先覚志士記伝》上巻（原書房，一九六六年）
〈故工兵中尉堀本礼造外二名幷朝鮮国ニテ戦死巡査及公使館雇ノ者等靖国神社へ合祀ノ件〉（《公文録》國立公文書館）
小松綠《朝鮮併合之裏面》（中外新論社，一九二〇年）
小松綠《明治外交祕話》（千倉書房，一九三六年）
財團法人友邦協會編《旧朝鮮総督府官房総務課長山名酒喜男手記 朝鮮総督府終政の記録（終

戦前後に於ける朝鮮事情概要〉》（一九五六年）
〈3. 第三巻明治七年至明治九年／2 同八年乙亥 1〉（《対韓政策関係雑纂／朝鮮交際始末》外務省外交史料館）
參謀本部編《日本戦史　朝鮮役》（偕行社，一九二四年）
釋尾春芿《朝鮮併合史》（朝鮮及滿洲社，一九二六年）
春畝公追頌會編《伊藤博文伝》下巻（春畝公追頌會，一九四〇年）
杉村濬《明治廿七八年在韓苦心録》（杉村陽太郎，一九三二年）
〈孫秉煕地方法院予審訊問調書〉、〈崔麟検事訊問調書〉、（市川正明編《三・一独立運動》第一巻，原書房，一九八三年）
〈前件落着〉、〈大院君来館談話筆記〉、〈大院君李埈鎔陰謀暴露権設裁判所開廷顛末〉、〈李埈鎔来訪談話筆記〉（伊藤博文編《祕書類纂》第二三巻、祕書類纂刊行會，一九三六年）
〈大院君李埈鎔ノ陰謀ニ関スル顛末〉、〈李埈鎔処分一件〉（《李埈公実録資料》第三巻，宮内廳宮内公文書館）
〈対韓施設綱領〉（《目賀田家文書》第十號，國立公文書館）
〈第 2 篇　韓国駐劄軍創立より日韓併合期間／第 7 章　韓国軍隊の変遷〉（朝鮮駐劄軍司令部《朝

鮮駐劄軍歴史》第一巻，防衛省防衛研究所）

崔德新《第二의 板門店은 어디로》（清雲文化社，一九六八年）

中央日報社編《韓国戦争実録　民族의証言》第六巻（中央日報社，一九七三年）

朝鮮史編修會編《朝鮮史》（東京大學出版會，一九八六年）

朝鮮總督府編《朝鮮ノ保護及併合》（一九一八年）

朝鮮總督府編《施政三十年史》（名著出版，一九七二年）

〈朝鮮ニ関スル露国トノ協約ニ付報告並意見具申ノ件〉、〈露国派遣ニ関シ復命ノ件〉、〈山縣大使露国トノ議定書成立シタル旨報告ノ件〉（外務省編《日本外交文書》第二九巻）

趙重應〈朝鮮人の要求〉（《朝鮮》朝鮮雑誌社、第三二号、一九一〇年九月）

迪安・艾奇遜（Dean Gooderham Acheson）著，吉澤清次郎譯《艾奇遜回顧錄》第一巻（恒文社，一九七九年）

寺内正毅〈韓国併合始末ノ件〉（《公文雑纂》第一九巻，一九一〇年，国立公文書館）

西四辻公堯《韓末外交祕話》（私家版，一九三〇年）

原奎一郎編《原敬日記》（福村出版，一九八一年）

亨德里克・哈默爾（Hendrick Hamel）著，生田滋譯《朝鮮幽囚記》（平凡社，一九六九年）

三上豐《典圜局回顧談》（一九三二年，稿本）
村上浩堂、後藤默童《亡国秘密 なみだか血か》（馬場聡吉，一九一四年）
山縣有朋〈朝鮮政策上奏〉（大山梓編《山県有朋意見書》原書房，一九六六年）
山本四郎編《寺内正毅日記―一九〇〇～一九一八―》（京都女子大学，一九八〇年）
山本四郎編《西原亀三日記》（京都女子大学，一九八三年）
兪吉濬〈先ず斯民を富ませよ〉（《朝鮮》朝鮮雑誌社、第三一号、一九一〇年九月
〈李王職財政整理大要〉（《斎藤実文書》国立国会図書館憲政資料室）
李王職編《両公家公族譜資料》（韓国学中央研究院蔵書閣）
《李熹公実録》（宮內廳宮內公文書館）
《李埈公実録》（宮內廳宮內公文書館）
《李太王実録》（宮內廳宮內公文書館）
《李太王王族譜》（宮內廳宮內公文書館）
柳成龍著，朴鐘鳴譯注《懲毖録》（平凡社，一九七九年）
瓦爾德馬·阿貝格（Waldemar Abegg）照片回想錄，鮑里斯·馬丁（Boris Martin）撰文，岡崎秀譯《一〇〇年前の世界一周―ある青年が撮った日本と世界―》（日經國家地理社，二〇〇九年）

朝鮮半島六百年史

政爭、外患與地緣政治

朝鮮半島の歷史：政争と外患の六百年

作　　者 —— 新城道彥
譯　　者 —— 黃琳雅

副總編輯 —— 賴譽夫
主　　編 —— 洪偉傑
封面設計 —— 盧卡斯工作室
內文排版 —— 薛美惠
行銷總監 —— 陳雅雯
行銷企劃 —— 張詠晶、趙鴻祐

國家圖書館出版品預行編目 (CIP) 資料

朝鮮半島六百年史：政爭、外患與地緣政治 / 新城道彥作；黃琳雅譯. -- 初版. -- 新北市：遠足文化事業股份有限公司, 2025.05
面；　公分
譯自：朝鮮半島の歷史：政争と外患の六百年
ISBN 978-986-508-352-6(平裝)

1.CST: 韓國史

732.1　　114003108

出　　版 —— 遠足文化事業股份有限公司
發　　行 —— 遠足文化事業股份有限公司
（讀書共和國出版集團）
地　　址 —— 23141 新北市新店區民權路 108-2 號 9 樓
電　　話 —— (02)2218-1417
郵撥帳號 —— 19504465 遠足文化事業股份有限公司
客服信箱 —— service@bookrep.com.tw

法律顧問 —— 華洋法律事務所　蘇文生律師
印　　製 —— 韋懋實業有限公司
定　　價 —— 新台幣 480 元
初版一刷 —— 2025 年 05 月
I S B N —— 978-986-508-352-6
978-986-508-353-3 (EPUB)
978-986-508-351-9 (PDF)